网络时代的政治发展研究

Political Development in the Cyber Age

蔡翠红 · 著

时 事 出 版 社
北 京

图书在版编目（CIP）数据

网络时代的政治发展研究/蔡翠红著．—北京：时事出版社，2015.9（2024.2 重印）
ISBN 978-7-80232-883-9

Ⅰ.①网…　Ⅱ.①蔡…　Ⅲ.①互联网络—影响—国家—行政管理—研究—国外　Ⅳ.①D523

中国版本图书馆 CIP 数据核字（2015）第 211001 号

出版发行：时事出版社
地　　址：北京市海淀区彰化路 138 号西荣阁 B 座 G2 层
邮　　编：100097
发行热线：（010）88869831　88869832
传　　真：（010）88869875
电子邮箱：shishichubanshe@sina.com
印　　刷：北京世纪优彩科技有限公司

开本：787×1092　1/16　印张：20.25　字数：310 千字
2015 年 9 月第 1 版　2024 年 2 月第 4 次印刷
定价：75.00 元

目 录
CONTENTS

第二部分　互联网对政治发展的影响：案例与分析

第三部分 网络背景下的政治治理：理论与实践

导　言
网络政治空间的生成及政治发展的网络化

互联网技术的迅猛发展，极大地改变着人们的生活方式、行为方式、思维方式，改变着社会的发展方式以及国家之间的互动与较量。在网络空间（cyberspace，又称“赛博空间”）这一独特平台上，因个体意识的觉醒以及公共利益、公共意志的推动，诞生了诸如网络论政、网络动员、网络评判、网络监督等新型政治参与和互动方式，一种扁平化、交互性、及时化的新型政治环境开始出现。

一、网络政治空间的生成与特征

网络空间一词又译为赛博空间，最早由加拿大科幻小说家吉布森（William Gibson）于1984年所造，本意是一种能够与人的神经系统相连接的计算机信息系统所产生的虚拟幻想空间。20多年来，互联网在全球范围内飞速发展，网络空间逐渐从幻想变成现实，网络空间的概念不断得到拓展，网络空间的功能也从社会、经济领域逐渐向政治领域延伸。

网络被公认为是继传统报纸、广播、电视三大媒体之后的“第四媒体”，成为反映社会舆情的主要载体之一，并发展演变为公民自由讨论公共事务、参与政治活动的新的领域空间。这意味着互联网已经不仅仅是外在于我们的媒介，而是把我们吸纳进去的空间。网络的出现改变了以往相对封闭的社会政治生活，一定程度上消除了人们参与政治活动的技术障碍，为人们提供了更加便捷的议政、参政渠道，传统政治空间逐渐向网络延伸，网络政治空间逐渐发展壮大。

作为网络空间的物质载体的互联网及其用户，构成了网络空间两大基本要素。而近年来智能手机的普及，移动互联网的感知需求日渐增强，进一步推动了网络空间的迅速膨胀。根据中国互联网络信息中心的统计数据，截至2014年12月底中国的网民数量达到6.49亿，互联网普及率为47.9%，超过世界平均水平。其中手机网民数已达到5.57亿，占比为85.8%。互联网发展从“广泛”向“深入”转换，各项网络应用快速发展，社会生活迈向全面“网络化”。有43.8%的中国网民表示喜欢在互联网上发表评论；53.1%的中国网民认为自身比较或非常依赖互联网。[①] 这些数字和事实，昭示着一个强大的网络空间的物质载体以及参与主体群在当代中国乃至整个世界的崛起。

网络空间催生了网络政治这一新型政治形态的诞生。庞大的网络用户通过信息链接和交换，形成了虚拟的网络社会。在这个虚拟社会中，人们通过信息的生产与再生产过程，超越时空的限制，实现了信息的相互交流、物质的相互交换、利益的相互博弈、关系的相互增进等目标。人们在网络空间围绕着利益和公意的表达、博弈、决策与分配而展开的一系列政治参与活动，就是网络政治活动，而网络政治活动所依托的场所，就是网络政治空间，其生成动力来自于现实政治生活中的网民对公共利益和公共意志的追求，来自于他们对公共事务的关心和参与。[②]

同时，网下政治的虚弱更容易刺激网上政治的膨胀和网络政治空间的生长。在传统的信息世界中，有权力发言的人是经过挑选的，发言内容也可能是被审查过和过滤过的。而人类创造出来的网络空间满足了“虚拟公民”寻找新政治空间的渴望。因此，一般来说，网下政治虚弱的国家更容易激发网上政治的诞生。换言之，社会等级制度越强，阶层壁垒越严格，人们之间的社会距离愈难以逾越，网上政治就越丰盛，人们越希望通过一

---

① 中国互联网络信息中心：《中国互联网络发展状况统计报告》，2015年1月，http：//www.cnnic.net.cn/hlwfzyj/hlwxzbg/hlwtjbg/201502/P020150203548852631921.pdf。

② 唐亚林：“网络政治空间与公民政治参与”，《文汇报》，2009年3月17日，理论版。

种替代式途径来表达政治诉求。

网络空间对于民意的释放与收集提供了绝佳的平台。网络空间是释放自由气息的信息世界，网络空间为各种人物提供了舞台。国家尽管对其还有操控的欲望，但技术上的难度和控制成本的高昂使这种操控常常难以有效实施。在网络空间诞生之前，没有任何一个时代、任何一个国家能够创造一个各色人等可以一起说话的平台。如果说代议制是在各种力量的对决中，在现实世界中，被发明出来试图让国家治理者倾听人民声音的话，那么网络空间就是借助一种近乎神话般的技术，创造出来的一种播放各种声音的大平台。①

网络政治空间有三大基本特征：

一是参与主体的平等性。在网络政治空间里，每一个参与的个体之间，理论上其地位是平等的，都可以就自己关心的事务发表见解，不存在现实政治生活中到处充斥着的等级分明式层级节制，只要符合法律许可，任何一个参与主体都有充分表达自己意见的自由，即使他所关心的事务与自身利益无关。网络时代的政治公共生活，在相当程度上重现了“古雅典城邦”式“全民电子公投”。网民在家中或单位，都可针对特定公共事项，联通信息高速公路，通过网络行使虚拟公决权、虚拟裁判权以及虚拟行动权。虚拟裁判权是网民在网络公共空间，针对特定的公共议题，通过各种网络工具，基于事实收集与网络讨论，依据网络虚拟公决而形成的网络意志，对网络公共事件当事人给予判定、表扬、处分的功能与权力。② 虚拟行动权既可以是局限于网络空间的行动，也可能是虚拟与现实之间融合的行动。网络时代的这些权利在技术与操作层面，已无本质实施障碍。

二是政治活动的开放性。网络政治活动开放性不仅表现在参与网络政治活动的主体可以不分男女老幼，理论上可以不受地域和时间限制地参与各种政治活动，而且还表现在探讨主题的多样性、随机性与多变性等。由于参与主体的多样化，网络空间政治活动主体也呈现出五彩纷呈的全波段特征。网络空间开放性还表现为传播手段的多样化。网络不仅可以传播文

---

① 刘建军：《当代中国政治思潮》，上海：复旦大学出版社，2010 年 1 月版，第 184 页。

② 汪波：《中国网络监督与政府治理创新（1994—2012）——“四维制衡”视角透析》，北京：北京师范大学出版社，2013 年版，第 232—233 页。

字、图片，而且可以传播视频、音频，可以说是集成了传统报纸、广播、电视的功能，实现了传播效果的最优化。此外，开放性还体现为传播空间的全球化。网络消除了有形的和无形的国家边界，使得信息可以在瞬间就传播至全球，信息随着网络的延伸而迅速扩张。

三是实现方式的互动性。互联网与以往的大众传媒最根本的不同在于，以往的媒体只能单向输出信息，而网络则能做到实时对话、交流，传播者与受众随时可能发生互换，信息传递即时交互且高度共享。特别是社交媒体和移动互联网的兴起更加促进了政治实现方式的互动性。每一个参与主体都可就共同关心的事务相互探讨，既可凝聚共识，又可大异其趣，既可共同行动，又可各自单飞，既可持久关注，又可过后即忘。[①] 不管采取何种方式，网络政治空间参与主体间的互动交流，不仅极大拓展了彼此的交往空间，丰富了精神生活，提升了社会政治发展程度，而且有效推动了现实生活中的利益分配和政治决策。

上述几点使网络空间孕生的“自由”近乎一种混沌状态。网络空间不仅传播内容理论上具有无限性，而且传播高效且更新及时，甚至可以实时传播。网络空间的时效性、无限性、易进入性以及快捷的再生性，也决定了这一空间致命的两面特征：一是逃避了现实等级世界、身份世界的约束，为小人物和弱者提供了崭新的政治武器；二是权利、义务、责任等实体概念的集体失效，呈现出极度混乱的自然状态。传播者与受众身份的隐匿性一方面为网民的政治活动提供了安全保障，另一方面却也易被利用并引发网民的不道德行为和有害信息的流传，从而危害网络政治空间的安全与健康。

二、政治发展与安全及网络在政治结构中的地位

政治发展是人类政治生活始终面临的基本问题。美国政治学家加布里埃尔·阿尔蒙德（Gabriel A. Almond）是政治发展研究的开创者之一，他创立了政治学的结构—功能主义学派，主张政治发展就是政治功能的发

---

① 唐亚林：“网络政治空间与公民政治参与”，《文汇报》，2009年3月17日，理论版。

展，强调政治结构与功能的相互适应。在他看来，政治发展是政府能力和公民参政结构的分化发展。[①]。显然，随着上述网络政治空间的生成，政府能力和公民参政结构在网络时代都发生了重大改变。

政治发展与政治安全是“一体之两翼”，政治发展离不开政治安全。政治安全是国家安全的重要组成部分。关于国家安全，美国学者阿诺德·沃尔弗斯（Arnold Wolfers）认为，国家安全是指在客观上不存在对已拥有价值的现实威胁，在主观上不存在对这种价值将要遭到攻击的恐惧感。[②]美国前任国防部长哈罗德·布朗（Harold Brown）也认为，国家安全是指维护国家主权与领土完整；与全球其他国家和地区保持合理的经济关系；保护国家性质、组成与统治免受外部势力干扰，以及保护边疆的能力。[③]国内学者刘跃进认为，国家安全就是一个国家处于没有危险的客观状态，也就是国家既没有外部威胁和侵害，又没有内部的混乱和疾患的客观状态。[④] 由此可见国家安全就是指透过使用经济、军事、政治、外交等各种手段，来维护国家的持续存在。国家安全的核心就是维护国家主权和国家利益，维护政治安全和军事安全。[⑤]

关于政治安全的含义，到目前为止，学界并未形成共识。政治安全有广义和狭义之分。一个相对较为广泛接受的定义是，政治安全是“一个国家的主权、领土、政权和政治制度，以及意识形态不受别国的干涉和破坏，社会政治稳定，政权巩固，拥有自主性和独立性”。[⑥] 还有学者将政治安全分为整体性安全和结构性安全。[⑦]

政治安全有两个维度，即外向的国际关系维度和内向的国内政治维

---

① 陈剩勇、钟冬生：“论阿尔蒙德的政治发展理论”，《浙江大学学报（人文社会科学版）》，2007 年第 5 期，第 70—79 页。

② Prabhakaran Paleri, *National Security: Imperatives And Challenges*, New Delhi: Tata McGraw-Hill, 2008, p. 52.

③ Harold Brown, “Thinking About National Security: Defense and Foreign Policy in a Dangerous World,” quoted in Cynthia Ann Watson, ed., *U. S. National Security: A Reference Handbook (Contemporary World Issues)*, 2008, p. 281.

④ 刘跃进主编：《国家安全学》，北京：中国政法大学出版社，2004 年版，第 51 页。

⑤ 陆忠伟主编：《非传统安全论》，北京：时事出版社，2003 年版，第 15 页。

⑥ 刘跃进主编：《国家安全学》，北京：中国政法大学出版社，2004 年版，第 110 页。

⑦ 郑长忠：“国家安全治理中的政治安全”，“国家安全治理：国际经验与中国道路”研讨会，上海：复旦大学，2014 年 9 月 23 日。

度。从国际关系的外向角度看，一般认为政治安全是传统国家安全的重要内容，是主权国家在面临巨大的国际压力情况下，防止来自外部的政治干预、压力和颠覆，维护国家的主权完整和政权稳定的结果状态。对外的政治安全是在国际上主权独立、领土完整、不遭受各类国际行为体的安全威胁。这种观点主要着眼于从政治安全所面临的外部挑战和外部威胁，其具体研究往往也与以主权国家对抗霸权主义和强权政治威胁的国际政治斗争紧密联系在一起，以应对政治安全的外部威胁为目标展开对策研究。① 从这种视角出发的研究突出了国家作为政治安全主体的价值意义。

从国内政治的内向角度看，则一般认为政治安全主要是指国家政治体系具有对社会矛盾变迁演化的调适功能，能在社会内外矛盾发生、发展和解决过程中，保持原有基本结构和基本性质，及时有效地解决社会问题，保证政治运行的秩序性、连续性和规范性。② 换言之，对内的政治安全即政权不存在合法性危机，所管辖的民族或社会不出现分裂，国家机器始终拥有保障其国民和社会的资格和能力。这一角度的研究更为重视政治安全的国内部分，将保障国家基本政治制度的稳定、防止社会政治动乱、促进政治发展，作为政治安全的主要内容。

事实上，如要对网络时代的政治安全进行研究，仅仅从外向或者内向进行单一维度研究是不足的。外向维度的研究如果不能与对影响国家内部政局稳定、经济发展、政治制度建设等内部因素的研究实现很好的衔接，其理论和实践价值的实现空间都难免被局限在一个较为狭窄的范围内。同理，内向维度的研究如果没有对作为一个整体的国家在保持国家外部安全与维持国内政治安全稳定之间的动态关系保持足够的重视也将是不完整的。因此，要全面地理解国家政治安全的含义，必然要求研究者既具有国际化的视野，从而能够审视在全球化背景下的政治安全问题，又要求研究者能够立足国内形势，切实联系本国社会的政情。只有两个方面同时具

---

① 相关研究成果如：刘文汇："论国家安全观的衍变"，《求是》，2002 年第 3 期；马振超："国家安全观念的内涵分析"，《公安大学学报》，2000 年第 6 期；马维野："国家安全 · 国家利益 · 新国家安全观"，《当代世界与社会主义》，2001 年第 6 期。

② 相关研究成果如：梁艳菊、宋晓梅："论政治安全与政治稳定、政治发展的关系"，《内蒙古社会科学（汉文版）》，2001 年第 6 期；倪健民主编：《国家安全：中国的安全空间与 21 世纪的国略选择》，北京：中国国际广播出版社，1997 年版。

备，国家政治才能称得上安全。

而关于政治安全的内容，学界普遍认为主要包括主权安全、领土安全、政权和政治制度安全以及意识形态安全。其中，政权安全是政治安全的核心。从内在逻辑讲，政治安全是政治稳定和政治发展的动态平衡和良性互动；从外在形式上看，政治安全是国家的国体、政体、国家结构形式，以及意识形态、政党制度等诸种因素的协调统一。[①] 就政治安全所追求的目标而言，政治上的独立与自主是国家安全的基本前提，民族与国家的生存、政治制度和意识形态的稳定是政治安全的现实目标，而政治创新与国家的可持续发展则是政治安全的远期目标。就其要素而言，政治安全目标主要包括了主权独立、领土安全、政治制度牢固、意识形态稳定、政府权威不受质疑等，[②] 当然也包括政府体系和社会秩序的稳定在内。[③]

按理说，网络安全也应该是政治安全的一个部分。国家政治安全包含了国家的领土安全。国际法认为，国家领土是指在一国支配下的地球的确定部分，是国家行使最高权力的空间。[④] 国家领土包括了领陆、领水、领空以及领陆和领水下的底土。领土安全，就是指领土和领土主权不受侵犯和威胁，领土不被侵占、分裂、分割或兼并。[⑤] 随着人类社会发展进入网络时代，国家领土由原来的三维变成了四维，即陆域、海域、空域与网络空间。如果说空间技术与海洋技术对国家主权行使范围的影响只是地理三维坐标的延伸，那么信息网络技术则赋予主权国家一道虽然看不见，却又客观存在的信息边界。网络安全成为国家政治安全领域中一个新的重要内容。但是为了区别于大量专门对信息网络安全的讨论，本书将网络安全不作为讨论范畴，而是对网络时代背景下的其他传统政治安全内容进行探讨。

网络在国家政治结构中占据了重要的地位。网络空间已经成为国家政治系统的重要组成部分。网络不仅是人们获知政治信息的工具，也是人们

---

① 刘跃进：《国家安全学》，北京：中国政法大学出版社，2004 年版，第 109—110 页。

② 唐文彰、姜红明：《当代中国国家安全问题》，北京：中国社会科学出版社，2010 年版，第 52 页。

③ 李忠杰："怎样认识和维护我国的国家安全"，《瞭望新闻周刊》，2002 年第 22 期。

④ 王铁崖：《国际法》，北京：法律出版社，1993 年版，第 229 页。

⑤ 刘跃进：《国家安全学》，北京：中国政法大学出版社，2004 年版，第 68 页。

交换政治意见的场所，并成为社会公共领域的典型代表。哈贝马斯认为，“公共领域就是市民可以自由表达及沟通意见，以形成民意或共识的社会生活领域。公共领域的基本精神是多元化、公开化与合法化。[①] 哈贝马斯甚至还把政治公共领域视为一种“由大众媒体编造和传播的整合文化”。[②] 作为一种大众传媒，网络的政治功能主要包括政治参与、议程设置、舆论监督、政治沟通、政治控制等。[③] 由此可见大众传媒以及网络对于政治公共领域的重要性。

网络空间本身也成为一个类“政治系统”。网络空间首先是一个信息技术系统，以此为基础它已经成为一个信息传播系统，并且已成为一个经济信息系统，最终成为融经济信息、政治信息、文化信息于一体的社会活动系统。伊斯顿政治系统分析模式主要分为“环境—输入—输出—反馈—流动”五个部分，网络空间也可以使用这种分析模式。例如，针对网络动员而言，网络空间是“政治系统”环境，网络动员就类似“输入”环节，而接受动员的网民行为类似于“输出”环节，网民动员者也不断地根据“输出”项的“反馈”重新调整“输入”，这样整个网络社会政治动员系统就不断地“流动”起来。[④]

三、网络政治化与政治发展的网络化

美国著名未来学家阿尔文·托夫勒（A. Toffler）早在1983年便在《预测与前提》一书中预言人类将进入信息政治时代，并指出：“信息是和权力并进而和政治息息相关。随着我们进入信息政治时代，这种关系会越来越深。”[⑤] 如今，随着网络的全面渗透，可以说，我们已经进入了网络政

---

① 张锦华：《公共领域、多文化主义与传播研究》，台北：台湾正中书局，1997年版，第16页。

② ［德］哈贝马斯著，曹卫东译：《公共领域的结构转型》，上海：学林出版社，1999年版，第46页。

③ 张昆：《大众媒体的政治社会化功能》，武汉：武汉大学出版社，2003年版，第115—125页。

④ 张雷、刘力锐：《网民的力量：网络社会政治动员论析》，沈阳：东北大学出版社，2012年8月版，第130页。

⑤ ［美］阿尔文·托夫勒：“预测与前提”，载于辽宁社会科学院新技术革命课题组编：《托夫勒著作选》，沈阳：辽宁科学技术出版社，1984年版，第9页。

治时代。最初作为一种社会和经济应用的网络已经悄然发生着各种变化，不仅在军事领域被作为重要拓展空间，而且更被视为一种有效的政治工具被各国政府和民众广泛使用，网络政治化现象在全球普及。

网络政治化指的是网络被广泛地作为政治工具以及政治工具广泛网络化的趋势。网络政治化在国内层面表现尤甚。随着一些专业网站时事化、小众网站政治化的趋势，网民关注的焦点出现了政治化的倾向，抑或“泛政治化”倾向。互联网已经成为群众行使知情权、参与权、表达权和监督权的重要平台，并且出现将经济事件政治化、民生事件政治化等趋势。网民由单纯地对热点事件和话题的关注，逐渐向以参政议政为目的的社会性、政治性话题转换。网络的发展也推动了局部问题全局化、个体问题公众化、普通问题政治化的趋势，人们经常关注的社会经济现象习惯性地与政治相联系，或者把与政治毫不相关的经济、科学、艺术、体育等各个领域的问题等牵扯入政治因素，这不仅将普通问题政治化，而且出现了“泛政治化”的思维倾向。① 同时，各种政治传播也从传统媒体向网络媒体转移，网络媒体已经成为受众面最广的政治工具。

在国际层面，网络政治化同样有广阔的市场。网络政治化的国内层面和国际层面相互作用，国内层面刺激了国际层面的网络政治化的发展，而国际层面的炒作又助推了国内层面的网络政治化。不仅网络空间成为各种国际政治斗争的类系统，各种舆论炒作、政治评论等政治信息充斥其间，网络权力争夺也成为各国的重要国家利益，网络外交成为重要的外交形式。而且，各国也纷纷借助网络工具去实现自身的政治目标。特别是西方发达国家利用资金和技术上的优势，在对外输出的各类信息中大量地宣传其政治制度、价值观念和生活方式，通过网络传媒把自身的价值观、政治意识和政治认知编码，强制性地灌输给世界，甚至在网上借“民主问题、自由问题、人权问题”等攻击、诋毁和歪曲社会主义制度等，表现出了明显的网络政治化攻势。而网络政治化最典型的案例就如后文所提到的美国的意识形态扩张。

与网络政治化同时发生的是政治发展的网络化。首先，政治发展的破

---

① 张春华：《网络舆情 社会学的阐释》，北京：社会科学文献出版社，2012 年版，第 83 页。

坏手段全面网络化。由于网络手段的便捷性、高效性、普及性以及跨国界性，信息发布不再是媒体或政治团体的专利，草根公民也可以借助网络成为信息发布者，在一定条件下，甚至可以引导媒体或政治团体的舆论倾向，影响政治生活秩序与政治规则的建构，网络很容易成为有组织的反动者制造反动舆论、组织发动破坏社会秩序的工具。[①] 网民规模急剧扩张，整体素质由精英化向平民化下滑；网络应用由点缀式样的外挂生活装饰品演变为真实生活的嵌入结构时，互联网"恶"的一面便容易放大。网络使社会信息资源得到最大限度的共享，给人类带来巨大利益和愉悦的同时，也成为影响社会政治稳定的重要平台和工具：网络渗透使意识形态安全面临新挑战；网络舆论成为影响政治决策的民意表达的新方式；网络参与使传统政治参与体制面临新挑战；网络恐怖主义成为影响政治稳定的恐怖主义新形式。社交媒体的出现则更加剧了政治发展的威胁，社交媒体使人群互动和人际关系更加复杂化，这导致传统的告知和解释将直接遭遇剧烈挑战，常规信息"背景化"、灌输效果弱化、负面议题易扩散化。

其次，新的政治发展问题伴随着网络政治化而产生。在网络空间中，传统政治可以获得新的参数，传统政治科学概念框架亦需重新定义。[②] 随之而来的是国家政治发展领域产生的一些新的变化与问题。网络可以理解为一种传统政治发展的新环境，同时也可以理解为一个新的政治系统。无论哪种解释，网络都使政治发展产生了一些新的议题，例如网络民族主义、网络民粹主义、网络恐怖主义，同时，一些传统政治安全议题如政治信任、政治认同、政治稳定等都在网络环境下获得了新的拓展含义。因表达快捷、信息多元、方式互动等特点，网络具备了传统媒体无法比拟的优势，成为公民政治参与的重要渠道与方式，网络中少数人群、弱势群体的声音越来越多地被人们所关注、所倾听，这些都对提升民主政治生活质量、促进社会政治问题解决起到了巨大的推动作用。但网络独具的开放性、虚拟性、无国界性以及监管措施相对滞后发展等情况，不

---

① ［美］曼纽尔·卡斯特著，郑波、武伟译：《网络星河——对互联网、商业和社会的反思》，北京：社会科学文献出版社，2007 年版，第 150 页。

② 蔡翠红：《信息网络与国际政治》，上海：学林出版社，2003 年版，第 19 页。

可避免地产生一些负面政治发展问题。比如，网上注册用户身份的虚拟性，为少数服务于特定目的、妄图推动特定议程的组织或个人提供了利用网络进行反动宣传和渗透破坏活动的可乘之机，炒作负面新闻，煽动不明真相的群众，引发所谓“多数人暴政”，进而可能对现有政治秩序安全造成不利影响。虽然网络空间适度扩大了公民的政治参与，但利用网络空间进行共同抵制却十分便捷，这都是政治发展在网络时代面临的新挑战。

再次，政治发展问题的应对手段也不得不相应网络化。政治发展威胁手段的网络化以及伴随网络政治化所产生的政治发展新议题都使得应对手段必须同步跟上并采取网络化思维。在美国国务院公布的自然灾害、事故灾害、公共卫生、社会安全四类突发性公共危机事件中，按照吉登斯的理解，前三类基本上属于“外在风险”（external risk），而网络群体性突发事件则属于“内在风险”（internal risk），内在风险的处理难度通常要大于外在风险；同时，按照社会学研究的集大成者克兰特利（Enrico L. Quarantelli）的理解，前三类基本上属于“一致性危机”（consensus types of crises），在危机过程中当事各方对于局势内涵的理解，对于当下适合采取并优先采取的规范与价值等存在着认识上的一致；网络群体性突发事件则属于“分歧性危机”（dissensus types of crises），即危机中的当事各方对于局势、后果与解决之道的认识往往形成鲜明反差。[①] 因为以话语为表现形式的网络集体行动和网络群体性事件，无论形成机制为何，其根本动机都是通过对抗性话语重构认同。同时一些迹象表明，越来越多的网民对政治表现出了浓厚的兴趣，尤其对“部分自认为权益受到侵害的民众、对于部分关心公共事务而又缺乏现实表达渠道的民众”来说，网络具有极大的吸引力。这种分歧性危机的应对还需要从其产生的环境即网络中思考解决办法，需要各国政府采取网络化思维并采取相应的网络化应对手段。

综上所述，网络在国家政治结构中占据了重要的地位，网络空间已

---

① 王金水：《网络政治参与与政治稳定机制研究》，北京：中国社会科学出版社，2013 年 4 月版，第 242 页。

经成为国家政治系统的重要组成部分。网络被广泛地作为政治工具以及政治工具广泛网络化，同时政治发展也出现普遍网络化趋势，政治发展的破坏手段和威胁全面网络化，一些新的政治发展问题伴随着网络政治化而产生，而政治发展问题的应对手段也不得不相应网络化。网络时代的政治发展问题成为一个各国都必须面对的挑战，也亟待更多的研究和探讨。

第一部分

互联网的政治影响力：途径、方式与形态

这一部分为互联网的政治影响力的途径、方式与形态，主要希望从理论角度对网络的政治影响力进行一些理论解读。这一部分又分为三章。第一章分析了网络时代政治发展的体系挑战，即相比于工业化时代，网络环境下的政治发展发生了哪些嬗变，国家的政治属性在网络时代的总体变化，以及客观存在的不平衡的网络权力对网络低位势国家的政治安全的压力和威胁。第二章为网络空间的政治功能实现方式与途径，如在网络的传播与组织功能推动下的网络政治参与及网络政治动员。第三章为网络空间政治功能的载体与形态，重点分析了作为网络空间政治功能载体的网络舆论以及网络民族主义、网络爱国主义、网络民粹主义等网络空间政治功能的表现形态。

第一章
网络时代政治发展的体系挑战

第一节　网络环境中政治发展的嬗变

不同于工业时代，网络环境中的政治发展发生了很多变化。如前言中所指出的，不仅出现了网络政治化现象甚至“泛政治化”倾向，而且政治发展也可以说全面网络化，安全威胁和应对手段都呈现网络化特点，此外还出现了许多全新的网络时代特有的政治发展问题。网络环境中的政治发展嬗变主要包括如下几点：

一、政治发展文化载体的网络化趋势

政治发展的文化载体也可以简称为“政治文化”（political culture）。“政治文化”是源自西方的一个政治哲学概念。为了强调政治文化的特殊本质，阿尔蒙德指出：政治文化与一般文化的区别在于：“一个民族的政治文化，是政治对象的取向模式在该民族成员中的特殊分布。”它包括“认知的、感情的和评价的”以及一般文化价值标准，所以它是文化的一个部分，并有某种“自决性”。① 政治文化被认为是社会政治稳定的思想基础。在一个国家中，当政治制度与政治文化相互适应时，政治体系就相对

① 孙兰英：《全球化网络化语境下政治文化嬗变》，北京：中国社会科学出版社，2010 年 6 月版，第 9 页。

稳定；反之，则会出现动荡和混乱。

政治文化研究是当代政治哲学领域的一个十分重要的分支。在网络时代，多种政治文化冲破禁锢和束缚，相互激荡，相互冲击，必然对政治系统和政治发展产生巨大影响。因此，正确认识网络时代政治文化的内涵和结构，充分认识网络对政治文化产生的影响具有重要的理论和实践意义。政治文化从其表现形式来看，主要是指政治体系中的所有成员共同具有的政治信仰、政治态度，以及为维持并持续该政治体系的结构所体现的共同行为模式和制度规范，其内涵大致包括一整套政治制度、政治规范、政治行为、政治价值和政治认同等。这些制度、规范、价值和认同，经由“政治社会化”过程后，被灌输到政治体系的每一成员思想中，从而形成他们的“政治性格”。政治文化的构成除了政治心理的内容以外，还包括政治思想和政治制度两个层面的内容。从影响程度看，政治心理是最深刻的，因而也是最核心的。而政治制度和政治规范只不过是政治心理和政治思想的外化与物化形式，且往往是依靠强权而建立并维持的，但它在很大程度上体现了一个民族或国家深厚的政治文化特色。①

我国学者对政治文化的界定主要是从文化的物质性和精神性两个方面对其内涵本质予以揭示。如有学者认为：“所谓政治文化，主要是指人们在长期的社会生活和实践中所形成的各种政治思想、理论价值观念等的总积淀。”还有人从政治心理、政治制度和政治理论等更广泛的意义上提出：“政治文化作为一种系统结构，包括实体性政治文化和观念性政治文化。实体性政治文化是以政治文化物化形态出现的政治制度。观念性政治文化包括政治心理、政治思想和政治价值三大部分或三大层次。”②

网络时代的政治文化有特有的形态。政治文化是一种动态文化，深受社会变迁和时代发展的影响。反过来，政治文化作为个体意识的导向，反映着公众对政治结构、政治运行和政治发展的态度、情感和价值观，必然会影响人的思想，左右人的行为，并对社会政治体系产生强烈的反作用。

---

① 孙兰英：《全球化网络化语境下政治文化嬗变》，北京：中国社会科学出版社，2010 年 6 月版，第 24 页。

② 同上书，第 33 页。

任何一种政治体系都有与之相适应的文化基础作为依托。在社会政治生活中，政治文化是种无形的力量，对社会政治生活的方方面面有着强大而持久的影响，它规定了社会成员的政治行为方式，从而制约着政治体系的运转活动，促动着政治体系的流转与变迁。由于网络政治文化所独有的显著特征，使它在现存政治文化与网络政治文化的交互作用中，相互整合，进而作用于现存政治体系。

互联网的飞速发展，以及由此而引发的深刻变革，必然带来政治文化的转型和整合。虽然各国都强调自己独特的政治文化，中西学者对政治文化的定义也有所不同，但是我们不得不承认，网络时代的政治文化或者说政治发展的文化载体在网络时代出现了模糊统一性：全球化、网络化语境下的政治文化成为当代国际社会的政治认知、政治态度、政治价值的统一体。网络化成为政治文化的背景、载体以及表现，政治文化呈现了全面网络化的形态。同时，网络政治文化也呈现了多元性、层次性、发展性、整合性、高科技性、高时效性、开放性、交互性和虚拟性等特点。[①] 无论是网络空间的技术、空间、信息的全新构造，还是网络空间的语言、情感、权力的表达方式，都使网络政治主体对政治体系的主观反应呈现出与现实世界截然不同的独特景观和特点。

苏珊·斯特兰奇在《国家与市场——国际政治经济学导论》一书中认为“必须首先考虑人类设法通过社会组织提供的基本价值观念，即财富、安全、自由和正义”。这四大人类基本价值观念在不同的社会中按不同的组合顺序、不同的安排为我们进行变化中的政治文化及其相关社会化问题分析提供了理论范式基础。[②] 考察这四大价值观念，我们无不发现它们难以脱离网络生存，从而也为政治文化的网络化提供了佐证。

---

① 李斌：“论网络政治文化的内涵、特征及功能”，《淮阴师范学院学报（哲学学社会科学版）》，2006 年第 2 期，第 208—209 页。

② 孙兰英：《全球化网络化语境下政治文化嬗变》，北京：中国社会科学出版社，2010 年 6 月版，第 37 页。

二、政治发展国内国际向度的转换趋势

政治发展国内国际向度的转换趋势是指国内政治问题的国际化和国际政治问题的国内化。政治发展有两个维度，即外向的国际关系维度和内向的国内政治维度。从国际关系的外向角度看，政治发展面临着外部政治干预、压力和颠覆等外部挑战和外部威胁。从国内政治的内向角度看，政治发展则重在保障国家基本政治制度的稳定、防止社会政治动乱和促进政治发展。

但是，随着网络对物理疆界的消解，国内政治问题处理缓慢或者扩大化，就可能会演变成国际政治问题。同理，国际问题也随时可能演变成国内问题并冲击一国国内的政治安全和发展。在网络时代，政治发生了层次转移，政治层次上移和下移同时进行。地方、地区、国家、全球各层次产生了互动与转移，地方层次的事件经由互联网的传播可以跨越国界，跃升到国际层次。同时国际上的一些事件也对主权国家内部事务产生示范效应和连锁效应。

网络弱化了政府对社会信息的控制力。网络成为平行于电视、广播、报纸的“第四媒体”。网络的普及越来越使得政府暴露在人民大众与其他社会组织的监督之下，内政外交的透明度越来越高，分界线也越来越模糊。网上各类信息的传递与交流几乎是在完全自由的条件下进行的，在相当程度上可以说是独立于政府管控范围之外，任何一个团体或个人都可以不同程度地突破国家的信息监控，随时向全世界发布信息，各种自由思想能够像微生物一样，借助于网络毫无障碍地扩散到世界的各个角落。① 网络所带来的这些革命性的变化，极大地冲击了政府的权威，使个人、社会团体的影响力较之以往大大增强，弱化了政府作为传统舆论“把关人”的作用，使政府对信息的控制力呈不断下降的趋势。

网络本身的传播快捷性、内容广泛性、交流互动性以及强大的搜索功

---

① 谢文模：“浅析国际互联网对国家安全的威胁及其对策”，《湖北商业高等专科学校学报》，2001 年第 6 期。

能使政治安全的国内国际向度的转变非常容易。在网络中，受众也不再满足于“被提供”信息，开始主动地搜集资料、获取信息，这使网络信息的传播不再是在相对封闭和独立的单元中展开，也不再是在一国国界线之内发生，信息的传播场变成了全球互联网。传统媒介环境下信息容易被遗忘的特征也得到了扭转，“过时”的信息随时可能成为受众理解“新闻”、形成意见的重要方式，并对政治安全和发展形成影响与冲击。

而社交媒体的出现更加促进了政治安全与发展国内国际向度的转换趋势。首先，社交媒体所常常利用的图片等功能跨越了语言的界限，使得不同语言的主体之间的交流直观化和简单化。其次，与强调理性的语言文字相比，视觉信息更具直观性、易读性和共通性。在网络传播中，具有传播力的信息往往结合了文字和图像的力量，将图像的直观性、现场可证性与语言文字的逻辑性和阐释性相结合，实现优势互补，图文并茂。诉诸情感是网络信息传播中的重要手段，也是政治安全中的心理基础的重要方面。在社交媒体化的网络环境中，人们失去了解读深奥语言文字的耐心，而更倾向于接受简单化的、情绪性的信息；同时，网民不再是传统媒体环境下独立的受众，处于“情绪场”中的网民在接受信息时更容易受到点击率、转发量、评论量等“排行榜”的影响，而这种“他人的在场”则容易削弱复杂的理性思考，从而采取简单的情绪化反应，一旦出现意见领袖或者有目的性的网络引导，则可能对政治安全形成影响。

美国著名记者、新闻评论家沃尔特·李普曼（Walter Lippmann）在其著作《公众舆论》（Public Opinion）中曾提出了“拟态环境”（Pseudo- environment）的概念，指出大众传媒通过对事实的选择、加工（如采访、编辑）等，向人们提供了一个区别于现实环境的模拟环境。“拟态环境”并非客观现实的再现，但人们却经常把这种“拟态环境”当作真实的客观现实接受，并据此做出行为反应。随着互联网的普及，社会化媒体正逐渐成为众多网民获取新闻及信息所依赖的渠道。微信、微博的“转发”和“关注”功能，使网友能够在转发中对内容进行自我把关和二次创造，并依赖“粉丝”关注的用户黏性和裂变式人际传播营造出一种在“半熟”群体中的归属感和亲近感。同时，社会化媒体碎片化、多线索的信息传播方式使事件经常以零散且不完整的方式呈现出来，而好奇心往往会促使网民不断挖掘和拼凑事件的缺失部分，并在不了解全部事实的情况下断章取义，甚至对事件进行夸大和扭曲传播，从而失去对信息真实性的判断。在很大程度上，社会化媒体对事件的过度炒作和渲染如果在缺乏控制的情况下以及泛政治化思维的驱使下非常容易转变成政治安全问题。

三、政治发展主体与内容的社会化趋势

网络推进了政治发展主体与内容的社会化进程，“政治社会化”成为网络时代的特征。网络一方面传播着各种政治信息，另一方面成为各种政治文化的交汇点，各种异质的政治文化在网络空间中相互激荡、碰撞、交融，实现了网络政治文化的整合和转型；网络扩大了公民政治参与的广度和深度，从而使公民对公共事务有了更为丰富的了解；网上的虚拟政治实践如网络选举、网上投票、网上讨论等，为网民提供了更为广泛的政治实践平台和更多的政治实践机会，任何人都可以通过网络参政议政，并在网络中获得并非由于身份而是由于其观点的认同所获得的政治机会，非精英主义或者草根文化的政治发展环境开始呈现。网络正逐渐发展成为政治社会化越来越重要的途径。[①] 网络时代的政治社会化是社会成员在政治实践活动中逐步获取政治知识和能力、形成政治意识和政治立场的过程。政治社会化是一个持续不断的社会成员与政治体系之间相互联系、相互影响的互动过程。

政治社会化首先体现为政治发展主体的社会化。网络时代居于主流地位的国际行为体，即指独立地在国际事务中发挥作用的政治经济实体，不仅包括传统意义上的主权国家，还包括全球公民社会、国际组织、跨国公司等等。网络政治群体的形成有利于公民社会的培育和成长。公民社会或市民社会（Civil Society）是指围绕共同的利益、目的和价值追求而形成的非强制性的集体行动组织。它不属于政府的一部分，也不属于营利的私营经济的一部分。换言之，它是处于“公”与“私”之间的一个领域。通常

---

① 李斌：“论网络政治社会化的机理和特点”，《天津行政学院报》，2008 年第 4 期，第 27—30 页。

而言，它包括了那些为了社会政治的特定需要，为了民众的利益诉求而行动的组织，诸如慈善团体、非政府组织（NGO）、社区组织、专业协会以及工会组织等。[①]

政治社会化还体现为政治发展内容的社会化。网络时代的政治社会化具有全球意义，除了主体，客体、途径、手段和方式等都具有了和过去一国之内政治社会化完全不同的特点。当代政治社会化是指政治社会化过程冲破了民族国家的界域，在经济全球化导引下，以西方自由主义政治文化所推动，在全球范围内以大众传播为媒介的社会化，非政府组织等社会共同体的社会化、全球贸易的文化“配售”和政治教育等的政治社会化为主要途径，被动社会化和主动社会化并存的社会化形态。[②] 政治社会化，有两个“量的标定”，即时间跨度与空间限度。由于受物理时空特性的种种限制，传统社会条件下只能按照政治施化者的安排有序地完成其政治社会化过程，因此，所经历的时间较长，分期也比较明确。网络化加速了整个社会的发展变化，也深刻影响着政治社会化的历程。通过网络，人们既可以克服传统时空“点对点”政治交往的局限性，而实现“点对面”，乃至立体的全方位的政治交流；还可以跨越时空与他人共享政治资源，摆脱传统的社会政治地位、身份、角色、有限资源等因素的制约，根据自身的兴趣和喜好，在自己的知识结构和想象力所及的范围内，充分借助各类政治资源，塑造政治身份，进行自我政治表演与呈现。[③] 网络上的虚拟政治实践成为政治社会化的有效途径，不仅有利于网民政治社会化水平的提高，也有利于提高政治社会化的效率。[④]

政治发展的社会化表面上源于网络媒体本身的社会化以及网络公共领域的生成。随着互联网普及率的提高和网民对于网络应用的深入，越来越

---

① 王金水：《网络政治参与与政治稳定机制研究》，北京：中国社会科学出版社，2013 年 4 月版，第 12 页。

② 孙兰英：《全球化网络化语境下政治文化嬗变》，北京：中国社会科学出版社，2010 年 6 月版，第 177 页。

③ 王芳：“断裂与整合：网络社会青年政治社会化范式的嬗变及其应对”，《华东理工大学学报（社会科学版）》，2008 年第 3 期，第 11 页。

④ 李斌：“论网络政治社会化的机理和特点”，《天津行政学院学报》，2008 年第 4 期，第 29 页。

多的互联网用户将现实生活中的人际关系延伸到网络中。因此，依托互联网的交互性及超链接性，网络媒体逐渐成为人们维护社会关系的重要手段，社会关系的价值在网络空间得到了最大限度的体现，网络媒体的社会化特征越来越凸显。依托网络媒体的社会化，网络空间的每个网站都成为公共辩论的分支点，整个互联网成为无数个点组成的理想的公共辩论的互动平台。在这个平台上，人们摆脱现实的干扰和压力，对公共事务及政府的政策主张做出评判，从而形成了新的公共领域类型——网络公共领域。①

网络时代政治发展社会化的实质原因则是网络权力的社会化。网络媒体的社会化伴随的是网络权力的社会化。权力的本质就是主体以威胁或惩罚的方式强制影响和制约自己或其他主体价值和资源的能力。网络技术的发展极大地推动了以福柯为代表的学者对现代西方国家为代表的政治结构中权力的“隐形”作用机制的研究，即福柯所说的“规训”与“惩戒”。②网络权力除了习以为常的广义和狭义之分外，还存在显性的权力——惩戒和隐性的权力——既有公共使用的权力，也存在个人使用的权力，网络的权力是弥散于网络空间中的正式权力和非正式权力的结合。在网络社会中，权力是流动的，它往往遮蔽于网络“去中心化”的影像中，从表面上看权力似乎少了规训性质，但实际上只是建构了一个不易被觉察和反抗的权力体系。

网络权力还包括网络话语权。网络行动实际上是社会权力主体利用自己的知情权、参与权、选举权、监督权、诉讼权以及自主权、自治权等对国家和社会施加影响力和支配力的具体表现。网络政治最大的影响力来自媒体中存在的“话语”。有人认为，网络的一个重要特点就是它的平等性，即表现为人人都有机会对各个层面的公共事务发表自己的意见，表达自己的诉求，这种权力对参与网络的不同社会个体而言没有差别，因为只要有条件上网的人都可以发表自己的政治主张。实际上，网络只是提供了使用

① 朱丽峰：《网络民意与政府回应问题研究》，北京：中国社会科学出版社，2013 年版，第 45 页。

② 沈逸、刘建军：“网络政治：特性、挑战及其限度”，《国际观察》，2012 年第 2 期。

话语权的可能，而这种可能在大多时候是无法平等的。[①] 网络话语权膨胀了社会主体的批判意识。在网络中，人们足不出户就可以看到自己和外面世界的差距，感受到社会中存在或被放大了的社会问题，网络信息的流动性越强，这种不稳定感越强。而这种对信息的接受批判与反思，往往会引发人们的困惑和不安全感，甚至会引发抗争与反抗。网络传播成为增强社会和文化批判意识的加速器，让接受者“误认为自己是社会斗士，是未来的公民”，[②] 也为网络时代的政治发展增添了更多的不可控因素。

综上所述，相比于工业化时代，网络环境下的政治发展发生了嬗变：其文化载体呈现了网络化趋势，即政治文化的网络化；其对应的政治安全的国内国际向度呈现了转换趋势，即国内政治安全问题的国际化和国际政治安全问题的国内化；其主体和内容都呈现了社会化趋势，“政治社会化”成为网络时代的特征。

第二节　网络对国家政治属性的自然消解

在今天的世界政治体系中，国家仍然是居于主导地位的行为体。但是，即使是为了理论的目的，也很难想象把国家视为“一个封闭、无法渗透的主权单位，完全独立于所有其他国家”。[③] 网络时代国家的政治属性发生了自然消解，无论是国家的核心价值主权还是国家主权的表现权力都受到了网络的冲击。

一、网络解构主义与传统政治文化的淡化

网络作为一种公民之间、社会组织和社会群体之间的联系方式，理论

① 张春华：《网络舆情 社会学的阐释》，北京：社会科学文献出版社，2012 年版，第 80—83 页。

② ［法］多米尼克·吴尔敦著，刘昶、盖莲香译：《拯救传播》，北京：中国传媒大学出版社，2012 年版，第 107 页。

③ Arnold Wolfers, *Discord and Collaboration: Essays on International Politics*, Baltimore: John Hopkins University Press, 1962, p. 19.

上具有促进社会整合（social integration）的作用，可以加强公民间的沟通和了解，促进各种具体利益的表达和聚合，组织政治活动也变得十分容易。从社会学角度出发，社会整合是相对于社会分化的一个概念，指在社会成员广泛认同基础上形成社会秩序的过程。然而，社会现实告诉我们，互联网积聚的社会能量并不一定朝着有利于社会整合的方向演进。

网络创立之初就强调的是自由开放精神，而这种精神从本质上是反对一切控制和管理的，无政府主义和极端主义尤其这样认为。内尔·巴雷特（Neil Barret）在《数字化犯罪》中如此警示：互联网可能是我们从来没有建设过的最令人兴奋的环境；或成为黑客和坏蛋所控制的丑陋的贫民区；或成为未来的战场。选择完全在我们自己。①

网络自由开放精神在现代政治体系中则常体现为网络解构主义。解构主义是由法国后解构主义哲学家德里达（Jacques Derrida）所创立的批评学派，其主要实践是打破现有的单元化的秩序。解构主义者总是试图打破现有的秩序，然后再尝试创造他们认为更合理的秩序。在解构者看来，我们生活在一个被设定好的文化秩序结构之中，这个结构来源于权力中心对意义和中心的先验性设置，而且其本身往往无法逃离权力中心的控制和话语制约。这种由主流话语（或偏向于主流的精英话语）所设定的文化结构与普通公众对话语权的需求是相悖的。因而，公众对于主流话语（或偏向于主流的精英话语）表现出天生的对抗情结，特别是这个网络时代，自媒体的出现，使得这种反抗越来越激烈，“解构”则迎合了网络公众的这种心态。当前网络社会中解构的现象盛行，甚至出现泛解构主义现象。然而，解构是要有底线的，无底线的解构往往导致权威的流失，对社会主流价值体系的一种巨大消解。而且从当前情况来看，对于主流文化，解构主义者的目标已经出现“拆解”或“摧毁”的倾向。②

网络解构主义一方面源于网络文化与传统文化的冲突。网络文化这种新生文化以其特有的开放性、平等性、互动性及无政府性，形成了与传统

---

① ［美］埃瑟·戴森著，胡泳等译：《2.0版数字化时代的生活设计》，海口：海南出版社，1998年版，第162页。

② 张春华：《网络舆情：社会学的阐释》，北京：社会科学文献出版社，2012年版，第165—166页。

文化及民族文化的冲突；同时，又与其特定的产生背景形成了主流文化与反文化的冲突。传统的三大传播媒体（报刊、广播、电视）形成一种由上而下、以少对多的带有强制性和扩张性的金字塔结构，来自底层的信息反馈被逐步消解甚至湮灭。从这个意义上讲，传统文化演变成一种身份、地位和权力的象征，体现了一种现实中的不平等性。传统文化植根于大众，其中权威占据着至关重要的作用，本质上是一种精英文化。精英阶层是文化的专职生产者，由于他们的社会地位或者由于他们的学识而成为社会文化的代言人。守门人实际上是文化传播的过滤装置，是他们决定哪些文化信息可以流向大众，哪些应该在大众面前反复出现或者较少出现。个人在它面前几乎没有选择的能力。只能接受它，社会因此在主流文化的凝聚下稳定地发展。如果说传统文化是“贵族文化”，那么网络文化就是名副其实的“平民文化”。互联网根本改变了社会文化的生产和传播体制。每个人都可以在世界范围内自由地发表自己的想法，从而影响他人，而且每个人都可以自主选择自己喜爱的信息，从而决定自己的文化。网络文化所表现出的开放、自由、互动体现了一种与生俱来的平等性。[①]

网络解构主义另一方面还源于网络文化与本土文化的冲突。“地球村”的村民，通过一个全球互联网络连接在一起，他们所接受的信息内容是一致的，这样就极易形成超越于一切种族、地域的一元文化，这对各民族文化构成极大的威胁，对原有的文化传统具有消解作用。在信息流动的全球背景下，国内政治国际化，国际政治国内化已是常态，网络能量正在以人类共同关注的问题，相似的观点和普世的价值进行积聚。网络时代的文化突破了传统的地理疆界而具有了全球含义。

网络解构主义的文化后果即是公民的国家意识、民族意识的淡化。各国公民对本民族文化的归属感降低，国家的界限随之模糊，政府在文化、意识形态领域对这些“网民”的控制力下降。受互联网上多元政治意识的影响，特定政治体系所期望的主体政治意识获得广泛的认同支持受到了前所未有的挑战。网络以离散的、无中心的结构模式进行运作，使传统的、

---

① 郭明飞：《网络发展与我国意识形态安全》，北京：中国社会科学出版社，2009 年版，第 295 页。

统一的政治文化控制显得苍白无力。网络推广的价值观是个人自由主义和全球化理念。个人自由主义强调个人进入电脑的权利应不受限制，把个人的自由看得高于国家安全和政府权威。而网络对全球化理念的张扬则在更大程度上弱化了政治文化控制。网络不但经由虚拟现实把“天涯若毗邻”的电子幻觉发展到了逼真的地步，还真切地推动了全球一体化进程。规模空前的“恐龙”跨国公司已经与各种非政府组织一起成为和民族国家并行的国际组织单元。它们在全球范围内追求自己的利益和利润，既不代表其母国也不代表其东道国，而是仅仅代表公司自身的利益。跨国公司所秉持的全球意识正在超越民族国家意识。[①] 互联网不仅是经济全球化和建立世界新秩序的手段，也可能成为颠覆传统旧秩序的有力武器。[②] 如何捍卫民族国家利益为核心的民族意识和国家观念已成为亟待解决的重大课题。

二、新中世纪主义与国家主权的挑战

信息技术革命促使“非政府行为体”（Non-governmental actor）和“非国家行为体”（non-state actor）增多，“准国家”“超国家”“跨国家”的组织机构纷纷出现。这种现象或许可以用布尔所称的“新中世纪主义”（new-medievalism）来进行描述，即非国家行为体开始削弱国家主权，出现了“权力重叠、效忠对象多元化”的新体系。[③] 各种行为体在网络助力下如雨后春笋般出现，如跨国公司、国际绿色和平组织、无国界医生组织、无国界记者组织、达沃斯“世界经济论坛”、各种形式的反全球化团体等一些跨国性论坛组织、民间组织、行业组织和网络组织等等。由于行为体、机构、规范和观念之间关系的变化，以国家为主的国际社会（an international society of states）不再是世界政治体系的唯一分析层次。

国家主权是国家的核心价值以及国家间关系的基本原则。其系统化的

---

① 李斌：“网络政治的政治学分析”，《社会主义研究》，2003 年第 3 期（总第 149 期）。

② 郭明飞：《网络发展与我国意识形态安全》，北京：中国社会科学出版社，2009 年版，第 120 页。

③ Hedley Bull, *The Anarchical Society: A Study of Order in World Politics*, New York: Columbia University Press, 1997, p. 245.

表述始于法国政治思想家让·博丹（Jean Bodin）于1567年发表的《论共和国六书》，其制度化的时间始于1648年的《威斯特伐利亚合约》。然而，与网络伴生的主体多元化严重挑战国家主权的控制权威，出现了各种挑战威斯特伐利亚体系的新的说法，如新跨国主义、超国家主义。基欧汉（Robert Keohane）和约瑟夫·奈（Joseph Nye）曾提出“新跨国主义”（new transnationalism）的分析，他们把各种完全不同类型的跨国行为体之间的关系集中在一起，这些行为体包括跨国公司、天主教会、国际科学组织以及活动家团体等。

而伴随着网络空间国家界限的消失，在国内外理论界，特别是在互联网上，出现了一种广为流传的“超国家主义”的观点。所谓超国家主义，引用有人模仿美国《独立宣言》在因特网上发表网络空间的《独立宣言》其中一段话：“我们正在创造一个任何人都可以进入的世界，而没有种族、经济权力、军事力量和出生形成的特权和偏见。我们正在创造一个世界，任何人在任何地点都可以表达他的信仰，不必害怕被强制保持沉默或保持一致。你们的关于财产、表达、身份、迁移和范围的法律概念不适用于我们。它们建立在物质的基础之上，而这里没有物质。”① 超国家主义认为国家的角色将会有戏剧性的转变，未来将越来越没有国家的发展空间，国家将由于电子空间的普及必然消失。

诚然，对信息技术发展前景的不同看法和对网络不同的“解读”角度，形成了不同的“超国家主义”理念。其中最有影响的要数以托夫勒为代表的“第三次浪潮”和后现代主义的“超国家主义”。托夫勒的“超国家主义”认为我们现有的国家观念是工业革命的产物，而随着“第三次浪潮”文明，即信息革命的发展，这种国家观念再也不符合新文明的要求，因此，旧的民族国家观念必然要被新的“国家”观念所取代。后现代主义的“超国家主义”认为，现有的国家代表了一种权力，国家机构是一种对真正自由的压迫和反动。而网络正好代表一种与现有权力结构相反的发展趋势。网络，或者说理想的网络就是一种“超”国家形态，或“非”国家

---

① 郭明飞：《网络发展与我国意识形态安全》，北京：中国社会科学出版社，2009年版，第121页。

形态的新型社会类型。[①] 政治后现代主义理论家詹姆生（Fredric Jameson）则将后现代文化和网络联系起来研究。德勒兹（Gilles Deleuze）在《千高原》中，将后现代社会视为去中心化和去主体化的，认为“游牧式思维”（nomadic thought）将替代“国家式思维”（state thought），杂多的非权力“聚合体”（assemblages）将对国家等权力“聚合体”产生有效的抵抗。[②]

马克思主义者的“超国家主义”则认为：互联网把世界连成一个体系，在网络上，人们可不分种族、宗教及其他社会差别进行自由交往，人类第一次打破现有社会界限和时空限制而成为具有全球特征的“世界公民”。此外，出现了各种全球化理论，其中一个重要理论是社会学家约翰·迈耶（John Meyer）和他的同事提出的“世界政体理论（word polity theory）。”[③] 还有其他许多学者承认“国家不再垄断公共领域”，而且和我们一样正在努力以各种不同名义——跨国关系、国际市民社会（international civil society）、全球市民社会（global civil society）——探寻描述国际互动关系领域的方式。根据这些观点，国家从外部看不再是单一行为体。[④] 在世界舞台上拥有利益的不仅仅是国家，还包括个人、群体以及各种组织。个人和团体不仅可以通过代表影响自己国家的选择，而且可以通过说服、交往和施压相结合的方式影响其他地区的个人和团体甚至国家的选择。非政府组织的活动家们不仅依靠便利的通信条件对公共政策和国际法产生影响，而且通过向外国政府施压影响本国的决策过程。在国际体系中，国家作为网络的组成部分逐渐融入了国家和非国家行为体的结构性互动关系之中。国家主权在这种跨国活动关系中受到削弱。

网络催生的国际社会行为体的多元化进程开启了消解主权国家民族认

---

① 郭明飞：《网络发展与我国意识形态安全》，北京：中国社会科学出版社，2009 年版，第 121—122 页。

② ［法］德勒兹、加塔利著，姜宇辉译：《资本主义与精神分裂（卷 2）：千高原》，上海：上海书店出版社，2010 年版。

③ 参见 John Meyer and Michael T. Hannan, ed., *National Development and the World System*, Chicago: University of Chicago Press, 1979 and George Thomas, John Meyer, Francisco Ramirez, John Boli, eds., *Institutional Structure: Constituting State, Society, and Individual*, Newbury Park, Calif.: Sage, 1987.

④ ［美］玛格丽特·. 凯特、凯瑟琳·辛金克著，韩召颖、孙英丽译：《超越国界的活动家：国际政治中的倡议网络》，北京：北京大学出版社，2005 年版，第 37 页。

同的力量之门。在无数虚拟社区中，人们通过新的传播手段开辟并强化了新的身份认同，想象的共同体有了新的形式。这些新的身份政治学中的身份认同对民族国家的行动形成制约，并部分取代民族国家成为一种新的认同对象，被称为世界主义者或国际主义者的个体在现实生活中的数量不断增长。虽然民族国家仍是最大的想象共同体并保持着最强大的向心力量，但认同对象的多元化和认同力量的分裂性已经不可避免。

网络不仅在国际社会催生了许多新的行为主体，而且还对国家主权的控制权威构成了严峻挑战。从信息交换和地缘政治的角度讲，民族国家是一种封闭系统，其空间取向是将民族国家的内部疆界与外部世界的位置相对固化，国家实行内外有别的自主管理模式，任何关涉主权的事务都需要得到国家授权。信息传播的地理界线与国家权威的地理界线基本重合。然而，信息网络的实时跨境传播使国家管控变得越来越困难，主权早已不是绝对的、全面的、单边的国家权威。信息流动速度远远超出了主权国家的信息管控体制的更新速度，信息流动的规模造成主权国家无论如何扩大监控体系，都不可能让它们全部处于监视之下。

甚至有观点认为，全球网络已经成为一种成型中的社会组织形式，并成为一种超越国家主权之上的权力，一种新的统治力量。它具有超越现有一切权威的权力。由于信息具有渗透一切区域和领域的功能，更由于全球信息网络的无与伦比的无国界特性，各种类型的特殊利益集团，从恐怖主义分子到人权活动分子，可以绕开建立在政府基础之上的通信渠道来进行它们的改革运动。全球网络化所带来的后果已超出了主权民族国家的政治想象力和控制力。① 在《消散的现代性》里，阿尔君·阿帕杜莱论证说，在现代和后现代之间，电子媒体和迁移已经造成一种划时代的断裂，形成了跨国家的、跨领土的、跨地区的趣味、意见和享乐的一致性，正在从根本上削弱民族、国家对去中心的、流动的、去领土的主体性和话语的控制。②

国家主权的治理权威也受到挑战，现有的社会组织管理体系受到冲

---

① 蔡文之：《网络传播革命：权力与规制》，上海：上海人民出版社，2011年版，第26—27页。

② ［美］阿尔君·阿帕杜莱著，刘冉译：《消散的现代性》，上海：三联书店，2012年版。

击。虚拟空间为国家治理提出了新的难题。网络空间中“身份”的基本含义与现实生活中的基本含义大相径庭。因为互联网空间的虚拟性，每一个ID背后并不一定对应一个物理意义上的个体，而且其他的基于物理基础的相关信息也无法得到确认。因此原有的“身份”含义被颠覆，基于原有身份的信息采集与认证系统在网络空间中无法使用。这样，原有的政府对个体身份的确认和认证无法实现，也就无法使用原有的管理方式进行有效的控制；作为国家强制力的法律体系也因为身份的隐匿性而无实施客体。① 如何把这个虚拟世界变成一个有着真实身份的世界，尽管在技术上可行，在制度上可以操作，但其成本之高昂也是国家治理者不得不考虑的事情。

网络世界的快速发展还使怀有不同的政治理念与利益目标的各种组织或个人分门别类地汇聚成数量庞大、规模可观的网上群体，并通过营造网上舆情对国家政治生活施加影响。② 网络舆论与网络监督冲击主权国家内部的治理流程，网络空间多元化和自由化的民意表达，对传统传媒、传统的封闭政府体系、传统的精英生产机制，施与前所未有的强烈冲击。

崛起中的全球公民社会分享国家主权的治理权威，推动全球多中心、多层级、分散的治理结构和治理体系的形成，挑战传统的以政府为中心的国家治理方式和以政府间国际组织为中心的全球治理方式。国家政府一般以强制权为后盾进行社会动员，而公民社会的组织者则是依靠道义力量进行物质和人力资源的征集。所以，全球公民社会在提供公共产品、公益服务、解决重大社会问题等方面，动员社会资源的独特优势和强大号召力，往往是政府所不具备的。③ 根据国际法庭的解释，国家主权原则上指国家“不从属于任何其他国家，并在其管辖范围内拥有完全的、绝对的权力”。④ “一个国家如何在其领土范围内对待自己的公民是国内管辖的事情，也就

---

① 王君玲：《网络社会的民间表达——样态、思潮及动因》，广州：暨南大学出版社，2013年版，第143页。

② Richard Davis, *The Web of Politics*: The Internet's Impact on the American Political System, New York, London: Oxford University Press, 1999.

③ 任孟山：“全球化背景下的信息传播与国家主权”，《中国传媒报告》，2007年第6卷第3期，第57页。

④ 参见 Stanley Hoffman, “International Systems and International Law,” in Richard A. Falk and Saul H. Mendlovitz, eds., *The Strategy of World Order (Vol. II): International Law*, New York: World Law Fund, 1996, p. 164.

是说，与任何其他人无关，因此与国际法也无关”，这是一个核心前提。然而，许多国际网络活动的出发点却正好与此相反：国家和非国家行为体关注另外一个国家公民的待遇既是合法的，也是需要的。许多这样的运动都对传统的国家主权观念提出了挑战，环境保护、土著居民、妇女和人权网络向国际活动注入了新的理念，这些理念以不同的方式冲击着主权观念。

三、网络赋权与国家权力社会化

在互联网产生之前，国家和政府居于权力中心的地位毫不动摇，凭借着国家权力对整个社会进行垂直管理。然而，互联网的网络结构特征改变了政府垂直管理的结构、手段和方式。网络的扩张及网络民意的兴起正以自己的节奏改变甚至打破传统意义上的政府控制机制，国家权力发生社会化转变。被誉为信息时代思想家的麻省理工学院媒体实验室主任尼古拉·尼葛洛庞蒂教授把权力的分散视为数字化生存的四大特征之首，认为传统的中央集权观念将随着网络的发展成为明日黄花。

现实社会的各种国家权力由于网络赋权发生了社会化趋势。网络传播革命推动的赋权运动把权力分散到了更多主体手中。从理论意义上说，这实现了权力的社会化和权力的多元化，使社会主体有更多更有效的自主、自治、自律、自卫的权利和权力。① 例如，现实社会的局限使处于不同权力层的人之间的对话难以实现，而网络表达则可能借助网络的“晕轮效益”，实现跨阶层对话甚至产生影响。因为网络面向社会所有阶层开放，对于各种社会身份的人都具有可接近性，所以在网络社会中，任何网民的表达都有产生重大社会影响、挑战现实权力关系的可能。② 权力存在于话语、制度、客体以及身份的创造之中。网络表达过程中对权势话语的挑战从来就未停止，网络中的弱势群体和草根阶层也一直在不停地利用网络的

---

① 蔡文之：《网络传播革命：权力与规制》，上海：上海人民出版社，2011 年版，第 137—138 页。

② 王君玲：《网络社会的民间表达——样态、思潮及动因》，广州：暨南大学出版社，2013 年版，第 132 页。

一些性质与功能向网络内外传统的权力体系发起挑战，对国家权力形成了一定的压力。而网络民意则以社会力量稀释政府权力的中心地位。在大众传播时代，政府作为“把关人”（Gate Keeper）对社会舆论进行引导和控制，人们接受的是经过筛选的信息，受众是信息的被动接受者，选择空间不大。然而，网络表达和网络民意则消解了政府信息的垄断地位，对传统主流语言体系形成了局部解构和冲击。

网络赋权从本质上是对现实社会的权力关系的冲击。在福柯看来，权力总是生产对于其效果的反对和抵抗，在网络社会中，现实权力在向网络社会延伸与渗透的同时，也引起了网络空间的抵抗。首先，网络空间中泛滥的草根情结引发了对精英文化权力的抵抗，草根文化的泛滥和对草根的盲目崇尚即为一种抵抗的话语形式。其次，网络社会中的黑客文化也同样构成了对传统主流权力的挑战与制约。从某种意义上说，黑客在网络空间中的所作所为可以看作是一种特殊的表达。黑客文化表达了这个技术群体对于垄断性力量的反对和抵抗。可以说，黑客文化是建立在技术精英文化的基础之上的，是要求创新的自由，运用任何现有的知识的自由以及以任何黑客选择的方式和渠道传播知识的自由。[①]

全球信息化时代，权力不再由国家独有，国家要和跨国公司、犯罪集团、恐怖组织以及个人等网络行为体共同分享权力，出现了“权力流散”（Diffusion of Power）现象。网络赋权不仅表现在行为体越来越多，而且表现在行为体之间的权力差异被缩小。[②] 借用哲学家加利（Walter Bryce Gallie）的词语，当今的网络时代已经出现了“威权危机”（Crisis of Authority），[③]或者用英国国际政治经济学家苏珊·斯特兰奇（Susan Strange）的词语，网络开始成为“权力流散”的重要场所。[④] 不同的行为主体对网络空

① 王君玲：《网络社会的民间表达——样态、思潮及动因》，广州：暨南大学出版社，2013年版，第136—138页。

② Joseph S. Nye Jr., *The Future of Power*, New York: Public Affairs, 2011, pp. 132 – 139.

③ Walter Bryce Gallie, *Essentially Contested Concepts*, *Proceedings of the Aristotelian Society*, No. 56, 1956, pp. 167 – 198.

④ Susan Strange, *The Retreat of the State: The Diffusion of Power in the World Economy*, New York: Cambridge University Press, 1996.

间拥有不同的权力：[1]

国际组织和国家间机构拥有的是一种体系性权力（Systemic Power）。[2]国际组织作为一个体系的存在，它既可以通过制定相关国际机制对网络空间的运行进行规约，同时，它又可以利用体系的排他性或对应的专属性来对体系外及体系内的成员进行协调与制约。网络空间体系性权力的诞生主要源于三个趋势：一是各国在网络空间权力的去中心化；二是国家之间的相互依赖，例如网络安全问题等；三是权力本身结构的变化，例如网络空间所伴随的软实力重要性的日趋上升。

国家和政府拥有的是一种工具性或结构性权力（Instrumental and Structural Power）。从互联网的起源来看，国家不是行为者，而是一个参与者，是一个被动的参与者。但是未来的趋势是国家将作为管理者。虽然从技术方面看，政府是门外汉，特别是网络发展的开始阶段，政府从能力上看似乎可能缺乏治理权威。但是国家在其管辖范围内拥有的主权至高无上性和此概念在公民社会中的根深蒂固，使得国家随时可以动用其国家机器等工具介入网络空间的治理，并借助其自身在国际市场、国际社会中的地位和份额来影响网络空间的全球治理，可以有意识地通过设定议程、操纵国际体系的游戏规则取得对自己更有利的结果。这就是一种工具性或结构性权力。简而言之，结构性权力就是构造国与国之间关系、国家与人民之间关系或国家与公司企业之间关系框架的权力。[3] 尽管按照苏珊·斯特兰奇的观点，结构性权力既可以由国家行使，也可以由国际组织、跨国公司等非国家行为体行使，[4] 但是国家无疑仍是其中最强势的结构性权力拥有者。

代表市场的私营部门和技术精英拥有的是一种元权力（Meta-power）。网络空间“元权力”是指对网络结构中身份、利益和机制的重新配置、构

---

① 下面部分关于四种权力的总结首先发表于拙文：“国家—市场—社会互动中的网络空间全球治理”，《世界经济与政治》，2013 年第 9 期，第 106—108 页。

② 国际政治中体系性权力的正式提出最早出现于下文：Silviu Brucan，“The Systemic Power，” *Journal of Peace Research*，Vol. 12，No. 1，1975，pp. 63－70.

③ ［英］苏珊·斯特兰奇著，杨宇光等译：《国家与市场》，上海：上海人民出版社，2006 年版，第 21 页。

④ ［英］苏珊·斯特兰奇著，肖宏宇等译：《权力流散：世界经济中的国家与非国家权威》，北京：北京大学出版社，2005 年版，前言第 5 页。

成或重构的权力。[①] 技术规范等是网络空间全球治理不可缺少的基础，是元权力的源泉。从国际上看，网络空间的基础物理设施和技术规范掌控在私营部门手中。也就是说，这种对网络空间构成基础的元权力主要属于私营部门和一些技术精英。大量人群的网上活动、个人数据、社交网络行为等等都控制在少数网络服务提供商手里。他们的权力不仅可借用户条款得以实现，而且还可以对不满意的内容包括用户档案进行删减，可以将个人数据卖给第三方。实在不满意可以更改用户条款。他们在网络空间承担的作用可能以前都是国家的专属权，例如保证用户的身份识别、维持网络社会秩序等。从这一意义上看，拥有众多用户的一些公司如苹果、谷歌等等甚至可被看作虚拟的“国家”,[②] 尽管他们本身可能也要受其服务器所在国的法律制约。

代表社会的民间团体和个人拥有的是倡议的权力（Advocacy Power）。全球公民社会是所有独立于国家和市场的体系和领域，涵盖了所有国家（包括政党）和市场之外的组织和协会。各种私人组织、志愿活动、非营利组织和公民社会组织的兴起改变了国家统治的内外环境，把民族国家之内的许多个人、集团和组织解放出来，成为由多元化力量共同主宰的“全球公民社会”。[③] 如詹姆斯·罗斯诺（James N. Rosenau）书中所言，工业化时代的权力是建立在一种强制性权威的合法性基础上的，而后工业化时代或者当前的网络时代，权力是基于一种倡议。[④] 网络空间的全球性、互联互通性、便捷性都是成为全球公民社会倡议权力的重要来源，也成为网

---

① Meta-power refers to how networks reconfigure, constitute, or reconstitute identities, interests, and institutions. James N. Rosenau and J. P. Singh, eds. , *Information Technologies and Global Politics: The Changing Scope of Power and Governance*, Albany: State University of New York Press, 2002.

② Séverine Arsène, *The Impact of China on Global Internet Governance in an Era of Privatized Control*, author manuscript published in Chinese Internet Research Conference, Los Angeles, United States, 2012, p. 10.

③ 王金良：“全球治理：结构与过程”，《太平洋学报》，第 19 卷第 4 期，2011 年 4 月，第 48 页。

④ James N. Rosenau and J. P. Singh, eds. , *Information Technologies and Global Politics: The Changing Scope of Power and Governance*, Albany: State University of New York Press, 2002, p. 24.

络活动主义（*cyber activisim*）的重要场所。[①] 这种倡议的权力可以使囊中羞涩的个人或团体借助互联网影响公众意见、筹集资金甚至形成跨地区联盟等等。这意味着国家政府对议事日程的控制被削弱，决策自由受到限制，国家到个人的垂直权力结构趋向扁平。

综上所述，虽然在今天的世界政治体系中，国家仍然是居于主导地位的行为体，但是国家的政治属性在网络时代被自然消解，传统政治文化被网络解构，公民的国家意识和民族意识淡化，网络催生的国际社会行为主体的多元化则对国家主权的控制权威和治理权威形成了挑战，而现实社会的各种国家权力也由于网络赋权发生了社会化趋势。主权和权力是相互支撑的。如果主权是一套通过实践不断加强的、关于国家权力的共同认识和期望，那么随着国家权力的认识发生改变，主权也将发生变化。[②]

第三节　不平衡的网络权力与政治文化危机

网络低位势国家的政治文化安全危机不仅来自于网络本身对国家政治属性的消解，还来自于客观上不平衡的网络权力以及主观上一些国家先发制人的网络安全战略。它们共同形成了网络低位势国家的政治文化安全危机的来源。强国与弱国事实上的不平等，早已是国际关系中不争的事实，而以网络为代表的信息技术，更扩大并加剧了这种不平等。

一、不平衡的网络权力：技术、规则、数据信息

网络权力存在于技术、规则以及各种数据信息中。当前现实世界中的

---

① 关于网络活动主义，可以参看 Michael D. Ayers，Martha Mccaughey，eds.，*Cyberactivism: Online Activism in Theory and Practice*，New York：Routledge，2003；Steven F. Hick and John G. McNutt，*Advocacy，Activism，and the Internet：Community Organization and Social Policy*，Chicago：Lyceum Books，2002；Michael Dartnell，*Insurgency Online：Web Activism and Global Conflict*，Toronto：University of Toronto Press，2006；Molly Beutz Land，"Networked Activism，" *Harvard Human Rights Journal*，Vol. 22，2009，pp. 205 - 244.

② ［美］玛格丽特·凯特、凯瑟琳·辛金克著，韩召颖、孙英丽译：《超越国界的活动家——国际政治中的倡议网络》，北京：北京大学出版社，2005 年 6 月版，第 40—41 页。

网络权力存在不平衡性。技术、规则与信息是三位一体的，在技术对抗中处于弱势地位的国家，其公民在很大程度上被迫接受信息技术强势国家的信息传播规则，并在经过长时间的影响后逐步对信息技术强势国家的思想文化、价值观念与意识形态产生认同，继而无形中逐步使本民族的思想文化、价值观念与意识形态被外来影响所同化。数据信息的流动本质上混合着意识形态和价值观的传播。“如果一个国家控制了信息流，就如同在另外一个不同的时代控制了海洋一样。”这也就是我们常说的信息霸权或者网络霸权。

网络的发展加剧了信息霸权现象。网络成为信息强权推行全球霸权主义、推销其价值观念和意识形态的有力工具，强化了以西方为中心的意识，使文化的全球化实际上变成了西方化。西方一些发达国家凭借着在世界上领先的信息产业，通过网络向世界全方位、全天候地推销其意识形态和价值标准。由于网络打破了地域的限制，使得网络主体很容易就接触到各种各样的文化价值观，这就使西方发达国家利用网络进行政治文化渗透成为可能。平等和共享被认为是互联网的主要特征之一。然而，随着网络的发展，这种理想主义的意境正在逐渐消失，人们看到了全球范围内由虚拟网络连接的巨大商业机会和财富利益，于是，独裁和霸权正在网上显现，并使得对互联网的有意图的强化控制变得越来越严重。

不可否认的是，如今电脑网络的核心技术和领先技术仍然集中在以美国为首的西方。例如电脑 CPU 和操作系统基本还是微软和苹果系统一统天下。在规则方面，美国不但主宰了网络空间技术标准，而且也通过互联网名称与数字地址分配机构（ICANN）和互联网协会（ISOC）等机构事实上把握着网络空间的控制权。网络信息在加速增长的同时，表现出空间分布和共享程度上的梯度差异。网络信息主要集中在北美、西欧、日本等信息基础设施比较发达的国家和地区，它们在网络信息的生产量、使用量以及信息密度、优势资源等许多方面都拥有绝对的垄断地位。[①] 全球网络空间秩序处于极不平衡的状态，美国拥有绝对的优势，全球因特网管理中所有

① 郭明飞：《网络发展与我国意识形态安全》，北京：中国社会科学出版社，2009 年版，第 106 页。

重大决定仍由美国主导。同时，互联网基本上还是英语霸权。英语已经变成了一种渠道，这一渠道将霸权主义国家的模式、观点以及价值观不知不觉地传递给接受它的国家、群体和个人。不仅现有的网络技术与计算机技术是以英语来标示和运行的，网络空间中英语的内容也占据了绝对的优势地位。同时英语也是全球化的工具和方式，全球化的话语体系促进了网络语言霸权的形成、存续和巩固。①

数据是信息的原生态，是信息的基础。不同国家之间，数据富有者和数据贫穷者之间存在数字鸿沟（Digital Divide），② 不具备数据认知能力的大部分主体和少部分数据精英之间也存在数据鸿沟（Data Divide）。③ 数字鸿沟给发展中国家带来了政治文化安全挑战，不能有效跟上网络的新发展步伐就会在新一轮的信息化进程中沦为信息大国的附庸。数字鸿沟和数据鸿沟既可以在一国社会内部产生，也可以在国家之间产生，并成为国际关系平等性诉求的障碍之一。目前全球各地区信息产业的分布情况已经导致了地区之间的信息不对称和地区之间的数据鸿沟。而且，数据是被创建的，其本身就嵌入了各种国内和国际特权。有社会特权的主体可能通过数据创建加强其特权，而那些不愿意参加数据创建活动的主体则被边缘化。数据可能使强者更强（Empowering the empowered）。④

数据并不对所有主体同等公开，即使公开，很多主体也不具备分析能力或具有不同的分析能力。列夫·蒙纳维奇（Lev Manovich）指出了大数据领域中的三类主体：⑤ 第一类是创建数据者（如有意或无意地留下电子脚印的人）；第二类是有办法收集数据者，第三类是有能力分析数据者。“大数据热”主要基于对庞大数据的可利用性，因此后两类主体的分化是

① 王君玲：《网络社会的民间表达——样态、思潮及动因》，广州：暨南大学出版社，2013 年版，第 130 页。

② Danah Boyd and Kate Crawford, "Critical Questions for Big Data," *Information*, *Communication & Society*, Vol. 15, No. 5, 2012, p. 674.

③ Peter G. West, "The Data Divide: A Society Divided by Open Data," http://www.peter-west.co.uk/media/pdf/original/irp_ poster.pdf.

④ Michael Gurstein, "Open Data: Empowering the Empowered or Effective Data Use for Everyone?" *First Monday*, Vol. 16, No. 2, February 7, 2011.

⑤ Lev Manovich, "Trending: The Promises and the Challenges of Big Social Data," in Matthew K. Gold eds., *Debates in the Digital Humanities*, Minneapolis: The University of Minnesota Press, 2011.

数据鸿沟产生的原因。而最后一类数量最少也最拥有特权。他们也是决定大数据使用规则和参与规则的主角。①

各国能够应对大数据挑战的能力不尽相同，新的数据鸿沟即将出现。按照克瑞格·蒙迪（Craig Mundie）的分类法，国家政府在大数据浪潮中有三种类型：已经能够驾驭这一浪潮的、永远没有能力驾驭的以及有学习能力并有可能驾驭的。② 尽管美国在一些网络指数如渗透度（penetration）排名上并不很靠前，但是有一个指数却遥遥领先，即和大数据战略息息相关的互联网 2.0（Web2.0）产业的发展。美国的互联网 2.0 产业非常强健，几乎在全球被广泛使用。如 Google、Facebook、YouTube、Yahoo!、Wikipedia、Windows Live、Twitter、Amazon 等公司的存在，使美国几乎可以获得全球任何地方的数据。③ 美国开发的三个搜索引擎（Google、Yahoo、Bing）不仅主宰了美国的国内市场，也是全球最受欢迎的搜索引擎。④ 也就是说，数据在全球范围内产生，却大部分被美国公司所收集。

国际数据公司（IDC）于 2012 年底首次进行了一项“数字地球分布”（Geography of Digital Universe）统计。通过对数据和信息的产生、捕获或者利用的地点进行分析，IDC 描绘了一个地理分布图。根据 2012 年 12 月的分析结果，美国在数字地球中占据 32%，西欧诸国共同占 32%，中国占 13%，印度占 4%，其余国家占 19%。虽然总体趋势是不断从美国、西欧等发达世界向新兴市场国家转移，但根据 IDC 的预测，中国 2020 年所占比例也仅能达到数字地球 21% 的份额。⑤ 所以，数字地球短期内还是西方发达国家的霸权阵地。

---

① Danah Boyd and Kate Crawford, “Critical Questions for Big Data,” *Information, Communication & Society*, Vol. 15, No. 5, 2012, p. 675.

② Clifton Martin and Laura Jagla, *Integrating Diplomacy and Social Media*, p. 14, http://www.academia.edu/8861746/Integrating_ Diplomacy_ and_ Social_ Media.

③ Stephane Grumbach, “The Stakes of Big Data in the IT Industry: China as the Next Global Challenger?” The 18th International Euro-Asia Research Conference, Venezia, January 31-February 1, 2013, p. 5.

④ Stephane Grumbach, “The Stakes of Big Data in the IT Industry: China as the Next Global Challenger?”, pp. 6-7.

⑤ John Gantz and David Reinsel, “The Digital Universe in 2020: Big Data, Bigger Digital Shadows, and Biggest Growth in Far East,” *IDC iView*, Vol. 3, No. 1414, December 2012, p. 6. http://idcdocserv.com/1414.

如果考察全球前50名网址的各国占比情况，则有如下结果：美国占了2/3以上，中国虽仅次于美国，但大约只占16%。其他国家所占比例更低，如俄罗斯占6%，英国占2%（见表1）。①

表1　全球网址前50名各国占比②

国家	所占比例	部分网址举例及排名
美国	72%	Facebook（1）；Google（2）；YouTube（3）；Yahoo（4）；...
中国	16%	Baidu（5）；QQ（8）；Taobao（13）；Sina（17）；163. com（28）；Soso（29）；Sina weibo（31）；Sohu（43）
俄罗斯	6%	Yandex（21）；kontakte（30）；Mail. ru（33）
以色列	2%	Babylon（22）
英国	2%	BBC（46）
荷兰	2%	AVG（47）

大数据和云计算的结合某种程度上更是推进了数据霸权。通过将大量的电子数据存储在少数云端，云计算推动了一种新的权威结构的变化。正如工业革命将工人与生产方式逐步分离一样，云计算使硬件、软件、内容和数据等网络生产越来越集中到少数互联网服务商手里。③ 大数据最重要的一些服务是由少数几个公司所提供，而且这些公司多数都在美国。这些服务使其收集数据非常便利。谁能收集更多更全的全球数据谁就可能更强大，特别是那些同时拥有分析工具的对象，如美国国家安全局（NSA）。④ 因为在知道了所有信息后，总能找到“阿喀琉斯之踵”，这也正是全球对斯诺登事件和其揭露的“棱镜”项目反应如此强烈的原因。

① Stephane Grumbach, “The Stakes of Big Data in the IT Industry: China as the Next Global Challenger?,” The 18th International Euro-Asia Research Conference, The Globalisation of Asian Markets: Implications for Multinational Investors, Venezia, January 31 and February 1st, 2013, p. 6.

② Stephane Grumbach, “The Stakes of Big Data in the IT Industry: China as the Next Global Challenger?”, p. 6.

③ Primavera De Filippi and Smari McCarthy, “Cloud Computing: Centralization and Data Sovereignty,” *European Journal of Law and Technology*, Vol. 3, No. 2, 2012, pp. 1－2.

④ Dirk Helbing, “Google as God? Opportunities and Risks of the Information Age,” p. 3, http://arxiv.org/ftp/arxiv/papers/1304/1304.3271.pdf.

二、美国先发制人的网络空间战略

除了上述客观存在的不平衡的网络权力外，我们还有必要考察美国主观上的先发制人的网络空间战略。美国的网络空间战略总体上体现了先发制人的特点，重点放在国际层面，谋篇布局、制定战略、加强同盟、设置有关国际互联网自由与安全的全球议题，掌握全球互联网发展与安全标准及规制的主导权，强调遏制和削弱对手，并以此来维持其网络空间的优势地位。

美国的网络空间战略具有双重目标：网络空间的绝对优势和不受挑战的全球领导地位。但总体来看，对这一目标的追求体现出“扩张性”的特征，[①] 在不同总统任期之间经历了渐进式的演变过程，从保护美国关键基础设施，到“先发制人”的网络攻击及配套政策措施，[②] 以及谋取全球制网权和网络空间优势的演变，而“9·11”事件是美国网络空间战略一个分界点。“9·11”事件前美国的网络空间战略以保护本国的信息基础设施为重点，“9·11”事件后逐步转向以“先发制人”为重点的“扩张型”战略。

2009 年 2 月，奥巴马宣布将网络安全作为维护美国国家安全的首要任务之一，上任伊始就开始推进网络安全评估。2009 年 5 月公布了《网络空间政策评估——保障可信和强健的信息和通信基础设施》的报告。[③] 2009 年 6 月成立网络战司令部。2011 年 3 月，美国网络司令部司令基思·亚历山大（Keith Alexander）首次勾画了提升美军网络战能力的五大战略支柱。[④] 2011 年 5 月发布题为《网络空间国际战略：网络化世界的繁荣、安

---

① 卢新德：“论美国信息安全战略的扩张性”，《当代亚太》，2005 年第 7 期，第 24—29 页。

② 程群：“美国网络安全战略分析”，《太平洋学报》，第 18 卷第 7 期，2010 年 7 月，第 72—81 页。

③ *Cyberspace Policy Review: Assuring a Trusted and Resilient Information and Communications Infrastructure*, http://www.whitehouse.gov/assets/documents/Cyberspace_Policy_Review_final.pdf.

④ 提升美军网络战能力的五大战略支柱为：将网络空间看作与陆海空天一样重要的作战领域；采用主动的网络防御措施和其他新型防御方法；在国家网络安全战略上，与政府机构和私营部门进行协作；加强与国际伙伴的联系；招募一支网络安全队伍。Elizabeth Montalbano, “Cyber Command Pursues ‘Defensible’ IT Architecture,” March 21, 2011. http://www.informationweek.com/news/government/security/229400008?cid=RSSfeed_IWK_Government.

全与开放》的报告，列出了在网络世界着力推进的七大政策重点，其内容与目标已从美国自身的网络空间范围扩展到全球网络空间。① 同年，美国国防部也提出了自己的《网络空间行动战略》。② 2012 年 3 月，美国政府又提出《大数据研究和发展计划》(Big Data Research and Development Initiative)，③ 再一次走在世界其他各国之前，并试图占据大数据技术的主导地位，保持和扩大在大数据技术领域的持续优势。奥巴马政府的意图很明显，希望通过先发制人的网络空间战略，实现网络威慑，谋求其在网络空间的优势地位，从而为其全球领导地位提供支撑。

具体而言，美国网络空间战略的先发制人特性体现在其三部曲的实施：第一是构建网络空间的敌人，第二是网络空间安全化，第三是制定相应的具体政策和措施。

构建网络空间的敌人是美国实施其先发制人网络空间战略的第一步。美国的战略文化和外交传统中一直存在着强烈的危机感。为了达到压制别人从而实现自己优势地位的目的，美国首先使用的是构建网络空间的敌人、渲染威胁的手段，并以之为借口制定先发制人的战略。随着苏联的解体、“9·11”恐怖袭击的罪魁祸首被击毙，美国又需要寻找新的敌人。崛起的中国理所当然地成了其构建的重点敌人和竞争对手。而信息的不确定性使网络空间的攻击来源很难确定，这就使得潜意识中的对手易成为构建的对象。

美国媒体和政府这几年经常宣扬“美国网络安全的最大威胁来自中国”。如美国《防务新闻》周刊网站 2010 年 5 月 31 日发表题为《全面努力，应对全球威胁》的文章称，现阶段最恶劣的、可能对美国安全构成最大威胁的网络攻击行为来自中国，因为中国的军事思想家认为美军对电

---

① The White House, "*U. S. International Strategy for Cyberspace: Prosperity, Security, and Openness in a Networked World.*" http://www.whitehouse.gov/sites/default/files/rss_viewer/international_strategy_for_cyberspace.pdf.

② "*Department of Defense Strategy for Operating in Cyberspace*," July 2011, http://www.defense.gov/news/d20110714cyber.pdf.

③ "Obama Administration Unveils 'Big Data' Initiative: Announces $200 Million in New R&D Investments," Press Release of the Office of Science and Technology Policy and the Executive Office of the President, March 29, 2012, http://www.whitehouse.gov/sites/default/files/microsites/ostp/big_data_press_release_final_2.pdf.

脑、卫星和空间传感器十分依赖而更易受到网络战打击。[①] 2012 年 3 月，美中经济与安全评估委员会发布报告称：中国的网络战能力对美军构成真正威胁；过去十年，计算机网络攻击战已成为中国军方和国家发展战略的重点。[②] 2013 年 3 月，美国曼迪昂特（Mandiant）网络安全公司发表报告表示，相信中国军队是最近发生的一系列高层黑客攻击的幕后操纵者。[③] 美国威瑞森公司随后又于 2013 年 4 月发表《数据窃取调查年度报告》并单列出“有政府背景的网络间谍行为”，称 2012 年政府网络间谍案绝大部分源自中国等等。[④] 2013 年 5 月 6 日，美国国防部则在其呈交国会的年度中国军力报告中，首次点名指控中国政府和军方在幕后策划了针对美国的网络攻击。[⑤] 美国这些官方和非官方的威胁构建的双簧戏还有愈演愈烈之势。

美国不仅从网络安全角度将中国塑造成最突出的美国的网络空间敌人，还从网络自由角度将中国塑造成整个网络空间的敌人。2011 年 2 月 15 日，希拉里在乔治・华盛顿大学的演讲中公开点名中国、古巴等国家是“实行书报检查、限制网络自由、逮捕批评政府的博主的国家”。[⑥] 谷歌创始人之一谢尔盖・布林（Sergey Brin）在接受英国《卫报》独家采访时也

---

① Larry Wortzel and Randy Forbes, “Bolster U. S. Cyber Defenses: Make Comprehensive Push Against Global Threats,” *Defense News Website*, May. 31, 2010, http://www.defensenews.com/article/20100531/deffeat05/5310303/bolster-u-s-cyber-defenses.

② 受美中经济与安全评估委员会（The U. S. -China Economic and Security Review Commission）委托，国防企业诺思罗普・格鲁曼公司（Northrop Grumman Corp）撰写了报告，报告名为 *Occupying the Information High Ground: Chinese Capabilities for Computer Network Operations and Cyber Espionage*。 http://www.washingtonpost.com/r/2010-2019/WashingtonPost/2012/03/08/National-Security/Graphics/USCC_ Report_ Chinese_ Capabilities_ for_ Computer_ Network_ Operations_ and_ Cyber_ %20Espionage.pdf。

③ *Mandiant Intelligence Center Report APT1: Exposing One of China's Cyber Espionage Units*, Released on February 19, 2013, http://intelreport.mandiant.com/.

④ *Verizon's 2013 Data Breach Investigations Report*, released on April 23, 2013, http://www.verizonenterprise.com/DBIR/2013/.

⑤ Office of the Secretary Of Defense, *Annual Report to Congress: Military and Security Developments Involving the People's Republic of China* 2013, released on May 6, 2013. http://www.defense.gov/pubs/2013_ China_ Report_ FINAL.pdf.

⑥ Hillary Rodham Clinton, “Internet Rights and Wrongs: Choices & Challenges in a Networked World,” U. S. Secretary of State Remarks at George Washington University, February 15, 2011, http://www.state.gov/secretary/rm/2011/02/156619.htm.

称，中国是互联网自由的三大敌人之一。[①] 事实上，中国对互联网的审查和管制已经被世界上其他许多国家认为是必要的并被效仿。就是美国自己，虽然对外提倡跨国界的自由网络进入，对内也是有自由限度的。[②] 所以说，对美国而言，利用网络自由这一标准将中国塑造成整个网络空间的敌人的论据不如网络安全的论据好找，也不如网络安全的论据更能掀起美国公众乃至全球网民的激愤之情。这也是美国不遗余力地塑造中国对美国的网络攻击和网络威胁的原因，尽管“棱镜门”事件似乎使美国谴责别人的底气有所削弱。

美国先发制人网络空间战略的第二步是网络空间安全化。对美国而言，网络空间问题经历了“非政治化”到“政治化”再到“安全化”的过程。[③] 网络空间本身属于一种公共空间，网络问题从理论上讲也可以被置于非政治化的范畴。网络的最初运行体系和管理体系中并没有包括国家，国家并没有直接参与网络相关的公共争论问题和决定，网络的基本标准等起初都是由民间所决定，这是网络空间的“非政治化”阶段。随着网络向社会纵深发展，网络问题开始成为国家政策的一部分，开始需要政府的决心和资源配置，以及相应的公共治理体制，这是网络空间的“政治化”阶段。而目前美国已经将网络空间推入了“安全化”阶段，即网络问题被作为国家的“存在性威胁”被提出，需要采取紧急措施的阶段。

网络空间的被特殊化或者被制度化是网络空间安全化的结果，体现在以下两个方面：

一是将网络升级为国家战略资产。在克林顿政府时期，美国就把包括网络在内的基础设施列为“关键基础设施”，并颁布命令加以保护。而奥巴马则将其进一步升级为“国家战略资产”。奥巴马在 2009 年 5 月公布《网络空间政策评估》时谈到，美国 21 世纪的经济繁荣将依赖于网络空间安全。他将网络空间安全威胁定位为“举国面临的最严重的安全挑战之

---

① Damon Poeter, “Google's Brin Bashes Hollywood, China, Facebook as Enemies of Internet Freedom,” April 15, 2012, http://www.pcmag.com/article2/0,2817,2403063,00.asp.

② 蔡翠红：“试论美国信息自由的法律基础及其限度——以维基揭秘事件为例”，《国际问题研究》，2011 年第 1 期，第 59—63 页。

③ 这三个词的来源可参见：［英］巴瑞·布赞著，朱宁译：《新安全论》，杭州：浙江人民出版社，2003 年版，第 32 页。

一”，并宣布“从现在起，我们的数字基础设施将被视为国家战略资产。保护这一基础设施将成为国家安全的优先事项”。[①]

二是将网络空间正式提升为第五大军事行动领域。2011 年 7 月 21 日，美国国防部发布了首份《网络空间行动战略》报告，提出了五大支柱，[②]而前两条尤其体现美国的先发制人的网络空间战略。第一，网络空间被列为与陆、海、空、太空并列的“行动领域”，国防部以此为基础进行组织、培训和装备，以应对网络空间存在的复杂挑战和巨大机遇。这是首次将网络空间列为军事行动范畴。第二，变被动防御为主动防御，从而更加有效地阻止、击败针对美军网络系统的入侵和其他敌对行为。

美国先发制人网络空间战略的第三步就是制定具体政策和措施。在上述“敌人”构建和网络空间安全化的基础上，美国就有了充分的理由积极筹备网络军备和能力建设，以及在国际和国内层面推进并延展各种网络空间安全化的措施。

首先也是最重要的是在安全层面，美国采取了一系列先发制人的相关措施。美国占据的很多个“第一”或许能够显现其网络空间战略先发制人的特点：美国是第一个提出将网络空间作为战场的国家；美国是第一个建立网军和网络司令部的国家；美国是第一个推行网络实战的国家。具体而言，安全层面有如下措施：

措施之一就是组建网络司令部，提高美军网络攻防能力，提出“攻防一体”的口号，并逐步“转守为攻”。据报道，网络司令部中进攻性能力建设主要是由国防高级研究计划局（Defense Advanced Research Projects Agency，DARPA）牵头。该局对全国许多研究项目给予了资助。[③] 网络司令部近些年一直处于快速扩张中。2013 年 1 月 29 日，根据《华盛顿邮报》报道，为提高保护重要计算机网络的能力，美国国防部已批准在今后几年将网络安全部队扩编 4 倍。据援引某匿名美国官员的话说，现有约 900 人

① U. S. White House, *U. S. Cyberspace Policy Review: Assuring Trusted and Resilient Information and Communications Infrastructure*, May 29, 2009.

② *Department of Defense Strategy For Operating in Cyberspace*, July 2011.

③ Misha Glenny, “The Cyber Arms Race Has Begun,” *The Nation*, October 31, 2011, p. 18.

的网络司令部将会把军队和文职人员扩编到约4900人。[①] 2013年3月12日，网络战司令部司令亚历山大在国会宣布，将新增40支网络部队，其中13支确定重点是进攻，其他27支重点是培训和监控。[②] 美国公开的转守为攻的网络空间战略越发增加了国际社会对先发制人的美国网络空间战略的担忧。

措施之二是布置了许多相关部门参与网络战的研究，如海军网络战指挥部（NETWARCOM）[③]、海军第10舰队（10th Fleet）[④]、空军网络空间行动小组（Air Force Cyberspace Operation Task Force）[⑤]、国家网络安全综合计划小组（CNCI）[⑥]、网络司令部（USCYBERCOM）[⑦] 等等。这些机构可能是针对网络战的不同方面，但最主要的不同点只是从属于不同的部门，如国防部、国家安全局（NSA）等。此外，为了验证、改进和完善其网络战研究成果，美国还分别于2006年、2008年和2010年举行过3次"网络风暴"演习。

措施之三是优先制定政策，争取话语权。美国先后发布了一系列重要战略文件，如《网络空间安全国家战略》和《网络空间国际战略》。而相比之下，中国在战略话语权上相对滞后，尽管有学者从理论和实践角度提

① Ellen Nakashima, "Pentagon to boost cybersecurity force," *The Washington Post*, January 27, 2013, http://articles.washingtonpost.com/2013-01-27/world/36583575_1_cyber-protection-forces-cyber-command-cybersecurity.

② "Pentagon creates 13 offensive cyber teams for worldwide attacks," March 13, 2013, http://rt.com/usa/alexander-cyber-command-offensive-209/.

③ Richard Clarke and Robert Knake, *Cyber War: The Next Threat To National Security And What To Do About It*, New York: HarperCollins Publishers, 2010, p. 42.

④ The U. S. Fleet Cyber Command/U. S. Tenth Fleet is a functional formation of the United States Navy responsible for the Navy's cyber warfare programs. Clarke, Richard, And Robert K. Knake, *Cyber War: The Next Threat To National Security And What To Do About It*, New York: HarperCollins Publishers, 2010, p. 42.

⑤ Richard Clarke and Robert Knake, *Cyber War: The Next Threat To National Security And What To Do About It*, p. 36.

⑥ The Comprehensive National Cybersecurity Initiative (*CNCI*) was established by President George W. Bush in January 2008. Department Of Defense, *Quadrennial Defense Review Report*, February 2010, p. 61.

⑦ Department of Defense, *Quadrennial Defense Review Report*, February 2010, p. 61.

出了中国网络空间安全战略构建的思路。[①] 不过，2014 年中国所提出的网络强国的目标似乎表明了中国在网络空间战略方面的话语主动权的转向。

措施之四是在实践中试验各种网络武器。虽然各国都或多或少地在研究网络武器，但是事实上，到目前为止只有美国和以色列真正利用了破坏性的网络武器，[②] 如超级病毒 Stuxnet、Duqu 和 Flame 都是来自于这两个国家。[③] 另外，根据美方报道，多重衡量标准都显示，美国确实是网络攻击的主要来源。例如，在僵尸网络控制者排名榜上，美国排在首位，其中 40% 是由网络安全巨头迈克菲公司追踪的。相比之下，俄罗斯为 8%，中国仅为 3%。[④] 而这些都是美国网络空间战略先发制人战略的表现。

措施之五则是利用其强大的技术力量施行全球网络布控，以监控别国国情并寻找别国可能的脆弱点和潜在攻击目标。斯诺登（Edward Snowden）所揭露的美国于 2007 年就启动的代号为"棱镜"的秘密监控项目就是最好的证明。[⑤] 这一系列网络监控计划暴露了美国一直在谋求网络空间霸权地位的企图，因为这一项目不仅针对美国的敌对国家和竞争对手，而且还包括自己的盟国如西欧各国。随后据英国《卫报》所披露的信息，奥巴马 2012 年 10 月签署的一份最高机密行政指令中也指出，进攻性有效网络行动（Offensive Cyber Effects Operations，OCEO）是促进美国国家目标实现的一种独特的非传统的能力方式，奥巴马因此命令其国家安全和情报高级官员列出一份美国海外网络攻击的潜在目标清单。而且，在这份总统行政指令中，进攻性网络行动的施行标准并不限于报复行动，而是模糊地表述为

---

① 惠志斌："我国国家网络空间安全战略的理论构建与实现路径"，《中国软科学》，2012 年第 5 期，第 22—27 页。

② "Obama Order Sped Up Waves of Cyberattacks Against Iran," *The New York Times*, June 1 2012, http://www.nytimes.com/2012/06/01/world/middleeast/obama-ordered-wave-of-cyberattacks-against-iran.html?pagewanted=all.

③ "Kaspersky Lab and ITU Research Reveals New Advanced Cyber Threat," *Kaspersky Lab*, May 28, 2012, http://www.kaspersky.com/about/news/virus/2012/Kaspersky_Lab_and_ITU_Research_Reveals_New_Advanced_Cyber_Threat.

④ Jason Healey, "China Is a Cyber Victim Too," *Foreign Policy*, April 16, 2013, http://www.foreignpolicy.com/articles/2013/04/16/china_is_a_cyberwar_victim_too.

⑤ "棱镜门"事件由前中央情报局职员爱德华·斯诺登（Edward Snowden）于 2013 年 6 月首次披露，据称美国国家安全局和联邦调查局可直接进入美国网际网络公司的中心服务器里挖掘数据、收集情报。

旨在“促进遍布全球的美国国家战略目标”。[①]

其次，在国际制度方面，美国为了实现其优势地位，不但主宰了网络空间技术标准，而且也一直把持着网络空间的控制权。为了防止互联网落入联合国等国际组织之手，同时也为了平衡国际社会对美国独自对互联网进行管理的不满，美国政府在1998年成立了实际由美国控制的民间性的非营利公司ICANN（The Internet Corporation for Assigned Names and Numbers），即互联网名称与数字地址分配机构。[②] 美国政府充分利用该机构和互联网协会（ISOC）[③] 两大机构的作用，开展互联网相关事务的管理。美国各界一直主张美国应在互联网治理方面担任领导角色。[④]

再次，在争取国际盟友方面，美国在推动网络空间战略国际化和网络自由理念的基础上，加强其网络空间联盟，并发展伙伴关系：在原有联盟关系的基础上，将网络安全纳入，同时还借助其外交、军事、技术标准在全球争取国际盟友的支持，如在20国集团等倡导发展伙伴关系等。加强与美国的盟友及伙伴在网络空间领域的国际合作也是美国网络空间战略的五大支柱之一。[⑤] 美国的网络空间战略得到了其传统盟友如日本、英国的呼

---

① Glenn Greenwald and Ewen MacAskill, “Obama orders US to draw up overseas target list for cyber-attacks,” *The Guardian*, June 7, 2013, http://www.guardian.co.uk/world/2013/jun/07/obama-china-targets-cyber-overseas.

② 互联网名称和数字分配机构ICANN（Internet Corporation For Assigned Names and Numbers）组建于1998年10月，被委任承担互联网络的地址和名字的分配任务，是目前唯一的对于网络域名的全球性监管机制。

③ 互联网协会ISOC（Internet Society）创建于1992年，致力于评价网络政策、技术系统及国际协调，作为目前因特网的最高国际组织，是一个促进互联网的有序使用及发展的非政府性的国际会员制组织。

④ “The Future US Role in Internet Governance: 7 Points in Response to the U. S. Commerce Dept.'s ‘Statement of Principles’,” Concept Paper by the Internet Governance Project, July 28, 2005, http://www.internetgovernance.org.

⑤ 根据美国防部在其网站公开的部分文件内容，新战略包括五大支柱：第一，将网络空间列为与陆、海、空、太空并列的“行动领域”，国防部以此为基础进行组织、培训和装备，以应对网络空间存在的复杂挑战和巨大机遇。第二，变被动防御为主动防御，从而更加有效地阻止、击败针对美军网络系统的入侵和其他敌对行为。第三，加强国防部与国土安全部等其他政府部门及私人部门的合作，在保护军事网络安全的同时，加强重要基础设施的网络安全防护。第四，加强与美国的盟友及伙伴在网络空间领域的国际合作。第五，重视高科技人才队伍建设并提升技术创新能力，包括强化网络防御人员培训，削弱网络空间匿名性和网络安全防护普遍松弛给黑客攻击带来的便利。

应。美国等八国发起、现已有 50 多个国家参与的《开放政府伙伴关系计划》[①]、目前已有 18 个成员的《自由网络联盟》[②] 等都说明了美国的号召力。

无疑，客观上不平衡的网络权力加上美国主观上的先发制人的网络空间战略使处于网络低位势的国家面临更多的政治文化安全危机。

三、网络低位势国家的政治文化危机

关于信息网络化与政治文化安全的关系问题，国内外学术界已有所涉及与研究。由于各国在国际信息网络秩序中的地位不同，各国的研究侧重点有所不同。例如，作为信息霸权国，美英等国学者主要关注的是网络化对政治文化的具体外在表现形式的影响，而其中比较集中的是网络化与政治体制、民主机制等的关系，例如美国学者理查德·戴维斯（Richard Davis）所写的《政治网络：互联网对美国政治体制的影响》等。而对于处在信息低位势的国家而言，除了需要从宏观上考察网络化与全球政治文化的关系外，还面临着自身政治文化的本土保护问题，即政治文化安全问题。

处于网络低位势的国家面临多重政治文化安全危机：网络文化入侵导致的政治认同危机，网络负面宣传可能导致政治信任危机，网络组织动员功能可能威胁政治稳定。

首先，网络文化入侵可能引发政治认同危机。信息高位势国家可以互联网为依托，全天候、高效率、低成本、更直接、更便捷地进行文化扩张，信息低位势国家则可能因为网络文化入侵引发政治认同危机。技术即意识形态，当信息网络技术逐渐成为整合世界的最关键方式时，技术的统治地位及其所附加的文化意识形态也变为更隐蔽的非政治性统治手段。借

---

① “开放政府伙伴关系计划”（Open Government Partnership）于 2011 年 9 月创立，其八个创始国是巴西、印度尼西亚、墨西哥、挪威、菲律宾、南非、英国和美国。参与该计划的国家保证恪守《开放政府宣言》（Open Government Declaration）提出的原则：“开放与公民的接触以改善服务、管理公共资源、促进创新和创建更加安全的社区”，至 2012 年 7 月，已有 55 个成员。

② “自由网络联盟”（Internet Freedom Coalition），截至 2012 年 9 月共有 18 个成员。美国和荷兰宣布建立“数字卫士伙伴关系”（the Digital Defenders Partnership），扩展该联盟的影响。http：//www. state. gov/r/pa/prs/ps/2012/09/197723. htm.

助网络技术，信息实现了在全球的流动，这个流动结果就是哲学、宗教、道德等文化形态的传播和扩散。借助信息优势，网络成为美国等西方发达国家向全世界推销自己的价值标准、意识形态和社会文化的平台。① 政府对信息的垄断已不复存在。网上难以控制的跨国信息流动正成为西方国家传播其社会政治价值观、进行意识形态渗透乃至政治颠覆的新工具。网络这种没有刀光剑影的“入侵”对一个主权国家而言，显然没有违反现有的国际关系准则，然而，它对于一个民族国家赖以存在的文化内核所造成的伤害，甚至比一场战争还要大得多。

以美国为例，一方面，美国借助传统新闻媒体和其电子渠道大规模地输出文化产品。美国拥有《华盛顿邮报》《时代周刊》等具有世界最大影响力的报刊，有世界最大的有线电视新闻网 CNN，有世界最大的专用于对外宣传的电台“美国之音”及针对世界各地区的广播和电视台。这些传统媒体几乎都在网络中找到了新的生命力。另一方面，网络的发展为美国文化的扩张又提供了一个全新的传播途径和媒介，网络可以作为源源不断的政治宣传和文化输出工具，为其政治文化理念的扩张提供便利。目前，全球数据库主要集中于美国。人们一旦进入网络空间，实际上就进入了美国设计的文化环境之中。② 大量打着美国烙印符号的新闻、影视、广告、网络游戏等，以“润物细无声”的方式时刻影响网络受众尤其是青少年的思维模式和行为方式，从而逐步屏蔽其原有的价值观念，不断地去适应网络媒体所倡导的各种文化理念。然而，这种文化渗透具有一定的隐蔽性，它不会在短时期内明显表露出来。但是，随着时间的推移，这种潜移默化的影响将会从根本上触及网络低位势国家的传统文化、意识形态及价值观念，甚至产生政治认同危机。③ 在西方传媒信息的文化渗透和影响下，一些立场不坚定者的人生观、价值观、道德观发生扭曲和错位，有的人甚至崇拜西方的意识形态和社会制度，成为“西化”的俘虏和仆从。

---

① 郭明飞：《网络发展与我国意识形态安全》，北京：中国社会科学出版社，2009 年版，第 109 页。

② 余丽：“美国互联网战略及其对中国政治文化安全的影响”，《国际论坛》，2012 年第 2 期，第 9—11 页。

③ 转引自赵启正：《中国面临的国际舆论环境》，参见 http://www.zjol.com.cn/05cjr/system/2005/03/31/006082462.shtml。

其次，网络负面宣传可能导致政治信任危机。网络成为贬低或批评竞争对手的对象和工具。一方面，美国在鼓吹自己的价值理念的同时不失时机地对中国等国家的“互联网自由”进行批评。2010 年 1 月 21 日，希拉里发表题为“互联网自由与全球言论自由的未来”的演讲，首次提出“互联网自由”概念，宣称“公开的形式与不受国家主权约束的信息自由流动，是值得大力倡导的价值观”。2011 年 2 月 15 日，中东政治动荡进一步加剧，希拉里发表“互联网的是与非：网络世界的选择与挑战”演讲，继续鼓吹“互联网自由”，声称“自由、开放、稳定的互联网使普世人权得到尊重，也为更大进步和长久繁荣创造空间”。在第二次演讲中，希拉里 4 次提到中国，其中 3 次都是对中国的指责。她还表示，美国将向技术人员和活跃分子奖励 2500 多万美元用于寻找更合适的方法突破“网络压制”。应该看到，美国指责中国互联网政策已经不是第一次了。早在 2006 年，美国众议院国际关系委员会副主席克里斯·史密斯在一次听证会上曾提出《全球在线自由法案》,[①] 该法案明确要求网络公司禁止向中国等限制互联网的国家出口用于网络审查的路由器、软件等产品。

另一方面，网络也成为负面宣传和在目标国内煽动对本国政府不满情绪的重要工具。从近年来美国网络媒体对中国的报道中可以发现，他们的对华偏见根深蒂固，报道重点和报道立场始终以美国的社会制度、意识形态和价值观念为导向，经常出现将中国“妖魔化”的言论。[②] 从美国政府到各主管部门再到网络服务提供商，他们自始至终都按照自身的标准筛选和推出符合其价值标准的互联网信息内容及传播方式，将符合本国利益和价值观的信息传播给受众。2008 年 3 月 14 日，西藏拉萨发生的大规模动乱，CNN 网等西方主流媒体违背新闻的真实性和客观性原则，对这一事件进行了连篇的不实报道。外国官方机构和政要在中国开设社交媒体账户不断增多。他们通过社交媒体与中国网民互动，传播西方的政治文化观念，并从侧面含沙射影中国的不足。澳大利亚前总理陆克文开通微博后，美国

---

① Chris Smith, *The Global Online Freedom Act*, Available at http://www.gpo.gov/fdsys/pkg/bills-112hr-3605ih/pdf/bills-112hr3605ih.pdf.

② 余丽：“美国互联网战略及其对中国政治文化安全的影响”，《国际论坛》，2012 年第 2 期，第 9—11 页。

内布拉斯加州州长戴夫·海涅曼、美国奥马哈市市长吉姆·萨特尔等也相继开通了中国微博。他们在微博上塑造亲民形象，其目的是让网民感受到所谓“不一样风格”的西方领导人。美国各大网络传媒频繁关注、炒作我国境内“拆迁”、“维权”等热点事件和敏感话题，美国驻华使领馆还曾通过官方微博发布美国房价、美国家庭的税费、电话费、上网费等信息，吸引中国网民关注并进行比较。这些话题在政治上的投影，将意味着本国政治文化的逐步消解和人们对本国政治文化认同程度的降低。

再次，网络组织和动员功能可能威胁政治稳定，而社交媒体的作用尤其明显。西方国家深知难以从外部改变目标国的制度，因此寄更大希望于目标国内部发生变化，希望通过社交媒体和各种网络工具来影响目标国突发性、群体性事件的产生与发展，从而引发社会动荡和政局变更。美国就曾利用社交网站 Twitter、Facebook 助推伊朗革命和一系列西亚北非的社会动荡。在伊朗大选骚乱中，美国国务院要求 Twitter 推迟系统维护时间，以便伊朗反对派有更多时机传送游行示威的消息。[①] Facebook 和谷歌等网站也不约而同地增加了波斯语的服务。美国时任国防部长盖茨更是明确表示，“推特”等在伊朗德黑兰抗议活动中起到重要作用的社交媒体是“美国的重要战略资产”。[②] 美国国务院政策设计顾问杰拉德·科恩将“脸谱”网站称为“有史以来最有效的促进民主工具之一”，“连接技术（互联网）将会为民主创造出空间”。[③]

搜索引擎的作用也不可小觑。一些用户数量巨大的搜索引擎正在积累基于网络权力的政治权力，对传统政治形成侵蚀和渗透。谁掌握了搜索引擎，谁就掌握了提供咨询甚至答案的权力。例如，搜索引擎不仅是一种有效的文化扩张工具，例如谷歌从语言到搜索规则的制定都遵循美国的思维方式，特殊时期的搜索引擎功能还可能对目标国的政治稳定形成威胁。2009 年 6 月，伊朗出现大选骚乱，谷歌加速推出波斯语翻译工具。翻译工

---

① Mark Landler & Brian Stelter, “Washington Taps Into a Petent New Force in Diplomacy,” June 16, 2009. Available at http://www.nytimes.com/2009/06/17/world/middleeast/17media.html.

② 凤凰网：《美国防部长：Twitter 是重要战略资产》，2009 年 6 月 22 日，参见 http://news.i-feng.com/opinion/topic/ylangtwitter/200906/0622_7021_1214175.shtml。

③ Eric Schmidt and Jared Cohen, “The Digital Disruption”, *Foreign Affairs*, Nov/Dec 2010, p. 75.

具可将博客、新闻及文本信息等在波斯语与英语间自动转换。谷歌还提供德黑兰动态地图，可以清晰表明哪里有抗议人群，哪里有军警检查哨所和巡逻直升机，什么地方军警在抓人，什么地方禁止集会等情报信息。反对派通过网络传递情报地图，协调和组织抗议行动。①

综上所述，客观存在的不平衡的网络权力以及美国主观上的先发制人的网络空间战略，对网络低位势国家的政治文化安全形成了压力和威胁。处于网络低位势国家面临多重政治文化安全危机，网络文化入侵可能导致政治认同危机，网络负面宣传可能导致政治信任危机，网络组织动员功能则可能威胁政治稳定。

① 东鸟：《2020，世界网络大战》，长沙：湖南人民出版社，2012 年版，第 97 页。

第二章
网络空间的政治功能实现方式与途径

第一节　网络空间政治功能实现的多元路径与平台

人类的政治主要由两大部分组成：一是人类的政治生活；二是人类对政治生活的认识。网络空间政治功能的实现途径主要是通过网络的传播与组织两大功能，即对政治相关信息的交流传播与政治生活中的组织协调功能。借助各种平台，网络不仅是有效的政治传播工具，使政治过程和政治知识得以高效传播，同时也是进行集体活动的强有力的政治组织工具。

一、互联网的传播功能：蝴蝶效应与回旋镖效应

网络承载的是信息。网络的传播功能是通过信息媒介实现的。网络上超自由的政治表达、“小众”传播、信息权威的丧失、民主化而非精英化的政治表达空间和渠道等等都使网络的政治传播功能比传统媒体有了质的改变。网络可促进充分的信息交换，从而有助于提供完整的信息并减少不确定性。信息论创始人克劳德·香农（Claude E. Shannon）曾经给信息下了一个经典定义，“信息是可以减少或消除不确定性的内容”。[①] 香农认为，

① Claude Elwood Shannon, “A Mathematical Theory of Communication,” *The Bell System Technical Journal*, Vol. 27, October 1948, p. 381.

信息具有使不确定性减少的能力，信息量就是不确定性减少的程度。如果人们对客观事物不了解，对其缺乏必要的认识，往往表现出对该事物的情况“不清楚”或“不确定”，就是所谓的不确定性，而当人们通过各种方法了解了该事物的有关情况，对该事物的认识已经比较清楚或完全清楚，不确定性就消除了，也就是获得了关于该事物的信息。① 充分的信息交换可以帮助一方认知关于他方行为意图的信息，使行为体对于相互行为意图的预测与实际行为高度吻合，从而帮助进行正确的决策。在科索沃战争中，北约攻击的目标是为米洛舍维奇做宣传的塞族媒体，但是，它们没有轰炸互联网服务器，也没有切断南斯拉夫联盟互联网的卫星连接。相反，它们采用了让互联网敞开的策略。美国国防部发言人詹姆斯·鲁宾（James P. Rubin）说道：“互联网的全面敞开有助于塞族人民看清米洛舍维奇政权践踏人权的暴行的丑恶真相。”② 与西方的主流媒体观点相比，塞族人民更愿意相信自己在互联网上看到的信息。

互联网对于政治的作用首先是通过信息这一传播媒介实现的。而信息变量是政治系统中起决定作用的重要因素。莫顿·卡普兰（Morton A. Kaplan）划分了研究国际政治需要关注的国际系统、国家和超国家系统、次国家系统和个人等5个层次的系统，并提出5个基本变量以描述国际系统或其子系统的状态：系统的基本规则、转化规则、行为体分类、实力和信息。③ 他认为，准确的信息有助于系统目标的达成，而信息不准确则会起妨碍作用，一个系统（行为体）所掌握的信息对它可能采取的行动有重要影响；系统内部和行为体之间信息沟通渠道的差异会对系统的稳定性和行为体之间的行为产生不同的后果。通过提高各行为主体处理信息的能力和效率，以互联网为代表的信息革命使各行为主体在系统层面上所具备的影响力日益扩大，使系统的整体价值得到了扩展，从而推动了体系一

---

① 崔保国：《信息社会的理论与模式》，北京：高等教育出版社，1999年版，第14页。

② David Briscoe, *Kosovo-Propaganda War*, Associated Press, May 17, 1999.

③ 基本规则是描述系统中行为体之间一般关系的规则；转化规则是把一定的基本规则与一定参数值或档次功能联系起来的规则；行为体分类变量说明行为体的机构特征；实力是一个行为体在特定环境中完成一定类别行动的物质能力；信息是实力的一个组成部分，是一种认识上的能力。参见［美］莫顿·卡普兰著，薄智跃译：《国际政治的系统和过程》，北京：中国人民公安大学出版社，1989年版，第8—11页。

体化程度的加深和系统性特征的增强。

互联网所推动的信息革命还对政治决策产生了重要影响。伊丽莎白·汉森（Elizabeth Hanson）在其2008年的著作《信息革命与世界政治》中提出了影响决策的四个变量，即文化、政治意见的一致性、信息控制程度、事情本身的模糊性。[①] 这四个变量都与信息不可分离，信息通过对主体和结构的“认识、影响、构造”功能这三个变量产生影响。[②] 诚然，互联网上的信息鱼龙混杂，并不是所有的信息都具有相同的决策影响力。约瑟夫·奈（Joseph Nye）根据政治类型和信息创造者的动因，划分了自由信息、商业信息和战略信息三种类型。[③] 这三种信息对于国际决策的影响程度有所不同，其中战略信息在国际政治领域最具有价值。

与其他信息媒介相比，互联网对政治的影响特点在于其对信息处理的“蝴蝶效应”的放大和加速，如摩尔定律（Moore's Law）和梅特卡夫法则（Metcalfe's Law）所反映的效果。[④] 政治动员的影响范围从国内扩大到了国际，政治动员一旦发生，会立即得到全球响应，产生全球化的“蝴蝶效应”。某个普遍关注的事件发生后，立即就可以在网络空间产生连锁反应，诸多的电子公告栏（BBS）、新闻组（news-group），以及邮件列表（Mailing-list）等虚拟交流场域就会同时出现报道、评论、讨论，分布在世界各地的人就会在顷刻间“聚首一起”。许多源于民众的自发性抗议很快就会形成有组织的集体行动。[⑤] 网络无论是在传播的速度和规模、影响的地域范

---

① Elizabeth Hanson, *Information Revolution and World Politics*, Lanham, MD: Rowman & Littlefield, 2008, p. 130.

② 信息对于主体和结构的功用主要体现在“认识、影响、构造”三个方面：认识是信息的最基本的功能，是事物的运动状态和（状态改变的）方式反映到认识主体的意识中来的过程。影响功能是指主体对信息流的控制和施用，体现在从信息的供给和心理两个层面改变其他主体的决策过程。构造功能反映了信息结构的变动，也是信息过程作用于系统的后果。

③ 自由信息是行为体愿意获得（或发送），而无需付出（或取得）经济补偿的信息；商业信息是行为体以一定价格获得或发送的信息；战略信息是那些只有在竞争者不拥有的情况下，才能为行为者提供优势的信息，构成了对竞争者不对称的知识。参见 Robert O. Keohane and Joseph S. Nye Jr.，“Power and Interdependence in the Information Age”, *Foreign Affairs*, Vol. 77, No. 5, 1998, pp. 81 –94。

④ 摩尔定律在信息处理技术上指的是计算机芯片的处理能力每18个月就翻一番，而价格却减半。梅特卡夫法则认为，网络产生的价值等于其节点数的平方，网络上联网的节点越多，单个节点的价值就越大，整个网络以指数关系“增殖”。

⑤ 张雷、刘力锐：《网民的力量：网络社会政治动员论析》，沈阳：东北大学出版社，2012年8月版，第16页。

围还是媒体的表现形式等诸多方面都远远超出了以往任何一种形式的大众传媒，在社会和政治动员中充分展现了混沌学所言的“蝴蝶效应”。当某种有影响的事件出现以后，在网络上各个电子公告栏、新闻组以及邮件列表等会迅速做出反应，并以“多对多（many-to-many）”的交流形式在电子空间里“一石激起千层浪”。在罗伯特·基欧汉和约瑟夫·奈看来，信息革命最本质的特征和最重要的意义在于信息传递成本的下降。① 伴随着信息传递成本以摩尔级数的下降和传输速度以相同级数的提高，信息获取和处理的屏障被突破，越来越多的行为主体可以参与到国际决策过程中。

网络传播中还存在“回旋镖效应”，即一个国内团体可以通过寻求国际盟友对其政府施加压力从而迫使其政府改变其在国内的做法。在跨国交流网络中，既包括政府、媒体，也包括非政府组织、社会团体和个人。它们就共同的话题开展各种对话、寻求共识、组织行动。议题的分野与利益的分化，造成群体和个人关注的问题与以国家主权为视角的问题有所分歧。如果国内行为体与国家之间的交流渠道被堵塞，代表跨国倡议网络的特点的“回旋镖影响模式”就会出现，即国内的非政府组织或个体绕过其政府，直接寻求国际盟友的帮助，力求从外部对其国家施加压力获得问题解决，典型的如关注人权的非政府组织。它们在致力于解决一系列具体问题过程中，依靠跨国网络传播它们所倡导的一些观念，并对这些观念进行重新架构，将其列入政策争论议程之中，通过对强大的行为体施加压力促进机制的形成，从而加强了已有的国际规范（norms）和规则（rules）。某种意义上说，网络已经不仅仅是一种政治传播工具，甚至已经成为国际社会中文化和政治谈判的场所。

二、互联网的组织功能：群组聚合与网络活动主义

网络的更强大作用是作为新型“联系中介”与“基础平台”的组织作用。互联网不仅是信息传播工具，它还具有其他传统媒体所不具备的再使

① ［美］罗伯特·基欧汉，约瑟夫·奈著，门洪华译：《权力与相互依赖》（第3版），北京：北京大学出版社，2002年版，第260页。

用功能，即作为协调行动的强有力的组织工具，具有群组聚合、组织和互联的特有功能。网络活动主义（包括网络动员、为筹款而设的社会网络等等）、虚拟社区（包括能使有相同政治关注的人彼此相连的博客日志、在线社会网络潮流等）等赋予了网络以政治组织功能。而且，网络的廉价性和普遍性使其作用大大提升。随着网络平台工具的丰富化和多样化，网民已不再是一个个体的代名词，而是一个群体的名称。他们在网络上利用各种虚拟社区、依托共同关注的话题结成一个个具有一定规模和结构的群体，同声相应、同声相求。人类群体生活的本能，对群体认同的渴望，则提高了网络群体的组织化程度。即时通信、网络社区等网络运用的扩展已经使互联网成为一种有效的政治组织手段。

网络社群与传统社群有许多不同。传统社群往往受到地域的限制，参与者对于社群的选择性相对较小，而且其活跃度受到现实身份的较大影响，受到多种行政管理体制和现实法律的制约。而基于互联网的网络社群则由于突破了地域的限制而更容易聚集起可执行力量，参与者更容易因共同的理念、目标、兴趣爱好而聚集，其行为受现实身份及传统行政体制的影响也相对较小，尽管"人肉搜索"及互联网管理体制也给网络社群参与者以一定的威慑力。现在，网上各种规模的团体数量已过亿，它们可以跨越地理空间的障碍联合起来，影响国内外政策。因此，互联网是网络活动主义（internet activism，electronic advocacy，cyberactivism，e-activism，networked activism）的有效工具，[①] 特别是当它与其他媒体（如广播、印刷）及与政策制定者当面交涉等方法结合时。它对囊中羞涩的个人或团体特别重要，因为他们借助互联网可以影响公众意见、筹集资金、形成跨地区联盟等等。因此可以说，这些网络活动团体的网络抗争已经成为新的国际政治动力。

---

① 关于网络活动主义，参见 Michael D. Ayers，Martha Mccaughey，eds.，*Cyberactivism*：*Online Activism in Theory and Practice*，New York：Routledge，2003；Ed Schwartz，*NetActivism*：*How Citizens Use the Internet*，Cambridge，MA：O'Reilly Media，1996；Steven F. Hick and John G. McNutt，*Advocacy*，*Activism*，*and the Internet*：*Community Organization and Social Policy*，Chicago：Lyceum Books，2002；Michael Dartnell，*Insurgency Online*：*Web Activism and Global Conflict*，Toronto：University of Toronto Press，2006；Molly Beutz Land，"Networked Activism，" *Harvard Human Rights Journal*，Vol. 22，2009，pp. 205 – 244.

网络活动主义指某一组织甚至个人对互联网常规的、非破坏性的使用，以支持某项议程或行动，包括信息搜索、建立网址并在其中做宣传、通过电子邮件传输电子刊物和信件、网上讨论、协调计划及网友组织等活动，以达到筹款、社区建设、游说和组织活动等目的。① 网络活动主义可以分为三大功能类型：一是警醒与倡议类（Awareness/Advocacy）；二是组织与动议类（Organization/Mobilization）；三是行动与反应类（Action/Reaction）。② 互联网有能力挑战政府和主流媒体的统治性话语，并为持异见者在全球传播其观点搭建平台。公民也有机会获取替代性信息。凯文·希尔（Kevin A. Hill）和约翰·休斯（John E. Hughes）研究发现，越来越多的人变成了“分享信念的网络活动家”。③ 根据统计，网上政治公民（Online Political Citizens，OPCs）比普通市民成为意见领袖的可能性要大 7 倍。研究表明，相比于普通美国人可能成为意见领袖的 10% 的比例，69% 的网上政治公民有塑造周围亲戚朋友或同事的政策意见的影响力。④ 网络活动主义者可以通过电子请愿将政策抗议转送给政府或者各种机构，可以通过群发邮件实现游说功能，可以通过互联网组织各种形式的实地抗议。也就是说，网络活动主义的行动可以是纯粹网上行为，也可以是通过网络组织的现实世界行为，或者是网上和网下两者的结合。通过网络活动主义行动，个人的微小力量得以放大，利益相似的小团体得以相互联系。

网络活动主义影响政治的模式主要有 5 类：一是收集模式。借助搜索引擎、电子邮件发送单、聊天室与讨论小组等信息收集工具，网络活动分子可从互联网上了解立法文件、官方政策申明、对某问题的分析讨论以及

① Dorothy E. Denning, *Activism, Hacktivism, and Cyberterrorism: The Internet as a Tool for Influencing Foreign Policy*, Paper Sponsored by the Nautilus Institute, Information Technology and American Foreign Policy Decision-making Workshop, Available at http://www.nautilus.org/info-policy/workshop/papers/denning.html.

② Sandor Vegh, "Classifying Forms of Online Activism: The Case of Cyberprotests against the World Bank," in Martha McCaughey and Michael D. Ayers, eds., *Cyberactivism: Online Activism in Theory and Practice*, New York: Routledge, 2003. pp. 71 – 95.

③ Kevin A. Hill and John E. Hughes, *Cyberpolitics: Citizen Activism in the age of Internet*, Oxford: Rowman & Littlefield, 1998, p. 88.

④ Sandor Vegh, "Classifying Forms of Online Activism: The Case of Cyberprotests against the World Bank," in Martha McCaughey and Michael D. Ayers, eds., *Cyberactivism: Online Activism in Theory and Practice*, New York: Routledge, 2003, pp. 71 – 95.

其他与他们的使命相关的信息。二是发表模式。从理论上来说，任何人都可以成为触及全球各个角落的网络出版者，可以在网上以自己的方式表达政策建议或反对意见，而且也不会因为接受者人数的增加而增加发表人的费用。三是政策对话模式。互联网提供了许多政治演说、政策对话与政策辩论的互动场所，如博客、电子邮件、新闻小组、网上论坛、聊天室等。四是协调行动模式。与电话、传真、普通邮件相比，互联网提供了一种协调成员行动及相互保持联络的更便捷、更经济的方式。行动计划既可以通过电子邮件传达，或者在网址上公布。五是游说决策者模式。网络活动分子既可以直接通过互联网游说决策者，也可以采取收集签名的方式，向决策者请愿。例如，在科索沃战争中，加拿大有一个名为“现在就去阻止北约轰炸南斯拉夫联盟”的网站，专门用来鼓动加拿大人和其他积极主张停战人士向加拿大总理让·克雷蒂安（Jean Chretien）和其他议会成员发送电子邮件或传真，其中还提供有样信。[①] 尽管我们理论上将其分为 5 种模式，然而多数情况下它们同时被利用或以组合状态存在。

网络活动主义所常使用的说服、交往和施压策略也分为以下几种类型：（1）信息政治（information politics），即能够迅速、可靠地提供在政治上可以采用的信息，并能使其发挥最大的影响作用；（2）象征政治（symbolic politics），即能够利用符号、行动或故事让通常生活在偏远地区的听众了解情况；（3）杠杆政治（leverage politics），即能够利用强大的行为体影响网络中较弱的成员不可能发挥影响的作用；（4）责任政治（accountability politics），即努力让强大行为体遵循自己以前提出的政治或原则。[②]

网络的组织功能依托于网络的传播功能以及其中的认知框架的构建。建构认知框架是网络政治战略的重要组成部分。大卫·斯诺（David Snow）把这种战略行为称作“框架重建”（frame alignment）：“通过赋予事件或发生的情况一定的意义，框架起到了对个人和集体行动总结经验和指导行动

---

① Dorothy E. Denning, *Activism, Hacktivism, and Cyberterrorism: The Internet as a Tool for Influencing Foreign Policy*, pp. 1-18, paper Sponsored by the Nautilus Institute, Information Technology and American Foreign Policy Decisionmaking Workshop, available at http://www.nautilus.org/info-policy/workshop/papers/denning.html.

② ［美］玛格丽特·凯特、凯瑟琳·辛金克著，韩召颖、孙英丽译：《超越国界的活动家——国际政治中的倡议网络》，北京：北京大学出版社，2005 年版，第 18—20 页。

的作用。”① 而“框架结构”（frame resonance）是指一个运动组织的解释工作与其影响广大公众认知的能力之间的关系。后者不仅指框架内部的一致，而且还包括其经验能否适用于更广泛的政治文化。② 斯诺及其同事通过引入悉尼·塔罗提出的抗议圈（protest cycles）的概念，赋予了框架共鸣以发展的特点。意义与意义新框架之间的较量发生于在抗议圈的初期，但是，随着时间的推移，“某个集体行动框架便成了政治文化的组成部分——也就是说，成了符号库的组成部分，以后的运动事业家可以从这个符号库中择其所需”。③

三、网络空间政治功能实现的多元平台

网络空间的政治传播功能通过多角色、多渠道、多介质的多种平台和方式的聚合互动来实现。行动角色有网民、网编、传统媒体记者；传播渠道有个人传播、群体传播、民众传播；传播方式多样，有口头传播、文字传播、图片和视频传播；传播介质亦多种，有社区 BBS 论坛、官方新闻网站、网络自生媒体、门户网站、娱乐网站、各类小型专门类网站、自媒体（包括博客、播客、贴吧等）、社交媒体和各种即时通信工具（如微信）等。由于传播的网络化和全球化趋势的发展，此前以大众传媒（广播、电视、报纸）为主要信息载体、以消费者或公民为受众的传播因网络的社会化呈现多元化势态。

网络空间的政治组织功能以及政治群体形成的途径最常见的有以下几种：网站或者虚拟社区的论坛、新闻组、个人网站、专门的政治网站、博客、微博、播客、微信等。

---

① David A. Snow et al., “Frame Alignment Processes, Micromobilization, and Movement Participation,” *American Sociological Review*, No. 51, 1986, p. 464.

② David A. Snow and Robert D. Benford, “Ideology, Frame Resonance, and Participant Mobilization,” in Bert Klandermans, Hanspeter Kriesi, and Sydeny Tarrow, eds., *From Structure to Action: Comparing Social Movement Research Across Cultures*, Greenwich, Conn.: JAI Press, 1988, pp. 197 – 217.

③ ［美］玛格丽特·凯特、凯瑟琳·辛金克著，韩召颖、孙英丽译：《超越国界的活动家——国际政治中的倡议网络》，北京：北京大学出版社，2005 年版，第 18—20 页。

网络论坛是网民针对突发事件各抒己见、发表评论的平台，是一种网络人际传播、群体传播的重要平台，也是网络空间政治功能的重要载体。这个平台真正体现出了网络互动性和草根性的特点。论坛上的帖子分为主帖和跟帖，主帖是作者发表的观点或看法，跟帖是网民根据作者的观点和看法而发表的与之对应的观点和看法。这样的信息不断增加，相同的意见聚合从而造就了网络舆论。网络论坛具有三大特点：一是新闻的集散地，国际和国内的一些突发新闻和重要新闻都能看到；二是观点集散地，各种各样的观点都有，既有系统的阐述，又有大胆的设想；三是民声集散地，网民的地域分布、行业分布乃至阶层分布都很广，论坛里能够听到各种声音。① 可以说，网络论坛是网民们最活跃、最密集的舆论发布场所。

网络新闻网站包括政府网站、传统媒体网站、商业网站和民间网站等。此类网站提供的信息相对具有静态性和单向性。尽管这些新闻网站也有一定的局限性，但是一些门户网站和新闻网站开设的新闻跟帖功能使其政治功能大大加强，它使网友可即时发表自己阅读新闻之后的感受、观点和意见，如新浪网和腾讯网的“我要评论”、网易的“发帖区”、搜狐网的“我来说两句”、人民网的“我要留言”等。网络新闻跟帖的大众化、简洁性、互动性、趣味性以及批判性和启发性，使其具有了看清新闻事实、宣泄公众情绪、形成舆论焦点的重要功能。

即时通信工具是一种点对点的网络人际传播方式，网民可以将信息复制粘贴，通过邮件、QQ、MSN、微信等将信息快速传播。在微博等社交媒体已经把“大众”部落化、小团体化的当今时代，传统意义上的宣传或大众传播，越来越可能沦为听众缺席的独白。一个人人都获得表达机会的年代，基本上也就是一个人人都不倾听的年代。在知识飞沫、注意力分散的年代，倾听者是那些已经和你建立了对话关系的人，只有建立关系，信息传播才能顺利进行。这就使这些即时通信工具的威力大大加强。即时通信工具具有传输快、复制方便的技术特征，其所携带的群发功能，可以使一条信息顷刻间到达成千上万的网民。而且即时通信工具又带有私人色彩的

---

① 张雷、刘力锐：《网民的力量：网络社会政治动员论析》，沈阳：东北大学出版社，2012年版，第59页。

社会交往特点，从而使其显得比一般信息更为真实。

博客的正式名称为网络日志，一般是由个人管理、不定期张贴新的文章的网站。博客为使用者提供了搜索功能、系统分类和相互链接的功能，使其本质上成为网络界面形式的数据库，从而扩展了新闻生产领域，实现了信息聚合。许多博客新闻网站都具有事实核查能力和集中分类机制，受众可以借此决定一则消息是石沉大海还是万众瞩目。这也解释了为何突发性新闻会以惊人的速度在博客中迅速传播。这种博客行为带来了一种新的新闻扩散模式。①

微博是微型博客的简称，即一句话博客，是一种通过关注机制分享简短实时信息的广播式社交网络平台。在重大新闻发生或社会问题凸显时，它又仿佛是信息中心，能够高效集聚、吸引并号召用户参与到新闻传播和舆论扩散中来。参与新闻报道的新闻工作者，也常常将微博当作实施舆论监督的有力武器，甚至通过微博进行现场报道，实现信息的瞬间传播和实时影像。相比传统媒体，文字结合视频、图片、声音等形式的微博内容更具传播力。最早最著名的微博是美国的“推特”（Twitter），中国比较有名的则是新浪微博。

微信这两年成为中国网民的新宠。微信是腾讯公司于 2011 年初推出的为智能终端提供及时通信服务的免费应用程序，目前已成为亚洲地区最大用户群体的移动即时通讯软件。微信目前的软件语言已经发展为四种，即中文、英文、韩文和日文。通过微信平台，网民不仅可以发送语音、视频、图片和文字，还可以将内容通过朋友圈与好友分享。微信的潜能非常巨大，不仅在于信息传播方面，更在于社会动员和组织潜能。微信的“摇一摇”、“搜索号码”、“附近的人”等添加好友的便捷方法以及所提供的群组讨论交流功能使之成为汇聚群体力量的重要工具。而且传输微信所需要的信息量比短信更少。而且如果一次发送不成功，可以重新发送，不需如电话那样实时接通才能实现通信。在突发事件中，通信设施可能损坏，导致信号中断或减弱，但微信“小快灵”的传输方

---

① 党生翠：《网络舆论蝴蝶效应研究——从“微内容”到舆论风暴》，北京：中国人民大学出版社，2013 年版，第 99 页。

式比传统的传输更具穿透力。[①] 所以，微信比打电话、发短信更容易实现与外界的联系。

随着3G时代的来临，手机网民已经成为网络舆论的重要参与者和表达主体，移动网络的影响和作用也会越来越显著。手机传播增强了社会亲近性与人们之间的联系频度和范围，弥合了许多鸿沟。手机传播也不需要昂贵的地面设施，成本低廉，手机的重量和形状极为轻盈小巧且方便携带。人们也不需要高层次的网络技术和语言能力就可以最大限度地、最快地进行传播互动。正是经济、技术成本与接近的门槛低，手机成为最深刻的个人传播装置。手机使用创造了新的互动方式，除了传播，另外一种最基本的核心功能是协调。手机是传播和移动两个系统的重新整合，这种整合排除地理固定节点的低效率和死板性，使协调的有效性、灵活性和即时性大大增加。人们不受地理位置限制就可以重新协商计划，从而打破了时间的线性流动，那些约会、社会约定以及任务在相同时间、固定点的互动方式变成所有这些因素都可以重新协商，都成为可以流动的。Richard Ling 和 Birgitte Yttri 把利用手机进行的协调称为“微观与超协调”，其含义是，移动协调提供了我们安排日常事务的灵活性和弹性，以及通盘安排时刻表的计划性。[②]

综上所述，网络空间的政治功能主要依托各种网络应用平台并通过互联网的传播功能和组织功能实现。互联网毫无疑问是一种非常有效的政治传播工具。但是，它是否能够成为有效的集体行动的组织手段也存在争议。蒂齐娜·特拉诺瓦（Tiziana Terranova）指出，如果对互联网的易进易出性加以创造性的运用，可以产生一种完全不同的政治。她引证社会学家哈里·克利弗（Harry Cleaver）的说法，把这种虚拟的运动空间称为“水圈”（hydrosphere）……一种流动性很强的空间，“变化不停，只能暂时地形成我们叫作‘组织’的凝固体。这些凝固体常常被周围不安分的水流所

---

① 李增瑞、魏国荣：“突发事件网络报道中的微信力量”，《军事记者》，2013年第12期，第24页。

② 胡春阳：《手机传播与人机互动》，上海：上海三联书店，2012年版，第47页。

侵蚀，直到它们重新被融入水中”。[①] 然而，事实证明，互联网的传播和组织功能都对国际国内政治产生了强有力的影响。

第二节 网络公共领域的初现与网络政治参与

网络的开放性促进了政治参与的发展。政治参与是指公民个人旨在影响政府决策的活动，包括合法地或非法地、使用暴力或采取和平手段、成功地或不成功地影响政府决策的一切努力。[②] 虚拟网络政治空间里新型公民政治参与方式的出现，弥补了现实政治生活中公民政治参与方式的不足，提升了公民政治参与的积极性，减少了公民政治参与的时间和金钱乃至知识成本，拓宽了政治参与方式的新渠道，实现了利益主体之间的快速连接和沟通，不仅有利于提升网络政治空间里政治参与的有效性，而且有利于促进现实政治生活借助网络政治这一独特平台而得到更加全面和深度的发展，进而深化公民政治参与的形式和内容。

一、网络对政治参与的促进以及网络公共领域的初现

网络对政治参与的促进体现在多个方面。首先，网络大大推动了社会大众的主动性，提高了其政治参与的兴趣和积极性。互联网的直接性、便捷性和交互性使政治参与的方式变得更加灵活。在网络环境下，信息的传播不受时空阻碍甚至可以摆脱政府控制，人们可以就某些重大敏感的政治话题开展广泛讨论，而不用担心因过激言行而受到惩罚，这在一定程度上鼓励了人们的政治参与热情，提高了人们参与政治的兴趣。同时，随着拍照手机、数码摄像机、数码照相机等新媒介的普及，突发新闻事件的信息

---

① Tiziana Terranova, “The Degree Zero of Politics: Virtual Social Movements and Virtual Cultures,” 2002. Available at http://www.noemalab.org/sections/ideas/ideas_articles/pdf/terranova_degree_zero.pdf.

② 王君玲：《网络社会的民间表达——样态、思潮及动因》，广州：暨南大学出版社，2013年版，第89页。

传播有了新变化，现场的任何人都可能抢拍、抓拍到新闻并立即通过网络发布。另外，Web2.0技术唤醒了公众的表达意识，极大地调动了公众参与社会和政治事务的积极性。《人民日报》与人民网的一项联合调查显示：当遇到社会不良现象时，99.3%的网民会选择网络曝光。[①] 网络空间已成为当代社会最活跃的政治参与空间。

网络政治参与积极性的提高还在于网络行为与现实行为的区别，这种区别降低了人们对传统政治参与的风险预期。现实行为的发生除了人自身的思想活动，其他的行为均要产生物理空间的位移，或发生物理体的改变，现实社会中的身体是作为一个物理意义上的实体而存在的；而在网络空间中，网络行为只是通过网络空间的借助语言、符号或图标变化来体现，物理身体可以不在场，是一种以身体不在场为基本特征的虚拟行为。身体不在场使人们无需担心"规训权力"（disciplinary power）的约束，因为身体不在场使人们在网络空间中可以隐匿自己部分甚至全部的社会身份。[②]

其次，网络使社会成员参与政治事件更加直接化和简单化，促进了政治参与能力的提升。由于网络传播成本相对低廉，使得更多财力有限的组织和个人通过网络广泛传播其思想的能力大大增强，一个公民通过网络与高层领导人沟通变得比从前容易得多，这大大削弱了严格的等级观念，使得政治参与"变得如此轻而易举，以致再没有什么规模太小或太涣散的事业"。[③] 在互联网上，人们可以对社会政治事件自由地发表自己的看法（如果不加限制的话），投票或选举这一基本的政治活动手段，在互联网上显得更加轻而易举，而且这种投票和选举可以使现实社会政治生活中的其他影响（干扰）因素降至最低程度，人们可以独立自主地按照自己的意志做出判断和抉择。

再次，网络互动则以直接、对等、快捷的虚拟对谈和相互沟通的形

---

① 汪波：《中国网络监督与政府治理创新（1994—2012）——"四维制衡"视角透析》，北京：北京师范大学出版社，2013年版，第206页。

② 王君玲：《网络社会的民间表达——样态、思潮及动因》，广州：暨南大学出版社，2013年版，第29页。

③ ［美］比尔·盖茨著，辜正坤译：《未来之路》，北京：北京大学出版社，1996年版，第338页。

式，大大地提高了网络政治空间里政治参与的有效性。日趋完善的网络技术能够更加完美地实现政治参与的过程。互联网的诞生，把世界上各个国家和一个国家内的各个地区连为一体，公民可以经由互联网真正参与到各级政府的政治决策过程中，政治参与变得更为便捷和有效。尤其是现实政治、公共机构与公共人物向网络政治与网民群体的网络问政活动，以及现实政治与网络政治的主体之间的沟通和协商，对于厘清事实真相，公开决策过程，征集民意民情，凝聚社会共识，具有成本低、时间快、效果好的作用。

此外，网络增加了政治参与的数量和广度，丰富了政治参与的手段和途径。随着网络的普及，各种虚拟社区、微博、微信以惊人的速度增生，并按照不同的主题把人群进一步细化，使利益的表达和聚合更自由，兴趣爱好相投或思想价值取向一致的人们在网络上的交流和组织活动更加容易，政治参与变得简单易行。网络自身作为一种新兴传媒渠道，为广大社会民众提供了较之传统更加简捷、快速的政治参与方式。网络打破了传统政治参与过程中社会经济地位较高人群对信息发布与流转的控制，由于网络传播成本低廉，使得社会经济地位相对较低人群也可以通过互联网广泛传播其思想，政治参与不再是社会经济地位较高人群专属的游戏，而越来越多地分散到更多普通底层民众手中。越来越多的人以各种不同的方式参与到政治决策的过程，集体的智慧得到最大限度的凝聚与升华。美国当代政治家罗伯特·A. 达尔（Robert A. Dahl）曾指出，“政治体系所能提供的参与渠道越多、越通畅，政治参与就越加便利，相应的参与就越多。只要克服较少的障碍，便可行动，人们就去参与，遇到的障碍越大，人们就越不大会介入政治。”①

从网络对政治参与的多角度促进来看，网络可以看作是一种初具雏形的公用领域。网络具备了哈贝马斯意义上的一些基本特征。哈贝马斯在《公用领域的结构转型》一书中，阐明了公共领域的精粹在于一种特定的“公共性”：公共意见的交换，理性的应用。“公共领域”是“介于私人领

---

① ［美］罗伯特·达尔著，王沪宁译，《现代政治分析》，上海：上海译文出版社，1987 年版，第 138 页

域与公共权威之间的一个领域，是各种公众聚会场所的总称，公众在这一领域对公共权威及其政策和其他共同关心的问题做出评判”，“即他们可以自由地集合和组合，可以自由地表达和公开他们意见。”[①] 公共领域构成有三要素：一是参与成员的平等性；二是讨论议题的开放性；三是参与成员的广泛性。[②] 哈贝马斯所构建的“公共领域”概念，从宏观上看，主要有两大特质：其一，公共领域介乎国家与社会之间，属于中间地带、过渡地带；其二，这一领域的维持需要公民基于理性的自由批判。[③] 也就是说，哈贝马斯的公共领域是公共权力领域和私人领域的中间地带，作为公众聚集的领域，主要功能是提出批判，形成公共舆论。

网络公共领域符合公共领域建构的内部条件：广泛参与和理性沟通。网络虚拟空间具备公共领域的基本要素：网络空间为参与者们提供充分讨论与沟通的公共场所；网络论坛具有刺激公共议题辩论与对话的潜力，能促使公民意识觉醒与公众参与；参与主体能够无拘束地进行批判性讨论；网民从私人在社会生活中的实践经验出发展开讨论。诚然，转型时期我国“网络公共空间”并不符合哈氏公共领域理想类型，处于“准公共领域”或“半公共领域”状态。[④] 与“公共领域”相比较，网络公共领域具有双重特质。一方面，网络公共领域比“公共领域”更加多元化，具有更大规模。在虚拟公共领域中，网民通过 BBS、QQ、微博、聊天室、论坛、博客、评论和贴吧进行沟通、说服、协商、交流和表达，形成平等参与自由发言的网络公共平台。另一方面，网络公共领域的冲击力强于“公共领域”。网络公共领域中，网络舆论与网络监督冲击主权国家传统的治理流程，网络空间多元化和自由化的民意表达，对传统传媒、传统的政府体系、传统的精英生产机制，施与前所未有的强烈冲击。

---

① ［德］哈贝马斯著，曹卫东译：《公共领域的结构转型——论资产阶级社会的类型》，上海：学林出版社，1999 年版。

② 汪波：《中国网络监督与政府治理创新（1994—2012）——“四维制衡”视角透析》，北京：北京师范大学出版社，2013 年版，第 90 页。

③ 宋正伟、陈少华：“网络媒介的公共领域——由哈贝马斯的‘公共领域’谈起”，《南京邮电大学学报（社会科学版）》，2007 年第 3 期，第 30 页。

④ 汪波：《中国网络监督与政府治理创新（1994—2012）——“四维制衡”视角透析》，北京：北京师范大学出版社，2013 年版，第 92—93 页。

诚然，网络还不是健全的公共空间。首先，虽然网络舆论重大论题具有公共性，但从整体上看，这种公共性并不总是具有积极的建设性，而更多为消极的、批评的。这与社会历史发展与改革过程中长期累积的社会问题没能及时解决有必然关系。其次，在一定意义上，网络舆论实现了社会与国家之间的互动。但是，哈贝马斯所说的公共领域中不仅仅是社会与国家之间的关系，还包括公民之间内部的就公共事务的协商。但是从重大社会安全事件的网络舆论中还不能看到明显的相关自觉行为。再次，哈贝马斯提出的公共领域概念主张的是对理性的公共使用，但在目前各国网络舆论中，非理性的破坏力还清晰可见。[①] 尽管如此，网络的确促进了政治参与，有利于从外部对政治权力的运行及其结果进行强有力的监督。

二、网络政治参与的主体诉求

网络主体的政治参与诉求可分为两种：一种是职业性政治参与，另一种是一般政治参与。职业性政治参与是指现实社会中的政治人物出于参与政治的目的在网络空间中表达自己的观点、看法、态度和倾向等；而一般政治参与是指不具有特殊政治身份的人，即一般公民，在网络空间中就某些政治问题发表看法，在表达中带有某些明显的政治倾向性，从而在一定程度上参与到政治活动或政治讨论中。网络空间的无限性和包容性为职业性政治参与诉求拓展了实现渠道。政治人物或公共人物为了进行政治活动或履行相关的政治职责而进行表达，如人大代表在自己的博客中征集意见、公布自己的提案草案内容、回答选民的提问、表达自己的态度与意愿等。[②] 在网络空间中，一般性政治参与诉求的表达内容更丰富、人数更多、诉求更强烈。在网络空间中，有越来越多的人表达出自己对某些政治现象和事件的看法，这直接推动着一些事件的发展，并影响国家的政策和政治走向。

---

① 宫承波、范松楠、黄晓云、王晶晶：《重大社会安全事件的网络传播》，北京：中国广播电视出版社，2012 年版，第 158 页。

② 王君玲：《网络社会的民间表达——样态、思潮及动因》，广州：暨南大学出版社，2013 年版，第 89—90 页。

大量研究表明，社会经济地位（如职业地位、受教育水平、家庭收入等）与政治参与之间有着紧密的关联。社会经济地位高的人往往比处于社会底层的人在政治上表现更为积极。主要因为：首先，政党、社会组织等是现代政治活动的基本参与主体，在社会经济方面占据优势地位的阶层和个人有更多的渠道和途径去接触、参与这些政党或社会组织，其政治参与活动的效果自然更好。其次，社会经济地位高的人在现有体制中往往有更多的利益需要维护，出于保护自身利益不受侵害并尽可能扩大既得利益的目的，他们的政治参与意识自然要比一般普通民众强。再次，社会经济地位高的人还往往比一般的普通民众拥有更高的专业知识与技能，可以更加合理有效地开展政治参与活动，其政治参与行动也会产生相对更好的效果。① 但随着网络的快速发展，越来越多社会经济地位处于相对劣势的人群也可以通过网络这一全新的政治参与渠道和平台进入国家政治生活，政治参与的形式与人群均发生了巨大变化。

网络主体的政治诉求可以有许多方面的动力因素，有时是单一因素，有时是多种因素的复合体。最常见的政治诉求是利益表达。一种类型是一些网民希望通过网络参与及网络舆情所具有的施压机制、揭露机制、扩散机制、协商机制等来实现或满足个人的、群体的利益、权利和需要等，希望将一些地方性或个别性突发事件扩散开来以引起更多网民注意，或表现为一些网民希望某个事情“闹大”以给予某些相关主体和权威部门更大压力。另一种类型的利益表达是基于特定的事件而引发，即引起关注的个案性突发事件背后承载了网民甚至大众生存、生活、利益和权利等因子，通过网络参与，网民借以表达对政府、官员、警察、富人等权威力量和强势群体的不满，也有一些网民则对社会表达了悲观、失望、不满的情绪，甚至通过表达更多抗议、不满等而有意在网络上发出倡议或动员令。

第二种网络政治参与的动力来自于心理诉求，例如网络舆论中的意见领袖所呈现的自我表现心理和网络搬运工的社会参与心理。在社会焦点事件网络舆情演变中，具有代表性的网民大致可以分为以下四类群体：草根

---

① ［美］格林斯坦·波尔斯比著，竺乾威等译：《政治学手册精选（下）》，北京：商务印书馆，1996年版，第338—339页。

阶层、网络搬运工、网络意见领袖和网络推手。草根阶层主要是参与式讨论。草根阶层强烈的利益诉求和参与表达的愿望在现实生活中无法得到满足，进而转向了网络，进入的低门槛性使网络成为他们情绪堆积的空间。随后网络搬运工进行转移式放大。从事网络信息转帖和扩散的网民就是网络搬运工。网络搬运工的存在使网络的声音被无限放大，网络言论空间迅速扩张，从 BBS 转帖、博客转载到 Email 传输、从时事政治、社会文化到文学情感，情感得到了充分广泛的传播和交流。[①] 网络意见领袖则从自我表现和自我形象出发，期望以享有的优势信息资源、专业知识、权威和名望使网民盲目地跟随甚至推崇。当然，也有部分网络意见领袖是由现实生活中的意见领袖迁徙到网络上，表现出更为开放的视野和理性冷静的态度。最后网络推手负责进行加工式引导。

网络政治参与的第三种动力来自于娱乐诉求，网络成为主体体验与创造快感的一个新空间。在网络空间中，人们试图寻求一种狂欢的感受，试图建立一种狂欢节式的关系，即在网络空间中，人与人之间自由自在、亲切随意地接触。在网络空间这样一个“狂欢的广场上”，人与人之间的阶层差异全部消失，人们无须屈服于所谓的社会主流观念，完全可以捍卫自己的立场，发表自己的言论和意见。在网络空间中，大家一律平等，人人皆可参与表达，每个人都有机会受到尊重，现实的物质压迫与精神压抑都自由地毫无顾忌地得以宣泄，人们感到放松、自由、平等、安全、无所畏惧；而且，在网络空间中，表达所构筑的符号空间成为新的狂欢式的生活，在网络社会这个符号空间中，表达即生活，生活即表达，而表达又不断地构筑一个新的世界，这个世界满足着人们对狂欢式生活的诉求。[②] 出于娱乐动机的政治参与在自媒体的网络表达内容中比比皆是，灌水、恶搞、播客、闪客，在多样的表达形式的外衣之下隐含的是对快感的淋漓尽致的追求。一些网络主体在表达的过程中获得了一种颠覆的快感，网络无限扩张了他们的触角和欲望，人们的娱乐精神从中得到了空前的释放。

---

① 王国华、曾润喜、方付建编著：《解码网络舆情》，武汉：华中科技大学出版社，2011 年版，第 97 页。

② 王君玲：《网络社会的民间表达——样态、思潮及动因》，广州：暨南大学出版社，2013 年版，第 94 页。

三、网络政治参与的正负效应

政治参与是一个现代政治学概念，属于民主政治理论范畴，是政治文明进程的一个重要变量，是衡量民主政治的重要尺度。网络时代，政治参与的形态以及参与人群发生了巨大变化，并对国家政治生活带来正、反两个方面的深刻影响。网络作为一种全新的政治参与渠道，它的出现与普及，使社会各个阶层政治参与活动的热情与能力较之以往大幅提升，政治参与的质量随之显著增强，政府决策活动更加趋于合理、高效，有力维护了国家及所辖民众的利益。但不可忽视的是，传播快速、覆盖广泛的网络参与有时也会因为一些网络谣言或服务于特定目的、旨在推动特定议程势力的煽动炒作，对整体社会政治环境产生负面影响，甚至可能将网上的过激情绪蔓延至现实社会，引发社会动荡，影响国家政治安全利益。

网络政治参与对一国政治的影响大致可分为正、反两方面。先来看政治参与的正面效应。政治参与最重要的功能就是监督政府政策的制定和实施是否正确，国家公职人员尤其是政治领导者是否遵循一定的行为规则。政治参与的内容既包括公众对掌权者的监督，也包括对政府权力运行结果的检查和监督。除此之外，公民通过政治参与可以掌握具有参政资格的公民所应具备的政治价值观、政治知识和政治技能，增强对政治体系的体验性理解和关注程度，提高参与者的政治觉悟，使他们成为合格的政治公民；政治参与还向公民和公民团体提供了将其利益和要求传递至政治系统的机会，并施加影响，政治参与可以反对政府决策的片面性，反对政府行为对大多数人的侵害，公民也可以通过政治参与寻求一定程度上的社会利益补偿。① 因此，政治参与是现代社会公民制约政府的重要手段。政治参与的有效性以及规模和程度也是判断一个政体是否民主的重要指标。

对于政治稳定而言，积极的观点认为，政府可以利用网络优势塑造主流意识形态和政治文化，缓和各种矛盾和冲突，从而对政治稳定发挥积极

① 王邦佐等主编：《新政治学概要》，上海：复旦大学出版社，2006 年版，第 207—208 页。

作用。[①] 同时，对发展中国家现代化进程的研究表明，随着政治参与扩大，当现有体制无法提供足够的参政渠道时，就会造成整个政治系统处于高度紧张的状态，导致制度超载从而引发参与危机。[②] 而互联网突破了传统媒体由于时空间隔而导致的信息传输的种种障碍，其自由性和平等性极大地激发了公民政治参与的兴趣和热情，从而突破了传统民主模式的诸多局限；同时使政治参与的结构不断分化，削弱了政府集权控制的能力，弱化了科层制下的等级观念。所以，互联网将提升公民的政治参与能力，有利于促进社会的政治稳定。[③] 在这种观点中，网络政治参与对于政治稳定的积极作用的发挥有赖于政府的调控和管理。

但是，从消极方面看，首先，网络政治参与将会削弱主流意识形态。在传统时代，出于意识形态控制的需要，各种传统的传播工具都被政府牢牢控制。而在网络时代，网络政治参与将打破意识形态的垄断地位，政府继续通过传统手段进行意识形态灌输和控制就会显得困难重重。由于网络政治参与冲破了言论限制的“阀门”，各种思潮之间相互激荡，相互影响，无疑就会打破主流意识形态的垄断地位。当今世界，西方国家频繁通过网络渠道向社会主义国家、传统伊斯兰国家等灌输西方主流价值体系；与此同时，各国境内小部分受西方文化影响的民众也会在政治参与过程中不自觉地充当起西方价值观的传播者角色，这些都对各国自身的主流意识形态产生较大的冲击。

其次，网络政治参与容易导致非理性参与行为盛行。公民的非理性参与行为主要表现为“参与盲从”和“参与极端”。[④] 在网络政治参与中，相当数量的参与者不是基于公民的责任感，不是出于对自己的权利和义务的认识，而是凭着心中激荡的冲动来参与政治，有时甚至是为了发泄心中的不满情绪，而这种参与往往超出了法律和制度的许可，表现出狂热性、发泄性、破坏性等显著特征。在此环境下，公民的非理性行为借助具有隐

---

① 林喜庆、陆俊：“论网络对国家政治安全的威胁和对策”，《重庆邮电学院学报（社会科学版）》，2006年第4期，第505—508页。

② 孙关宏：《政治学概论》，上海：复旦大学出版社，2003年版，第308—315页。

③ 王金水：《网络政治参与与政治稳定机制研究》，北京：中国社会科学出版社，2013年4月出版，第44页。

④ 郭小安：“网络政治参与和政治稳定”，《理论探索》，2008年第3版。

蔽性、便捷性等特点的网络更是大行其道，政治参与行为稍有不慎便可能引发“多数人的暴政”。

再次，基于上述两点，网络政治参与可能威胁政治稳定。互联网彰显的极端个人主义的价值观以及更加隐蔽的信息集权控制，容易导致网络无政府主义；互联网会带来非理性的政治参与，导致非法政治参与和制度外参与，成为影响政治稳定的不利因素。非制度化参与的人数越多，破坏性愈大，愈容易危害到社会政治的稳定。此外，虽然网民总体上涵盖了社会各个阶层和各年龄段，但经常上网和进行网络参与的网民，还是偏重于年轻化和平民化。年轻网民比其他阶层更活跃、思维更敏捷，而处在青春期的年轻人更容易产生叛逆倾向和另类意识，表达的意见和观点往往夹杂着偏激的情绪、片面的观点、虚假的事实甚至不成熟以及错误的理念。所以，网络政治参与是一把双刃剑，在提升政治参与质量、促进政治参与发展的同时，也可能给政治参与在未来的发展带来许多消极影响。①

政治参与的扩大是社会转型不断深化的必然结果，是政治现代化的标志，也就是说，社会经济现代化必然导致政治参与的扩大。在近现代历史上，社会经济现代性的加强和政治参与的扩大在现代化历史进程中总呈现出并肩前进的特征。② 而网络的出现又促进了政治参与的扩大，为网络主体诉求提供了新的渠道。网络政治参与与社会政治稳定有着密切的联系，既有积极的方面，也有消极的方面；既可能成为社会政治稳定和谐的维护力量，也可能成为社会不安定因素的放大器。

第三节　网络集体行动的生成与网络政治动员

网络成为政治动员的新手段。网络政治动员主要体现为通过对新媒体工具的精确化驾驭，在大众化传播、人际间互动、情感式交流、普遍性感

---

① 王金水：《网络政治参与与政治稳定机制研究》，北京：中国社会科学出版社，2013 年版，第 44 页。

② 王君玲：《网络社会的民间表达——样态、思潮及动因》，广州：暨南大学出版社，2013 年版，第 90 页。

知中有目的有策略地植入组织目标和价值观，同时，借助网络传播的自身运行规律，起到激活、扩散和行动推动效果，这种作用力比传统的宣传、鼓动更有力、更隐蔽，成本也更低。

一、网络政治动员助燃网络集体行动

网络时代，政治动员的主体不再单单是传统的政府、政党，网络的开放性给社会团体，甚至是为个人提供了进行政治号召、动员的机会和舞台。网络空间和现实空间的相对独立性是网络社会的主宰机制，它能够将核心的政治运作过程从现实的政治控制中转移出来。借助于网络舆情，大众完全可以绕过政府的层层监管与控制，获得全新的政治动员条件和机会。① 网络的交互性和超链接扩散性，使得各种政治呼声都可以在网络虚拟世界找到支持者，而代表这些呼声的某些精英分子或主导人员则自觉地充当起这种呼声的“代言人”，促成了新兴动员主体的出现。② 传统的政治动员需要耗费大量人力、物力和财力，而网络政治动员可以借助网络传媒特有的技术优势，政治动员主体可以是少数人甚至是一个人，便能完成信息在网上快捷而广泛的传播，大大节约了政治动员的成本并提高了政治动员的效率。

网络行为体总是极力扩大对自己行动对象的影响和优势，这种心理是网络政治动员的基础。他们这样做，有益于改变无论是国家还是社会行为体对他们身份、利益和喜好的认识，有益于改变他们无足轻重的地位，并最终改变程序、政策和行为。③ 在网络时代，公民有了更多的途径影响到与自身命运密切相关的政治决策。在现实的政治体制中，他们不可能参与到这一政治决策的制定中，因此转向网络虚拟空间表达自己的利益意愿，寻找自己的利益代言人和相关利益群体，进而结成网络利益群体，在网络

① 吕坤良：《网络言论传播引论》，中国社会科学院博士学位论文，2002 年。

② 彭知辉：“群体性事件与网络舆情”，《上海公安高等专科学校学报》，2008 年第 2 期。

③ 参见 Martha Finnemore, *National Interests in International Society*, Ithaca: Cornell University Press, 1996. 作者认为，“国家深嵌于稠密的跨国和国际社会关系网络之中，这种社会关系使国家形成了它们对世界以及自己在这个世界上的地位的认识。国家及其人民都是生活在国际社会之中，国家在国际社会中要被社会化，必然想要得到某些东西。”

空间聚集政治能量，并适时转化为政治压力，影响现实社会政治决策。

网络政治动员直接体现为网上政治“集会”和政治“结社”等政治群体的形成。特别是当网络舆论焦点越来越带有鲜明具体的经济目的和利益指向时，属于同一阶层的社会群体以共同利益为纽带，共同行动，极易呈现出“抱团”特征和组织化倾向。而网络本身又是非常有效的群体建构的工具。网络空间中无组织的组织力量在增长。网络的力量使构建群体的努力变成一件“简单得可笑”的事情。[①] 在群体中与他人共享、合作、协调一致地行动，这是人的基础本能，而此前这种本能一直受到交易成本的抑制。[②] 加拿大科学家西巴·帕克特提出的“群体建构”理论则认为，互联网的价值绝大多数体现在它作为组织群体构建的工具性作用上，这一观点也常常被称为里德定律（Reed's law），它以戴维·里德的名字命名，该定律认为随着互联网上网人数的增加，旨在创建群体的互联网的价值会呈指数级增长。[③]

网络政治群体的形成基于“共享的认知”（Shared Awareness）。在组织群体行动中，常常存在一种被称为“共享的认知”，它认为许多不同的个体和群体了解一种情形，并知道还有谁拥有相同的了解能力。共享的认知使得本来互不协调的群体开始以更快的速度和更有效的方式采取共同的协调行动。互联网开发出的很多工具，从邮件、论坛到微博、博客、播客；从网络视频到网络短剧的自编自导，都可以被用来促进共享的认知。[④] 随着越来越多的人开始使用这种简单的工具，随着这类工具带来更快、更便捷的沟通，组织群体行动的速度在不断加快，行动的协调性便大为提高。因为渴望成为组织群体的一员，在组织群体中与他人共享、合作、协调一致地行动，是人类的本能与特征，而此前这些行动一直受到交易成本的制约，因而互联网就使得网络政治群体的形成变得极为简单便捷。

---

① ［美］克莱·舍基著，胡泳、沈满琳译：《未来是湿的》，北京：中国人民大学出版社，2009 年版，译者序。

② ［美］曼纽尔·卡斯特著，郑波译：《网络星河，对互联网、商业和社会的反思》，北京：社会科学文献出版社，2007 年版，第 152 页。

③ 王金水：《网络政治参与与政治稳定机制研究》，北京：中国社会科学出版社，2013 年版，第 9 页。

④ 王金水：《网络政治参与与政治稳定机制研究》，第 10 页。

网络群体并不是止步于共享的认知，其最终目的是付诸行动，如网络运动或集体行动。网络政治群体采取的活动方式是群体行动。网络运动（campaigns）是在战略上相互联系的系列活动。社会运动理论家称之为具有“动员潜能”（mobilization potential）的组织松散的网络成员在活动中结成明确、可见的联系，为了共同的目标（并且通常针对共同的对象）相互承认彼此的角色。在网络运动中，网络核心行为体起着动员其他行为体的作用，并提倡在网络的各个团体之间进行结构整合和文化协商。①

网络还使集体行动的形成如探囊取物般容易。集体行动通常是“由社会个体们或组织为了集体目的而发动的组合，这些目的包括改进特定的意识形态、思想或与另一群体的政治斗争”，换言之，集体行动是许多个人或团体基于特定的理念和主张，针对共同的反对力量或持反对意见者所采取的一种群体行动。② 网络政治动员促成的集体行动分为在线集体行动和线下集体行动。前者表现为大规模的声援或抗议的网络签名、网络请愿、网络投票或网络围观等。后者表现为被动员的网民在现实空间的成规模的集群行动。虽然部分网络群体停留在网络虚拟世界中讨伐、“人肉搜索”等动员方式，但同时，越来越多的网络群体性事件已经“破网而出”。网络政治动员在现实社会的政治集群行动趋向常态化的过程中起了非常重要的推波助澜的作用。在线下活动中，网络政治动员发挥作用主要有两种形式：一是号召人们到某一地点参加游行或示威；二是协调在广泛地域范围内的许多地点同时组织的集体行动。

网络政治动员对集体行动的助燃作用体现在内聚动员和外扩动员两条脉络。根据朱力和卢亚楠从大量群体性事件的经验资料中提出的“网络助燃理论”，网络政治动员对集体行动有内聚和外扩作用。内聚动员也称“内部燃烧”，是指通过网络人际传播使得关于某事件的信息（包括传闻和谣言）传递给更多的人，使得关注这一事件的潜在对象的情绪不断升级，态度、意见、情绪趋于一致，并使集体行动的标靶逐渐清晰，将关注事件

① ［美］玛格丽特·凯特、凯瑟琳·辛金克著，韩召颖、孙英丽译：《超越国界的活动家——国际政治中的倡议网络》，北京：北京大学出版社，2005 年版，第 7—8 页。

② 王金水：《网络政治参与与政治稳定机制研究》，北京：中国社会科学出版社，2013 年版，第 6 页。

的群众联系起来，将关注事件的普通大众转化为实施集体行动的参与主体。在内部燃烧阶段，网络人际传播对集体事件的发生起到情绪感染和组织动员的双重作用，是将集体行动发生所需要的条件、资源、心理能量集聚起来的过程，目的是产生实体的行动参与者。外扩动员也称“外部燃烧”，是指网络传播的聚光灯和扩音器作用进一步促进强烈的网络舆论，引起更多网民关注，从而形成外部舆论支持。外扩动员是在集体行为发生中提供合理化的依据与社会舆论支持，是将事件的影响不断扩散、升级的过程。①

二、网络政治动员的一般形式

信息在网络空间中传播的特点有二：其一，信息能够在网络空间中快速、高效、低成本地传播。形成这一特点的原因不仅在于网络具有快速处理大容量信息能力，而且更主要的原因是网络中的信息经过了区位化的分类处理，能够迅速地直达那些对某方面感兴趣的网民。其二，信息在网络空间中的快速传播往往以牺牲准确性为代价。由于网络是全天候的媒介，网民对信息随时更新的要求十分强烈，往往是先无条件地接受信息，再考量其精确性。这种信息传播特点为网络政治动员提供了技术背景。

以网络虚拟程度以及联系程度为标准，可以将网民所在的群体分为以下三类：第一类是在网络的大众传播空间中的受众群体，比如，新闻网站的受众群。这类群体的关系是随机的，相互依赖程度不高。在网络中的大众传播空间内，从众心理产生的机会比较少，“沉默的螺旋”发生的概率也相对较小。但是互联网强大的信息存储和便捷的知识检索功能成为网络政治动员的武器库。第二类是以社交媒体、即时通信工具等联结起来的比较稳定的群体。在很大程度上，这种群体关系是现实生活中真实的社会关系的虚拟再现。也就是说，使用即时聊天工具或者社交媒体等进行互动的网民基本上是相互认识甚至是熟识的，网络存在与现实社会具有相对应的

---

① 张雷、刘力锐：《网民的力量：网络社会政治动员论析》，沈阳：东北大学出版社，2012年版，第54页。

关系，网络只是为这些群体提供另外一种交流的方式。所以，在这种群体中，现实的社会关系对网络关系会产生很大的影响，受群体压力产生从众心理是可能的，网络上发生“沉默的螺旋”的可能性较大。第三类是以网络论坛为代表的临时拼凑的群体。这类群体的联系程度介于第一类群体和第二类群体之间，现实社会关系的影响在群体交往之初不太明显，随着交流的进一步深入，各个成员的ID开始趋于固定，在虚拟社会中每个成员的角色逐渐明确，这些网络群体也开始形成自己的群体意识。[①] 而第三类又是网络政治动员最重要的目标群。

网络政治动员有多种形式。网络政治动员可以通过网络论坛（BBS）与新闻跟帖以发表鼓动性政治言论。社会政治事件诱发网络社会政治动员，而论坛（BBS）则经常成为网络政治事件的发源地。很多政治事件先在网络传播，BBS和新闻跟帖加快了信息传播速度，使得社会舆论在短时间内能够形成巨大的压力。网络论坛（BBS）一般可以分为网站论坛（指各类网站设立的论坛）和论坛网站（只提供网民发送帖子的单一功能网站）两类。而政治论坛尤其被用作舆论基地。通过独立的网站，或者混迹于相关网站进行政治渗透和观念操纵，甚至组织和实施政治行动变得简单易行。

网络政治动员还可以通过网络调查以吸引网民关注并影响政治议程。有学者指出，网络集体行动是网民在危机状态下受到震撼而做出的反应，本质上是网民自发形成的情感动员的过程。[②] 这一过程中，感性诉说远远强于理性辨析，价值判断先行，网民根据个人的价值观念和个人认知做出事实判断。而看似比较客观的网络调查可以给网民找到从众行为的客观依据，加强网络政治动员的效果。网络调查在西方比较普遍，在中国各大网站中也越来越流行。

网络政治动员还可以通过发动网络签名活动以彰显政治态度立场。网络签名是广大网民在网络BBS或其他网页里为响应某一号召，表示支持某

---

① 宫承波、范松楠、黄晓云、王晶晶：《重大社会安全事件的网络传播》，北京：中国广播电视出版社，2012年版，第262页。

② 杨国斌：“悲情与戏谑：网络事件中的情感动员”，《传播与社会学刊》，总第9期，第50—51页。

一举动而在网络空间留名。网络签名与传统签名的一个重要的不同之处在于精英色彩淡化，参加网络签名者既有专家也有普通民众，既有高官也有百姓，涉及各种职业。但这些事件背后离不开政治动员主体和网络精英的策划工作。网络签名与新闻跟帖的作用类似，可以在很短时间内形成比较强大的舆论攻势，也是网络政治动员的重要形式。网络签名清晰显示广大网民对某一事件的态度和立场做出了支持或反对的明确选择，许多网络签名活动的发起往往冠以“万人抵制××的签名”或“万人支持××的签名”标识。网络签名往往是一种网民自发性活动，可以视为网络舆论的一种升级活动，近年来网络签名这种形式已经十分常见。例如2008年4月，为了表达支持奥运圣火的爱国决心及对西方媒体歪曲报道、侮辱中国的愤怒，全世界看到华人掀起一场声势浩大的“红心中国”网络签名活动。

“政治博客”的自主传播也可成为网络政治动员的自由号手。政治博客的出现使得每一个网民都有机会成为“网络公民记者”，生产出更多的“公民新闻”。博客既是一个私人化的自媒体，也是一个公共性的自主媒体。休·休伊特认为，很多博客选择了一个主题或者开始跟踪一条新闻时，便可形成“博客蜂群”现象。博客蜂群是舆论风暴酝酿的早期症候，“博客蜂群效应”可以用来揭示博客在政治动员发挥作用的基本机制。“博客蜂群效应”思想来源于网络蜂群作战理念。蜂群看似缺乏组织性，实际上是一种精心组织和协调的方式。它通过一种持续不断的力量和火力的脉冲，从各个方向对某个特定点或多个点进行打击，[①] 从而产生舆论风暴。当舆论风暴暴发时，公众对人物、地点、产品或现象的理解将从根本上发生改变，政治动员的心理效应初步达成。

电子邮件、网络聊天软件等媒介可用来实现点对点的链状政治传播并促进网络政治动员的私人色彩。政治动员者经常通过发送电子邮件的形式传播政治信息。电子邮件具有传输快、复制方便的技术特征，而且又带有私人色彩的社会交往特点。利用电子邮件的群发功能，可以让邮件列表上所有名单都可以收到邮件的副本或“抄送件”，再通过转发使一条信息顷

---

① 张雷、刘力锐：《网民的力量：网络社会政治动员论析》，沈阳：东北大学出版社，2012年版，第69页。

刻间到达成千上万的网民。私人色彩会使电子邮件显得比一般信息更为真实。丹·吉摩尔认为电子邮件与论坛和博客以及标准网络的差别至少有三个方面：首先，电子邮件论坛是针对特定社群、订阅者及社群让论坛变成了一个小团体；其次，电子邮件的讨论主题都很狭窄；最后，电子邮件是把信息塞到订阅者的电子邮件收件箱中。①

网络政治动员还可以通过微信微博等社交媒体平台实施即时而灵活的“微动员”。微博是一种通过关注机制分享简短实时信息的广播式社交网络平台。微博内容简短，通常为140字。微博还可以实现即时更新，用户可以通过移动手机、网络等方式实时上传各种信息。随着智能手机的普及，微信比微博使用更加广泛。微信是一种支持单人、多人参与的跨平台通信工具，可以通过手机网络发送文字、图片、视频甚至语音，不仅成本低廉，互动性极强，而且信息发布便捷，传播速度快，影响面广，甚至被称为“病毒式”传播。微博和微信的技术特征和使用人群的大众化，意味着他们可以在网络政治动员方面发挥更大的作用。

全球移动互联的新媒介工具正在成为全球网络政治动员的战地通信工具。借助这些全球性媒介，跨国倡议网络正在不断繁衍。跨国倡议网络首先由主要的、关键的行为体对问题进行“架构”（frame），使其能够为公众所了解并引起注意，从而鼓励公众行动起来，其目标是要改变国家和国际组织的行为。跨国倡议网络的行为体主要包括以下几种：（1）国际和国内的非政府研究和倡议组织；（2）地方社会运动；（3）基金会；（4）媒体；（5）教会、商会、消费者组织和知识分子；（6）区域和国际政府间组织的有关部门；（7）政府行政和立法机构的有关部门。② 跨国倡议网络最可能围绕以下这些情况出现：（1）国内团体与其政府之间的交流渠道遭到堵塞或不畅，或者这种渠道无法解决冲突时，“回旋镖”影响模式（boomerang pattern of influence）就会启动，国内的非政府组织绕过他们的政府直接寻求国际盟友的帮助，力求从外部对其国家施加压力；（2）活动家或者

① 张雷、刘力锐：《网民的力量：网络社会政治动员论析》，沈阳：东北大学出版社，2012年版，第71页。

② ［美］玛格丽特·凯特、凯瑟琳·辛金克著，韩召颖、孙英丽译：《超越国界的活动家——国际政治中的倡议网络》，北京：北京大学出版社，2005年版，第10页。

“政治事业家”（political entrepreneurs）认为，发展跨国倡仪网络会进一步促进其使命的完成和运动的发展从而积极推动网络的发展；（3）会议及其他形式的国际联系为跨国倡仪网络提供了舞台。如果参与的渠道遭到堵塞，国际舞台极可能成为活动家们使自己的问题获得关注的唯一方式。[①]

三、网络政治动员的破坏性与威胁

组织理论认为群体组织行动会赋予人类社会以特殊的性质，任何群体组织做事方式的改变都可能影响到整个社会。[②] 理论上，网络政治动员以及网络集体行动可以促进社会再整合。社会整合（social integration）是相对于社会分化的一个概念，指在社会成员广泛认同基础上形成社会秩序的过程。洛克伍德（David　Lockwood）将社会整合描绘为“行动者之间和谐或冲突的关系”；哈贝马斯则从行动协调机制对这一理论进行了发展，他认为行动的协调建立在“一种规范保证的或沟通达及的共识”的基础上，而社会整合的要素包括合理性交往、真实性表述、沟通达及的共识，以及共同的生活方式等。网络与传统社会整合不同的是，在这次再整合的过程中，互联网积聚的社会能量正在成为一种新生的社会发展动力。主要表现为，公众的广泛参与是积聚社会能量的基础，新媒体技术的普及型应用是社会能量发酵、生成和放大的催化剂，共同的社会关注则是社会能量的聚合和引爆点。

然而，尼葛洛庞帝警示人们：“每一种技术或科学的馈赠都有其黑暗面。”技术本身无所谓善恶，但是技术的使用却是有善恶之分的。在网络语境中，突发性网络集体行动日益多发，网络集体行动既是政府发展的动力，又是导致网络突发危机事件的风险因素。美国学者埃瑟·戴森指出：“数字化世界是一片崭新的疆土，可以释放出难以形容的生产能量，但它也可能成为恐怖主义者和江湖巨骗的工具，或是弥天大谎和恶意中伤的大

---

① ［美］玛格丽特·凯特、凯瑟琳·辛金克著，韩召颖、孙英丽译：《超越国界的活动家——国际政治中的倡议网络》，北京：北京大学出版社，2005 年版，第 13—14 页。

② 王金水：《网络政治参与与政治稳定机制研究》，北京：中国社会科学出版社，2013 年版，第 9 页。

本营。”邪教组织、恐怖主义者、分裂势力是最早使用互联网作为组织和动员的尝试者之一。互联网的技术性特征使其成为各种敌对势力开展颠覆国家政权、反政府和反社会的政治行动和政治动员的天然的发源地和避风港。[①] 少数服务于特定目的，旨在推动特定议程，反对现行体制或政权的团体或个人则正是利用网络在政治动员上的这些特性，不断放大并强化消极的政治立场与态度，一旦时机成熟，便将活动的触角延伸到现实世界，从而导致聚众行为和政治危机事件，触发大规模政治骚乱与“街头政治暴力”，直接影响国家的政治稳定。

网络政治动员实际上就是相关利益体利用互联网这个便捷工具而进行政治博弈的手段和过程。由于网络赋权功能具有向弱势群体倾斜的特性，因此，网络政治动员大多数呈现出被非国家主体用作组织起来与国家主体进行权力抗衡的一种新武器。从目前状况看，在网络权力空间，网络政治动员表现为一种非对称态势，来自民间的网络政治动员主要表现为对国家政治稳定的威胁和挑战因素。另外，由于网络政治动员功能的发挥，传统意义上的以国家为主体的、以传统媒介为手段的、对大多数人进行的政治动员和社会整合已变得十分困难。在多数人难以形成共识的信息社会背景下，整合严密的少数派权力就会被充分凸显出来。“以那些能最有效地动员自己特殊利益的群体的人为特征的时代即将到来。少数派的否决代替了多数派的表决。”[②]

组织群体行动与个人行动的区别在于，群体行动常常更难开展，且一旦开始，也很难中止和加以引导。网络传播的快捷性，其组织活动的隐蔽性，导致传统政府控制机制在网络空间的失效或失灵，政府一般难以发现，即使发现，也很容易错过控制的最佳时机。[③]由于网络技术的特殊离散结构（无中心、无界限），不存在严格意义上的中央管理控制，互联网正在打破工业社会金字塔式的等级结构，使权力结构发生重大改组，集权和

---

① 张雷、刘力锐：《网民的力量：网络社会政治动员论析》，沈阳：东北大学出版社，2012年版，第8页。

② ［美］莱斯特·瑟罗著，周晓忠译：《资本主义的未来》，北京：中国社会科学出版社，1998年版，第225页。

③ 张桂霞：“网络舆论主体的群体极化倾向分析”，《青岛科技大学学报（社会科学版）》，2005年第12期。

专制将让位于分权和民主，一元化决策中心正在发展成为多元决策中心。政治动员已不完全是由党、国家和政府发起的，政府对政治动员的控制能力也被明显削弱。

一方面，网络发展使政府对信息的控制和舆论的垄断能力被逐步削弱。网络作为一种信息传播媒介和政治活动平台，“网络上的个体话语权力不仅能够摆脱主流传媒的控制、同化和打压而浮出水面，而且正以史无前例的数量优势抵制和消解着主流传媒的话语霸权”。另一方面，互联网的开放性特征打破了政府对社会的集权控制。① 政府本应是网络政治动员的主导者、管理者，发挥领导和引导的作用，但是从各国目前的网络政治动员实践来看，政府在网络政治动员中发挥的作用有限，导致网络政治动员中的非法和非理性行为对政府权威和政治安全的威胁越来越大。而且，随着网络群体规模的继续扩大，小型化组织的日益增多，以及新社交工具的普遍性应用，国家在这一领域的困境将更加明显并不断深化。

综上所述，网络不单单是一种技术，它是一种通讯传播媒介，也是某一组织形式的物质基础。这两重身份使得网络成为政治动员的重要工具与平台，网络政治动员因此成为国家政治稳定的极大威胁与隐患。诚然，从严格意义上来说，网络本身是一个没有边界的组织。尽管有一定的组织功能，但不严密，组织混乱在所难免；尽管有方向，但很宏大又虚无，除了以事件组织行动，平时人们往往没有方向感；尽管有意见领袖的作用，但没有分工明确的和严密的组织程序。所以也有人认为这种浅薄的、边缘的、不稳定的政治运动有时会牺牲更有效的现实运动，并把它称之为“闲散主义”或“快闪暴走”式的“一种转瞬即逝的亚文化现象”。② 但有一点是肯定的，那就是人们从网络获得了组建群体、共同行动的政治能力，网络社会政治动员的随即突发性也是社会政治稳定的一大挑战。

---

① 张雷、刘力锐：《网民的力量：网络社会政治动员论析》，沈阳：东北大学出版社，2012年版，第17页。

② ［美］耶夫根尼·莫洛佐夫：“重新审视互联网”，《国外社会科学文摘》，2010年第11月号。原文标题 Think Again：the Internet，选自美国《外交》杂志2010年5/6月号。

第三章 网络空间政治功能的载体与形态

第一节　网络舆论与网络舆情

网络舆论是重要的网络空间政治功能的载体和形态之一。与传统媒体舆论相比，网络舆论具有多元复杂、即时互动、传播无界和隐蔽难控等特点，其参与主体多样复杂，内容数量庞大，传播速度快、范围广，已经成为超越媒体功能的一种新兴的政治力量。

一、网络舆论与网络舆情之区别

网络舆论就是指网民关于现实社会和网络社会中的各种现象、问题所表达的信念、态度、意见和情绪表现的总和。“所谓网络舆论，是在网络空间产生并传播的，通过对社会热点问题关注而产生的有一定影响力的共同意见或信念的总和，简而言之，网络舆论就是网络空间的舆论形态。”① 网络舆论是在互联网上体现出来的，在一定社会范围内，反映社会知觉和集合意识的具有相对一致性的公众意见。②

虽然本书主要关注的是网络舆论，但是另一个相关的词语我们也要交代一下，即网络舆情。网络舆情与网络舆论不同，其含义又与网络舆论密

① 汪波：《中国网络监督与政府治理创新（1994—2012）——“四维制衡”视角透析》，北京：北京师范大学出版社，2013 年版，第 51 页。

② 姜胜洪，“中国网络舆情的现状及引导对策研究”，《理论与现代化》，2010 年第 1 期。

切交叉，二者的相同之处在于都涉及公众的各类意见，而它们之间又存在着不同之处。舆情就是社情民意，是指社会各阶层民众对社会存在和发展所持有的情绪、态度、看法、意见和行为倾向。① 网络舆情是社会舆情在互联网上的一种特殊反映，是通过互联网表达和传播的各种不同情绪、态度和意见交错的总和，② 是民众对国家经济、政治、文化和社会发展趋势以及人们普遍关注的社会热点难点问题在网上的集中反映。③ 从范畴看，舆论在广义上是指“公众意见”，狭义上不仅强调它作为“公众意见”，还强调是一种“公开意见”。而根据舆情的基本定义，只要是民众所想的，不管公开或不公开，都是舆情，它代表民众的“心声”。同理，网络舆情不仅包含公开的网络舆论，而且也包含着一些隐含的、潜在的公众态度与情绪等。从主体看，舆情是指来自民众的社会政治态度。而舆论既包括各类公众的声音，也包括国家或政府的声音。④ 从研究重心看，舆情研究强调对群体心理活动的剖析以及民众的社会心理结构和变化过程，而舆论研究虽然也强调公众意见的社会心理体征，但它更多的是关注这些意见的传播过程的构造和结果。在网络信息传播中，往往会发生舆情向舆论的转化。

网络舆论虽然存在于虚拟的网络空间，但它并不是虚无缥缈的。相反，它是真实的存在，能够真实地反映人们的思想、情感和意志。网络舆论的真实性建立在现实公众和现实社会问题的基础之上。网络舆论除了具备传统舆论的公开性、公共性、急迫性、广泛性特征，还具有鲜明的网络特性。

首先，网络舆论主体存在隐匿性和分散性。网络虚拟性使得网络舆论主体具有隐匿性特征。现实社会里，主体身份和角色公开而真实，并受到规则的监视和约束。正如国外学者斯普拉尔和基斯勒 1986 年提出的“缺失社会情境线索假说”所指出的，在面对面的互动中充满了各种社会情境

① 中共中央宣传部舆情信息局编著：《舆情信息工作概论》，北京：学习出版社，2006 年版，第 6 页。

② 刘毅：《网络舆情研究概论》，天津：天津人民出版社，2007 年版，第 53 页。

③ 姜胜洪：“网络舆情的内涵及主要特点”，《媒体与传播》，2010 年第 3 期。

④ 王国华、曾润喜、方付建编：《解码网络舆情》，武汉：华中科技大学出版社，2011 年版，第 19 页。

线索，包括个人的职位、环境、表情、动作等，这些线索会影响人们的行为。[①] 但是以网络为媒介的传播则无法承载这些社会线索，一旦去掉这些线索，社会的控制和规范会大大减少。此外，网络技术还允许舆论主体对相关数据与信息进行加密。网络舆论主体的隐匿性，使得他们可以很少顾及外界的影响因素，让很多人都释放出以往被压抑的自己，在这个虚拟的个性空间里更加大胆、自由地发表意见和评论。

网络主体的隐匿性和网络开放性使网络主体更加分散。在前互联网时代，由于传播媒介的限制，“从众心理”让人们往往更多随大流，不愿或不敢发表个人观点，但在尊重个体、彰显个性的 Web2.0 时代，网络公共空间使得网络主体更加多元化，为各种意见共存提供了共享空间和平台。网络主体在微博、论坛或社区中寻找相近意见表达，并形成意见同盟。网络主体也更加复杂，各阶层、各行业、各种信仰、各党派的公民都可以成为网络舆论主体。

其次，网络舆论内容存在复杂性和丰富性。主体复杂性进而形成内容复杂性。作为新兴媒介传播工具，互联网海量信息存储量和再现功能不受版面和时段限制，内容包罗万象。网络舆论的复杂性还体现在控制复杂性，传统媒体由于技术限制，传播渠道单向，容易制造意见气候，但互联网使得网络舆论有时如同脱缰之马，难以驾驭。[②] 网络舆论内容的丰富性是指网络舆论内容几乎无所不包、无所不及，政治、经济、文化、外交乃至日常生活细节都可以成为网络舆论的内容。针对某个事件或话题，网民们的态度和看法因年龄、地域、知识背景、利益诉求等不同而表现出明显的差异性。

再次，网络舆论传播存在快捷性和交互性。在互联网时代，Web2.0 技术的普遍应用以及 3G 手机等新终端的普及，使互联网广泛延伸到了用户终端。网民能够迅捷地登录、上传、转载，将自己的所见所闻所感直接传播给大众，实现跨时空、跨领域、跨国界的交流、交锋、交融。在网络

---

① 宫承波、范松楠、黄晓云、王晶晶：《重大社会安全事件的网络传播》，北京：中国广播电视出版社，2012 年版，第 122 页。

② 汪波：《中国网络监督与政府治理创新（1994—2012）——“四维制衡”视角透析》，北京：北京师范大学出版社，2013 年版，第 53 页。

传播中，网络舆论运行机制解构了传统的线性模式，而进入了非线性不规则模式。这种非线性特征最集中的表现便是微博和微信等载体。在传播信息的快速化、便捷化作用下，网络群体效应能被瞬间点燃。学者喻国明曾提出著名的微博“嵌套性”传播理论。在微博这样一个环境中，一个人的微博跟其他人的微博重叠，一个人群跟另外一个人群套叠，因此只要一条信息具有阶层、文化、兴趣、利益的穿透性，就是说能激起大家的兴趣、关注，理论上说在很短的时间里就可以让全世界的人都知道。这就是微博具有爆炸性的、核裂变式的传播能量的现实。①

网络舆论传播的交互性主要体现在网民之间的互动、网民与政府的互动、网民与媒体之间的互动。保罗·萨福认为：“同其他人发生联系——进行跨越时空的互动交往，是网络传播方式的本质特征。”② 网络舆论内容的交互性有两层含义：一是内部成员之间；二是内部成员与外部环境之间。在第一个层面上，网络在时间上和空间上的开放性直接决定了网络公共事件的开放性，网民可以在任何空间、任何时间参与到网络舆论中。这种交互性无疑增加了事件发展的多变性。也就是说，在事件发展的不同进程中会产生不同的焦点，而网络对每一个焦点所产生的影响力处于不断变化之中。在第二个层面上，网络舆论与社会之间出现了信息交互和频繁互动的趋势，系统与环境发生相互作用，形成了既竞争又合作的关系。通过网络与实体社会的信息交换，潜在的可能性转化为现实性。一方面，网络舆论与社会舆论有了较为固定的互动形式，如网络舆论对社会舆论形成“共鸣效果”和“溢散效果”等；另一方面，互联网重构了当代社会的互动模式和组织模式。③

此外，网络舆论的影响具有渲染性和延伸性。后结构主义的代表人物福柯认为：“话语是一种实践，而不仅仅是一种思想和静止的结构，话语意味着一个社会团体依据某些成规将其意义传播于社会之中，以此确立其

---

① 党生翠：《网络舆论蝴蝶效应研究——从“微内容”到舆论风暴》，北京：中国人民大学出版社，2013 年版，第 29 页。

② 汪波：《中国网络监督与政府治理创新（1994—2012）——“四维制衡”视角透析》，北京：北京师范大学出版社，2013 年版，第 53 页。

③ 党生翠：《网络舆论蝴蝶效应研究——从“微内容”到舆论风暴》，北京：中国人民大学出版社，2013 年版，第 29 页。

社会地位，并为其他团体所认识的过程。”网络话语具有渲染性，“信息传播模式我们谓之为波传播，就像水中掷了一块石头激起波纹一样，一层一层地向四周扩散”。按照波动原理，由于网络主体的隐匿性、分散性，网络舆论在传播时所波及的范围更为广泛和深远，能够形成“蝴蝶效应”和“羊群效应”。[①] 网络舆论的发生往往非常迅速，一个热点事件的出现加上部分网民的情绪化意见，就可能引爆网络舆论，甚至迅速升级。同时，越来越多的网民不再满足于网上讨论，而是热衷于将网络话题延伸到网下，或者走到线下的现实空间继续关注和推动事件发展。

二、网络舆论中的非理性与异化

作为公众对于现实社会以及社会中的各种现象、问题所表达的信念、态度、意见和情绪的综合表现，网络舆论具有相对一致性、强烈性和持续性，并对社会发展及有关事态的进程产生影响，其中混杂着理智和非理智的成分。[②] 网民作为经济人仍然是理性的，但是个体网民的理性选择不能直接通向理性的集体选择，网络公共舆论也极其容易发生异化。

资源的稀缺性是理性经济人假设成立的重要基础和前提。在网民时间和表达方式的资源稀缺性成立的前提下，网民仍然是经济人。而网络接触时间的延长，也是网民个体在权衡网络媒体的“便宜、及时、互动、海量”等优势之后做出的理性选择。这可作为网民作为经济人仍然是理性的第一个明证。理性网民意指网络使用者是自私的、理性的效用最大化者，具体而言，网民会利用网络的海量性特点，从多元丰富的信息中遴选出自己最为关心的环境变动信息，并就此变动给自身和社会带来的影响忠实发表自己的观点，或利用互联网多媒体性质进行娱乐。

看似非理性中也存在着一定的理性。网络舆论在产生过程中不乏非理性，如网民的情绪化发泄，即非理性关注和非理性表达，但不能否认其中

---

① 汪波：《中国网络监督与政府治理创新（1994—2012）——“四维制衡”视角透析》，北京：北京师范大学出版社，2013 年版，第 53 页。

② 宫承波、范松楠、黄晓云、王晶晶：《重大社会安全事件的网络传播》，北京：中国广播电视出版社，2012 年版，第 119 页。

的理性因素。首先，网络是现实社会的复制和放大。网民对网络主题轻松化、娱乐化、反主流化的倾向性接触，是全球化、信息化、快餐化时代的一种反映，这不能代表网络的非理性。其次，非理性关注和非理性表达是自我保护机制运行的表现，符合网民的自利性。网民在选择使用网络时，并未因为网络的匿名性而安全感十足。网络虽然是虚拟的，但并非电子乌托邦。网民面临的是一个复杂的、不确定的世界，信息作为交易载体交换频率越高，不确定性就越大。而网民对环境的计算能力和认识能力的有限性也具有自知能力。因此，非理性之下实质上是对环境不确定性的自我规避和自我保护。最后，所谓非理性关注与非理性表达也是个人使用与满足的一种表现。美国社会学家伊莱休·卡茨提出了“使用与满足学说”，他将大众媒介视为个人用以联系他人的工具，认为媒介可以满足使用者的认知、情感、个人整合和社会整合、缓解压力等方面的需要。除了“获取有用信息”，“宣泄情绪”、“情感交流”及“参与娱乐”也包括在网络使用需求中。所以，网络使用中的“剧场效应”是网民理性选择满足个人需求的表现之一。①

然而，个体网民的理性选择不能直接通向理性的集体选择。个体网民做出的理性选择并未通向理性的集体选择。网络舆论的非理性成分是真实存在的。这包括网络舆论中的“替罪羊”机制，集体审判导致的“少数人的民主”，网络舆论“蝴蝶效应”的不可逆性及网络民粹主义的盛行等等。这些可导致网络公共舆论的异化。

在网络集体理性缺位的网络空间结构中，网络舆论表现出虚假性、难控性、复杂性、多变性、偏激性、放大性、攻击性、聚众性、煽动性、热炒性，使得网络空间逐渐脱离网络公共性而发生异化。官方文化和精英文化开始退缩，它们之间长期维系的三角均势已遭到破坏。那些渴望民间丑角诞生的娱乐群众，他们汇聚成庞大的“哄客社会”，网络公共空间则可能“异化”为“民粹主义”渲染下的“网络文革”，网帖成为一张张“电子大字报”。正如埃瑟·戴森所指出的：“数字化世界是一片崭新疆土，既

① 党生翠：《网络舆论蝴蝶效应研究——从“微内容”到舆论风暴》，北京：中国人民大学出版社，2013 年版，第 39—40 页。

可以释放出难以形容的生产能量，也可能成为恐怖主义者和江湖巨骗的工具，或是弥天大谎和恶意中伤大本营。”①

网络公共舆论的形成具有两种路径。第一种路径体现为“沉默的螺旋”。理论是基于这样一个假设：大多数个人会力图避免由于单独持有某些态度和信念而产生的孤立。具有特定价值倾向的网络主体，在特定网络议题讨论中，若发现自己属于“少数”或处于“劣势”时，由于担心被多数方反击或孤立，网络主体倾向于屈从压力而附和或沉默。于是少数派的声音越来越小，多数派的声音越来越大，形成一种螺旋式上升的模式。“如果一个断言得到了有效的重复，在这种重复中再也不存在异议。此时，社会就会形成所谓的流行意见，强大的传染过程于此启动。”②尽管也存在对网络舆论“沉默的螺旋”现象的质疑，认为网络匿名性的交往行为消除或减少了人们害怕因自己不同而导致被孤立的危险和压力，而且有时为了表达个性或独立性，制造话题者会发表不同观点和言论，以引起别人的注意，但是显然在管理越来越成熟的网络环境中，“沉默的螺旋”依然是网络公共舆论形成的重要路径之一。

第二种路径体现为，具有特定价值倾向的网络主体，在特定议题的讨论中，若发现自己属于“多数”一方，会受到激励，倾向于积极参与论坛讨论、发帖跟帖，从而使同类观点进一步发表和扩散。当一方声音过于强大时，理性、客观的声音往往逐渐消退。法国心理学家勒庞（Gustave Le Bon）认为，“聚集成群的人，他们的感情和思想全部转到同一个方向，他们自觉的个性消失了，形成了一种集体心理。”③ 美国学者凯斯·桑斯坦（Cass Sunstein）观察发现：多数网站倾向于链接同一观点阵营的网站，从而形成网络“协同过滤”功能，这种“协同过滤”功能，使网民置身于同类观点的情境之中，这种情境进而强化网络主体的价值观。他注意到，在网络和新的传播技术领域里，志同道合的团体会彼此进行沟通讨论，到最

① 汪波：《中国网络监督与政府治理创新（1994—2012）——“四维制衡”视角透析》，北京：北京师范大学出版社，2013 年版，第 139 页。

② ［法］古斯塔夫·勒庞著，冯克利译：《乌合之众——大众心理研究》，广西：广西师范大学出版社，2007 年版，第 130—131 页。

③ ［法］古斯塔夫·勒庞著，冯克利译：《乌合之众——大众心理研究》，第 29 页。

后他们的想法和原先一样，只是形式上变得更极端了。①

在网络公共舆论的形成过程中，两种路径同时交互作用，意见弱势一方进入“沉默螺旋”，强势一方则不断增势，循环往复导致“群体极化”，逐渐形成具有极化价值取向的团体。群体极化包含了以下两种可能，个体间的同质化和个体单方面的转变。其结果就是，多样性降低，观点更加聚合。实践证明，网民中的“群体极化”倾向更加突出。有证据显示，群体极化倾向在网上发生的比例是现实生活中面对面时的两倍多。② 网络群体极化现象形成的原因有多方面：网民的同质性所强化的群体认同感；网络的匿名性使得一些人在个人身份模糊的状态下沉溺于一种“法不责众”的群体心理；网络推手和舆论领袖推波助澜甚至控制热点事件发展的轨道；当前社会同情弱势群体、仇富仇官和憎恶贪污腐败的心态等等。③ 群体极化现象使得群体中的个人决策因为会受到群体的影响，容易做出比独自决策更极端的决定。“网络对许多人而言，正是极端主义的温床，因为志同道合的人可以在网上轻易且频繁地沟通，而听不到不同的看法。持续暴露在极端的立场中，听取这些人的意见，会让人们逐渐相信这个立场。”④

三、网络舆论的结果性反思

网络舆论与整个社会发展的关系具有两面性：当网络舆论与整个社会发展的客观需要相一致时，就会加速社会的发展；反之，如果网络舆论与社会发展规律相背离，就会对社会正常发展产生消极甚至是破坏作用。⑤

从积极意义上，网络舆论是民众参政议政、舆论监督的重要途径，推动了社会动员和社会监督能力，使得网络问政、网络曝光成为常态，由此

---

① ［美］凯斯·桑斯坦著，黄维明译：《网络共和国——网络社会中的民主问题》，上海：上海人民出版社，2003 年版，第 47—51 页。

② ［美］凯斯·桑斯坦著，黄维明译：《网络共和国——网络社会中的民主问题》，第 51 页。

③ 张春华：《网络舆情 社会学的阐释》，北京：社会科学文献出版社，2012 年版，第 149—152 页。

④ 汪波：《中国网络监督与政府治理创新（1994—2012）——“四维制衡”视角透析》，北京：北京师范大学出版社，2013 年版，第 141 页。

⑤ 赵强：“中国国家舆论安全研究”，《政治学研究》，2009 年第 2 期。

推动了现实社会的进步。网络舆论是民意的一种原生态表现，往往是不加修饰和不加伪装的，因此，网络也被称作为“民情直通车”。[①] 理想状态下，一方面，现代公民能以对自身权力负责和对公共事务关心的态度，对政府进行监督，避免多数暴力或“为反对而反对”的恶意监督。另一方面，政府官员以“权为民所授，权为民所用”的真诚心态，接纳网络监督，以更加宽容、积极的心态，化解网络危机事件，重塑公共行政流程。[②]

然而，从消极面上看，网络舆论通常表现出感性化、情绪化及简单化特征，具有明显的非理性色彩。非理性舆情在网络上的产生和弥散主要是社会现实和公众心理相互作用的结果。网民作判断、下结论，往往仅凭个人好恶及自己的直观感受，缺乏深入的理性思考，在表达方式上也呈现出偏激、粗俗的倾向。网络舆论这种状况的出现：一是因为网络的匿名性使得一些缺少自律意识的网民在参与讨论时容易采取偏激的态度甚至侮辱、谩骂的语言，进行个人情感宣泄，导致大量情绪型舆论产生，并使网络舆论表现出非理性的一面。二是因为网络舆论参与的门槛偏低，为那些在现实生活中缺乏有效表达渠道的民众提供了一个便捷通道，并已日益成为弱势群体、边缘人群的情绪宣泄平台和工具。三是因为网络舆论的形成和衍变速度很快，从爆发、发酵、升温到大规模扩散都是在极短时间内完成的，民众几乎来不及冷静思考、深入分析就仓促发表意见，容易出现跟风现象。此外，也与网民的年轻化有直接关联，年轻人是网络舆论最活跃的主体，但其受学识、阅历所限，往往激情有余、理性不足，很难充分认识到现实情况的复杂性，难免出现偏颇、非理性。网络情绪型舆论是非理性、偏激的，其影响范围大、传播迅速，一旦演变成为舆论，就会对社会稳定造成威胁。

网络舆论还呈现了负面舆论相对多的现象。互联网上的各种舆论交锋，常常是负面舆论多，正面舆论少。其原因在于，首先负面新闻、负面事件、负面话题具有天然的吸引力，容易诱发民众的好奇本能，引发民众

---

① 何显明：《群体性事件的发生机理及其应急处置——基于典型案例的分析研究》，上海：学林出版社，2010年版，第228页。

② 汪波：《中国网络监督与政府治理创新（1994—2012）——“四维制衡”视角透析》，北京：北京师范大学出版社，2013年版，第224页。

积极探究讨论，而且一般情况下民众发表批评性意见要比发表肯定性意见的动力更强。网络舆论往往呈现出对正统思想观念、主流意识形态的逆反心理，表现出反传统、反主流、反权威的价值取向。其次是由参与制造网络舆论的网民自身因素所决定。一些现实社会中生活境遇不佳的网络舆论参与者对社会怀有负面情绪、不满心态，往往戴着“有色眼镜”观察社会、解读现实，在互联网上自由发表各种批评意见成为其发泄不满的主要方式；而另一类网络舆论参与者则往往把网络批评作为展示自己“独立思考”能力的主要形式，甚至“为批评而批评”，这是负面性特征形成的另一个重要原因。再次是由于负面舆论场一旦形成，由于舆论传播的自身特征就会自行强化。[①] 刚开始形成的观点非常分散，经过网络的互动及人际传播，形成许多不同的意见圈，这些意见圈继续互动大体形成三类即正向意见圈、反向意见圈和中性意见圈。但如果正向意见没有得到充分展示，加上大多数网民选择沉默，就造成了批评性意见一边倒的态势。这种负面舆论场又会形成一种压力，进一步削弱其他网民发表正向意见的意愿和勇气，使得正面舆论更加式微，更加显得势单力薄。

网络舆论还有影响力大和影响面广的特点，表现为“马太效应”、“雪球效应”和“蝴蝶效应”。每当网络突发事件发生后，网上最早出现的评价和意见常常具有很强的导向性，会给以后的讨论及评价定下基调和方向。网民常常倾向于相信这些“先声”，容易认同其价值判断和评价标准，附和这些意见和观点。网络舆论产生的这种从众性和跟风效应尤为明显。网络舆论因此形成了强者愈强、弱者愈弱的“马太效应”。网络舆论的影响力则存在“雪球效应”。从传播路径看，网络舆论可以由一个论坛、组群向其他论坛、组群扩散，也可以由境内网站向境外网站扩散，还可以由网络媒体向传统媒体扩散。从传播区域看，网络舆论可以使一个地方性议题扩散为全国性议题乃至世界性议题，使得地方议题全国化、国内议题国际化。从传播走向看，网络舆论常常由小及大、由点及面，从议题本身所涉及的领域迅速向其他领域蔓延，使得对个别现象、个别案例、个别问题

① 王金水：《网络政治参与与政治稳定机制研究》，北京：中国社会科学出版社，2013 年版，第 26—27 页。

的关注，变成更广领域、更深层次的讨论与关注，直至上升到整个社会和国家制度层面。[①]“雪球效应”蕴含了“蝴蝶效应”，即一些小趋势在碰触到一些关键节点的时候，往往被触发形成具有显性的大趋势，并对社会造成重大影响。

网络舆论中还存在集聚效应，即某一主题在网络空间具有奇异吸引力而使众多网民、意见向该议题靠近。网络舆论的集聚效应包括多种形态。首先是注意力的集聚效应。一旦有人阅读并回复了某个帖子，它就有可能进入点击和回复排行榜，同时在论坛资料排列中处于比较靠前的位置，然后就容易被更多的人发现并阅读回复，自然在排行榜中的位置就会更加显著，然后又吸引了更多的读者和回复，在这种正反馈作用的不断强化之下，就出现了注意力的集聚效应。其次是人群的集聚效应，即网络共同体逐步形成。莱因戈尔德提出了类似的“虚拟共同体”的概念。他认为，虚拟共同体是“从网络中诞生的社会群体，这其中有足够多的人投入充分的人类情感，进行足够长的公共讨论，由此在赛博空间中形成了人际关系的网络。”[②] 网络共同体是由一个或多个网络意见领袖及众多网民组成的临时性网络组织，它包括三个基本要素：意见领袖、信息及活动的发生。网络共同体具有流动性、相对稳定性及合作性。再次是平台的集聚。在短时间内，随着网络事件的爆发，众多媒体的注意力会聚集到有限的热点资源上来，这种集聚效应带来了物质和信息的新能量。聚集的过程也是新内容、新层次和新功能涌现的过程，出现新议题、不同观点，并可能改变事态。信息（事实真相）本来是由某些集团和个人垄断，由于网络共同体、网络意见领袖、网络专业工作者和传统媒体工作者的协作，信息共享的主体发生了变化。

正是这些网络舆论的现实性特点带来了一些负面现象和结果：

第一是伪民意的出现以及网络民意被操纵的可能。在参与社会事务讨论的过程中，网民的议程设置能力越来越熟练。每一个个体都可以用较短

---

① 王金水：《网络政治参与与政治稳定机制研究》，北京：中国社会科学出版社，2013 年版，第 28 页。

② 党生翠：《网络舆论蝴蝶效应研究——从“微内容”到舆论风暴》，北京：中国人民大学出版社，2013 年版，第 91 页。

的时间、较小的成本和较高的效率制造网络舆论热点，掀起舆论风潮，这就催生了网络推手、网络黑手、网络水军这些特殊的网络群体，推动了伪民意的出现。网络推手利用正当的吸引网民注意的策划手段实现对公共事件走向的控制；网络黑手则是利用散布谣言等不正当手段实现商业利益；网络水军则是出卖自身话语权，利用发帖行为营利的人群。

第二是“恶搞型哄客”现象和敏感群体的出现。“恶搞型哄客”主要以低年龄段网民为主，以参与“盖楼”为嗜好，以吸引眼球为目标，以网络匿名和无责任追究为掩护，常以针砭时弊的文风参与发帖、“盖楼”，能使网络舆论迅速升级。[①]“哄客”、“恶搞”、“拍砖”等行为引起网民的关注和追捧。随着网络社会的来临和社会矛盾的日益凸显，当前网络社会中还出现了比较明显的敏感群体倾向。所谓敏感群体，是指网络生活中容易激发社会情绪、强化社会矛盾并形成网络群体性事件的某类群体或由个人所代表的群体符号。

第三是网络舆论的暴力现象，即多数“暴政”现象。它指部分网民在网络自由的旗帜下，就涉及少数网民的议题结成意见团体，以正义的名义形成网络审判。这可能对社会伦理道德规范形成巨大的挑战和冲击，极大损害了当事人的合法权益，危及当事人的学习、生活、工作，甚至生命安全。多数“暴政”甚至会被别有用心的人所利用，成为剥夺侵犯他人隐私权利、损害他人利益、打击他人或达到不可告人目的的手段。

第四是“网络舆论绑架”和“网络舆论依赖”现象。网络舆论的影响力正随着互联网的发展迅速渗透到现实社会的每一个角落。“网络舆论依赖”症开始流行。越来越多的公众将解决问题的希望寄托于网络，认为只要在网上制造出舆论就能引起关注，就能让事情得到解决，出了问题首先想到的就是网络或者媒体曝光。“网络舆论依赖”的产生也让我们反思当前一些部门存在的“网络舆论依赖”现象，即被舆论曝光的问题会很快得到解决，而舆论没有涉及的问题似乎被忽视。某种意义上看，相关部门过于依赖网络舆论监督的行为强化了公众对于网络舆论的依赖。“网络舆论

---

① 汪波：《中国网络监督与政府治理创新（1994—2012）——“四维制衡”视角透析》，北京：北京师范大学出版社，2013 年版，第 205 页。

依赖”一旦成为公民的习惯，成为一种“症候”，将会不断出现网络舆论倒逼等现象，这将对社会秩序造成极大的破坏。[①]

此外，由于网络舆论的强大影响力以及与社会转型期各种矛盾和敏感问题结合紧密，网络舆论也经常成为有组织的反动者制造反动舆论以达到分裂国家、破坏社会秩序的工具。[②] 近年来，国内发生的一系列突发事件，往往都伴随着大量负面网络舆论甚至是谣言，给政府正常的处置活动带来极大压力，并对政府公信力提出巨大挑战。网络舆论还长期被境外敌对势力用来放大各种不利于我党和政府的不实言论。网络舆论境内外的互动叠加，不仅对网络信息安全，更对社会和政治稳定造成了现实威胁。胡锦涛总书记在视察人民日报社时指出，“舆论引导正确，利党利国利民；舆论引导错误，误党误国误民”。[③] 维护网络舆论安全已经成为国家安全研究的一个重要课题。

第二节　网络民族主义与网络爱国主义

互联网的迅猛发展给民族意识表达提供了新平台。借助网络工具，民族意识在网络时代获得了全新的表达方式，出现了“网络”与“民族主义”结合下的“网络民族主义”新术语和新现象，同时网络爱国主义也进入争论视野。

一、网络民族主义与爱国主义概念辨析

作为一种特殊的群体意识，网络民族主义把网络与民族主义融合在一起，具有突发性、影响大、控制难等特点。这类网民，目标直指相对敏感

---

① 张春华，《网络舆情 社会学的阐释》，北京：社会科学文献出版社，2012 年版，第 177 页。

② ［美］曼纽尔·卡斯特著，郑波、武伟译：《网络星河——对互联网、商业和社会的反思》，北京：社会科学文献出版社，2007 年版，第 150 页。

③ 胡锦涛：“在人民日报社考察工作时的讲话”，《人民日报》，2008 年 6 月 21 日。

的本国对外事件处理与民族利益。带有鲜明民族危机感的告白，也充分体现在其他国家的民族主义网站上——亚美尼亚、马其顿、威尔士、苏格兰、巴勒斯坦、阿尔巴尼亚、爱尔兰、法国的布里多尼和科西嘉、西班牙的加泰罗尼亚和巴斯克、俄罗斯的车臣，所有这些地区的民族主义者纷纷开设了网站，占据网络舆论这块“新高地”。

经常与民族主义同时被提及的词语是爱国主义，两者既有相似点也有不同。民族主义与爱国主义的基础都是民族情感，两者并无实质区别。爱国主义与民族主义的共同点在于，都对自己的国家有着积极的认同与强烈的忠诚感。民族主义和爱国主义，在其理性时足以维护一国的利益；在其发展到极端时，则可能出现盲从和排外倾向，同时，由于参与群体数目众多，理性与极端形式往往是兼容并存的。

一般认为，民族主义至少有四种类型：（1）族群民族主义（ethnic nationalism）；（2）文化民族主义（cultural nationalism）；（3）国家民族主义（state nationalism）；（4）公民民族主义（civic nationalism）。[①] 而一般讨论的是以国家为对象的一类。关于民族主义的定义，《牛津现代高级英语辞典》解释为：（1）对本民族的强烈忠诚；爱国主义的情感、努力和原则；（2）争取政治、经济等方面独立的运动。[②] 在《社会科学百科全书》中，民族主义被更有侧重地定义为一种确信每个民族都有权利和义务将本民族组成一个国家的信念。[③] 本尼迪克特·安德森认为民族是种想象的共同体，民族主义更多是种建构性的产物，主要是一种自上而下创造出来的产品，是国家政权在近代初期西欧地区特殊的环境下长期行使权力而产生的。[④] 我国学者一般认为，民族主义是转型期意识形态的一个重要思想资源，是一种政治化的意识形态，它借助政治的力量在巩固着一种族际情感。王逸舟先生认为，民族主义有时作为一种状态，吸引着组织内每个个人的忠诚

---

① Philip Spencer and Howard Wollman, *Nationalism: A Critical Introduction*, London: Sage, 2002.

② *Oxford Advanced Learner's Dictionary of Current English*, Oxford, 1974, p. 1570.

③ ［英］亚当·库珀、杰西卡·库珀主编，翁绍军等译：《社会科学百科全书》，上海：上海译文出版社，1989 年版，第 509 页。

④ ［美］本尼迪克特·安德森著，吴叡人译：《想象的共同体：民族主义的起源与散布》，上海：上海人民出版社，2003 年版。

和报效热情；有时变成一种系统化的理论和政策，为实际的民族成长过程提供原则和观念；有时充当一种运动的口号和象征，起着支持或分裂民族国家的巨大作用。① 民族主义并没有纯粹的表现形式，它必须与某种政治或社会力量结合起来，表现为社会运动或历史过程。

关于爱国主义的定义，《韦伯斯特大词典》认为是对国家的热爱或奉献。②《简明牛津政治辞典》的定义则是："爱国主义"一般被定义为对祖国的热爱或保卫祖国利益的热情，但并不一定会形成具体行动。③《大英百科全书》更看重的是爱国主义的文化要素，它将爱国主义定义为保存、保护以及传播一国的传统与价值观。《布莱克韦尔政治思想百科全书》的定义相对全面，它不仅在定义中加上了有关行为的要素，还试图将爱国主义与民族主义加以区分：爱国主义更多是对所生活的土地或其生活方式的忠诚，而较少关心民族主义的核心问题即抽象的"国家"概念。④

关于民族主义和爱国主义的区别，有多种不同的分析视角。有人认为，作为一种民族情感，由于利益差异而导致的角度不同，在一国国内，多注意其进步一面，誉之为爱国主义；在该国之外，常强调其偏狭一面，贬之为民族主义。⑤ 也有学者认为，民族主义结合了爱国主义与恐外症，对待外部他者采取敌对态度，因此变得极端非理性和盲目。而爱国主义并不包含这样的态度，其想象的"他者"更多来自于内部，因此决定了爱国主义是种道德判断，因此其对国家外交、内政的启示是理性的、宽容的。该观点进一步指出，民族主义是一种激情支配的心理状态，是一种激发大众爱憎、造就大众理想的信念。虽然爱国主义有时也包含着非理性成分，但它远比民族主义来得理性。爱国主义根本上是和平主义的与宽容的。在对待他者的手段选择上，爱国主义的理性使其更倾向于选择和平，而民族

---

① 刘建军：《当代中国政治思潮》，上海：复旦大学出版社，2010 年版，第 210 页。

② *Webster's Revised Unabridged Dictionary*, MICRA Inc, 1998.

③ Mclean and McMillan, eds, *The Concise Oxford Dictionary of Politics*, p. 1400.

④ David Miller, ed, *The Blackwell Encyclopedia of Political Thought*, London: Blackwell Reference, 1987, p. 1369.

⑤ 赵瑞琦：《网络爱国主义：源流、利弊与策论》，北京：中国传媒大学出版社，2012 年版，第 5 页。

主义则倾向于战争。[①]

针对网络中的民族情感，“网络民族主义”与“网络爱国主义”两个词语都被使用。例如有学者认为，如果两者中间必择其一的话，用“网络爱国主义”来指代中国网民对中国主权与国家利益的坚决维护、对中国成就的欢呼和对中国受到不公正待遇的呐喊，更为妥当。因为中国网民的网络表达和现实政治行动之间有很大差距。作为中国网民主体的普通民众，其“民族主义”情绪并不像表面展现的那么强烈。但是更多学者倾向于使用“网络民族主义”，他们认为，“民族主义与互联网结合而生成的‘网络民族主义’可以双向定义：（1）基于互联网传播的民族主义言论、情绪和思潮；（2）表达、鼓动民族主义情绪，制造、扩散民族主义舆论，并在某些情况下推动现实行动以达到预期目的的网络传播行为。”[②]

无论如何，网络民族主义仍然只是民族主义的一个维度，它不是完全虚拟的，而是嵌入到整个社会中，是在网络内外联动的。网络民族主义经过较短时间的激荡、分化和整合，逐渐褪去原初的草根性色彩，已由媒体话语向学术或官方话语转换。

二、网络民族主义的形成原因

网络民族主义的形成原因可以从民族主义的目的中找到。民族主义话语和行动的主要目的在于，保卫或强化一个民族的文化、语言以及种族的统一性与同质性，其敌人则是文化污染、异端、种族混合以及社会、政治和精神的不团结。民族主义通常伴随着对国家安全与国家文化的外部威胁的恐惧。对国家安全所受威胁的恐惧，即对“国家脆弱性”的担心，在对外国的不信任、提高警戒与加强战备中得到突出体现。[③]

网络民族主义还来源于民族集体记忆与民族历史。民族集体记忆对网

---

① 潘亚玲：“爱国主义与民族主义辨析”，《欧洲研究》，2006 年第 4 期，第 84—96 页。

② 赵瑞琦：《网络爱国主义：源流、利弊与策论》，北京：中国传媒大学出版社，2012 年版，第 8 页。

③ E. Staub, *The Roots of Evil*: *The Origins of Genocide and other Group Violence*, New York: Cambridge University Press, 1989; R. K. White, “The FearMotive in Twentieth Century Wars,” *Peace Psychology Bulletin*, Vol. 1, No. 3, 1993, pp. 11 – 13.

络表达的环境塑造表现在两个方面：一方面是民族记忆与历史从根本上约束或影响了网络表达主体的精神与思想，进而影响了表达行为本身和其表达内容；另一方面，民族记忆与历史本身就是网络表达所存在的文化与社会氛围，它构成了表达的环境。历史中的民族集体记忆直接或间接地影响了网民在网络空间中对一些网络事件的态度倾向，而基于民族集体记忆的情感以及对“民族利益”的捍卫成为网络空间中一些网络主体表达道德优越感的基础。[①] 民族的集体记忆构成了民族文化身份认同的一部分，而网络传播的发展与应用又对文化身份认同产生影响。

历史的烙印不仅成为网民进行价值判断的前提，而且规定了网络空间中表达的情绪与情感条件。中国近现代受到西方侵略的屈辱历史记忆使人们的心中逐渐形成了一种“悲情意识”。千余年间，中国曾是一个具有辉煌历史与重要国际地位的文明古国；但到了近代，积贫积弱的中国却遭受了种种屈辱。这种历史记忆中的光荣和耻辱形成了悲情意识，潜藏在许多中国人心中。由于多数西方大国在近代不同程度地侵略、掠夺过中国，中西摩擦不断的现实不可避免地使中国民众忆及那段并不遥远、很不美好的历史，从而加重了悲情意识。这使人们在寻求强大和超越的过程中，始终对西方国家保持较高的警惕心理。

在网络环境下，这种悲情意识会被放大。网络世界仍是一个没有契约或者没有完整契约、没有规则或者规则不完善的社会。在这样一个缺乏法律约束又可以以匿名的方式逃脱社会监督和个人责任的世界，不少人以发泄最原始的情感为主要目的，没考虑到要为自己的言论和行为承担责任。同时，个人渺小而又追求伟大的潜意识之间的情绪互相激荡、彼此启发，直接导致一些维护国家利益的行为超过理性的边界，言论也越来越趋向于激烈、极端和不负责任。

悲情的激发往往是由敏感事件或挫折事件所引起的，很容易让人想起历史上经历过的屈辱，形成一种危机感和奋发精神，从而增强团体内部的凝聚力和战斗力。某些基于悲情意识的民族情绪，会毫不隐讳地通过公开

---

① 王君玲：《网络社会的民间表达——样态、思潮及动因》，广州：暨南大学出版社，2013年版，第165—166页。

的甚至是极端的语言和行为表达出来，其特点是一触即发，易形成情绪对抗。例如，因为中国公民与网民悲情意识的形成，在很大程度上是由于日本侵华所造成的，于是，网络舆论中针对日本的偏激反应处处可见。凡是和日本有关的负面新闻，不管是大事还是小事，从领土争端，到商业合作，从中国艺人的无知，到个别日本国民的私德欠缺，都必定引来网上或大或小的讨伐之声，有草木皆兵之嫌。[①]

此外，在互联网和全球化的作用下，空前加速的生产、生活节奏和日益频繁的社会流动又使人们感受到紊乱、空虚和“无根”的失落，加之因跨国犯罪、恐怖主义、生态环境恶化等全球性议题彰显给网民带来了高风险等感知，此时，对现代化的不满就会转化为对全面加速的“全球化”的不满，这两种心理结合激发了当下社会中的一种强烈的网络民族主义倾向。

也有学者分析了极端民族主义在我国的形成原因，认为相当一部分极端民族主义者的出现很大程度上是我们以往中学、大学教育，特别是政治宣传长期误导出来的一种结果。首先是没有实事求是地讲述历史，把爱国问题简单化、概念化；其次是忽视了对学生世界眼光和和平、民主思想及其人道主义精神的培养与熏陶；再次是过分强调了“斗争哲学”，过分渲染了武力威胁、诉诸战争解决问题的作用。[②] 认为以往教育中过多地强调“斗争哲学”，结果在很大程度上造成了部分网民心态的扭曲。

网络民族主义的出现还与政治参与动机相关。在中国现时的政治环境下，网络言论平台更多地在涉及对外关系、台湾问题以及弱势族群正当权益问题上发表意见。而恰恰是这些政治议题，所涉及的政治敏感度较低，受到制约的可能性概率不高，因此即便不受到特别鼓励，但也不至于经常性受到“技术性终止”，从而促使诸多网民趋之若鹜，乐此不疲，某种程度上成为社会政治参与的一种新形式，也促进了中国网络民族主义力量的集结。

---

① 赵瑞琦：《网络爱国主义：源流、利弊与策论》，北京：中国传媒大学出版社，2012 年版，第 104 页。

② 张燕：《风险社会与网络传播——技术 利益 伦理》，北京：社会科学文献出版社，2014 年版，第 242 页。

民族情感的网络表达，是一种世界性的普遍现象。地球在越来越“村落化”的同时，不同的民族国家，尤其是弱势民族国家，在全球化海洋的滔天巨浪中，越来越关注自身的认同，并借助民族主义所激发的力量在弱肉强食的世界上自保。这无疑推动了民族认同的发展。而网民往往倾向于选择并认同与已有的价值判断相一致、用本民族语言呈现的信息。民族情结会在这种无限重复的过程中得到加深。借助新的通信沟通技术，对于族群利益的维护（国家层次上就是爱国主义或民族主义）有了新的手段。① 在网络与维护族群利益相结合的过程中，有三个典型的国际事件，分别是1999年北约发动的科索沃战争、20世纪90年代墨西哥的萨帕塔起义、美国在“9·11”后的民众反应。

三、网络民族主义的变形及其影响

网络民族主义是民族主义的一个维度。民族主义分积极民族主义和消极民族主义，同理，网络民族主义也有积极和消极之分。在遏制消极民族主义的前提下，发展积极民族主义，能够使世界各国，特别是发展中国家通过因特网努力建立本国、本民族语言、文化传统特色与全球化的亲和关系，以使网络所推动的全球化与各国主权的平等性、文化的多样性在本国获得和谐与统一。② 从历史上看，民族主义是一个褒义词或至少是一个中性词。在18世纪末的欧洲，民族主义常被用来强化一个群体在文化、语言、种族方面的统一。

民族主义在一定的限度内是能够起到推动社会发展的作用的，就像二战后的德国和日本，利用民族情绪取得了快速发展。民族主义还可用来在一定程度上转移注意力，例如美国“9·11”后就是充分利用了当时美国国内的民族主义情绪，不仅顺利发动了伊拉克战争，而且还使布什政府的民众支持度陡然升高。网络民族主义所呈现的公众舆论不仅制约外交政策，有时也可能作为它的后盾。中国的“反日入常签名”的网络民族主义

---

① 赵瑞琦：《网络爱国主义：源流、利弊与策论》，北京：中国传媒大学出版社，2012年版，第67页。

② 邹衍：“关于信息网络化对国际政治影响问题的研究综述”，《新华文摘》，2001年10月。

行动对中国政府的影响也同时具有限制与增强的作用。制约作用是指它连同涉日示威游行，使得政府提高表态的层级，并且更明确地表达立场。增强作用是指它代替政府发声并提供民意支持，在国际交往里适当的民意释放与展示，是影响国际舆论和制约其他国家行为的重要力量。① 所以，有学者认为，互联网是“国家激活机器”，国家运用它激活民族主义，或利用网民激活民族主义，在国际领域里促进国家利益。②

然而，民族主义从来就不可能是成熟而理性的。成熟而理性的民族主义还不曾在历史上出现过，一个政治成熟的民族和国家总是与民族主义绝缘的。网络技术并没有完全被正面应用，网络民族主义仍具有诸多的政治冲动和不成熟的表现。诸如言论失之于偏激、幼稚、狭隘，大量的伪民族主义言论也充斥于网络言论平台。情感的抒发和宣泄，无法促使言论的系统化和理论化，它给外界造成的印象并不是理性的思考，而是带有若干失控形式的鲁莽情绪。例如，少数中国网民毫无顾忌地在网站上发表和转载反日、仇日的言论和文章，乃至于号召抵制日货、强攻钓鱼岛等，给了某些别有用心的、只关注负面消息的西方媒体以“抓住一点不计其余”的机会，给了它们“妖魔化”中国的口实。③ 显然这些不成熟的网络民族主义行为不符合中国的对外政策，也不利于中日关系的发展。

网络民族主义还有多种变形。极端民族主义就是网络民族主义的一种变形。极端民族主义亦称大民族主义或民族沙文主义，是民族主义的一种极端形式，是民族主义与政治扩张野心相结合的变种。极端民族主义以强烈的民族优越感和排他意识为特征，鼓吹民族歧视、煽动民族仇恨。④ 一方面，网络传播使一些国家遭受了发达国家严重的、全方位的冲击，当这

---

① 赖钰麟：“网络民族主义运动与中国的公民外交—以2005年‘反日入常签名’为例”，《国际政治研究》，2011年第3期，第143页。

② Pui Ha Chow, “Internet Activism, Trans-National Public Sphere, and State Activation Apparatus: A Case of Anti-Japanese Protest,” paper presented to the annual meeting of the International Communication Association, TBA, San Francisco, California, May 23, 2007, http://www.allacademic.com/meta/p170051_index.html, 2010-11-29.

③ 赵瑞琦：《网络爱国主义：源流、利弊与策论》，北京：中国传媒大学出版社，2012年版，第111页。

④ 张燕：《风险社会与网络传播——技术 利益 伦理》，北京：社会科学文献出版社，2014年版，第241页。

些信息网络技术的相对弱势群体无法控制和理解这种强大的力量，他们就不得不“退向熟悉的、可理解的、具保护性的单位”，去寻求精神上的认同和安慰。① 这在很大程度上导致了原教旨主义、法西斯主义等极端民族主义泛起。另一方面，信息网络的开放性、廉价性和隐蔽性使民族主义分子能够方便地宣扬民族理念，组织实施极端民族主义的恐怖活动。这样，最开放的信息网络反而成了民族主义的保护壳，大大阻碍了全球化的发展。

民族分离主义也是网络民族主义的一种变形。也就是说网络本来是可以使世界成为一体的力量，事实上，它同时正在导致许多国家的分裂。因特网使民族主义思想更容易得到表达和分享。巴斯克人或魁北克人在因特网上制作了大量的网页，将分离主义的力量集中起来。20 世纪 50 年代，联合国有 58 个成员国。今天，成员国的数目增加到了 185 个。而且，这个数字几乎一直在增加。许多地方独立组织都利用因特网技术在全球范围内宣传其运动的正义性，并通过因特网征求人力与财力资助。甚至阿富汗塔利班也在因特网上设立了训练恐怖分子的网页（www. taliban. com）。本·拉登还曾利用因特网控制和操纵伊斯兰原教旨主义势力，进行一系列反美、反西方的恐怖活动，力图创立一个统一的伊斯兰国家。因特网广泛的信息连接功能，能把原来散布于全球的支持本民族或民族主义理念的资源聚合起来，完成从反对敌对势力到对抗全球化的行为。因此，出现了全球地方化（global localization）② 的悖论。

受此影响，我国“疆独”、“藏独”等民族分离主义者越来越重视利用网络来进行分裂活动。例如“东突厥斯坦新闻信息中心”于 1996 年 6 月在德国慕尼黑市建立。该恐怖组织长期利用各种媒体特别是互联网进行恐怖主义、极端主义、分离主义的宣传，煽动、教唆以暴力恐怖手段进行“圣战”，通过爆炸、投毒等手段制造恐怖事件，极大地威胁着我国的政治

---

① 邹衍：“关于信息网络化对国际政治影响问题的研究综述”，《新华文摘》，2001 年 10 月。

② *Globalization and the Internetworked World*, http：//cct. georgetown. edu/curriculum/505-99/globalization. html.

稳定和领土完整。[①]

总而言之，网络民族主义的社会动员能力强大，所涉及的问题大多敏感且比较棘手，它既经常关乎政府的形象，又往往牵涉重要的国家利益，而且网络民族主义除了以网络作为抒发情感和建言平台之外，也在进行化言论为行动的尝试。换言之，网络民族主义包含社会思潮和社会行动两个不同的面向，[②] 是各国外交的舆论环境和行动环境，因此政府需要审慎对待。

第三节　网络民主与网络民粹主义

网络对民主政治而言究竟是天堂还是地狱？理想主义者认为，网络开创了民主政治的新纪元，他们认为电脑技术可以改善民主进程。电脑可使更多的人通过参加电子市政厅会议，或通过电子邮件等瞬间交流方式，更加积极地参与政治。而悲观主义者认为新的电脑信息技术不会带来任何政治上的好处，因为新的技术不可避免地会受到一小撮政界人士或掌权人物的主宰和控制，使他们能够左右和操纵群众的情绪，会威胁到可能出现的公共所有制和人民大众的言论自由。到底谁是谁非，还是各有其理，我们需要进行进一步剖析。

一、网络对民主的推进及网络民主的积极意义

作为网络民主的倡导者，史蒂文·克利夫认为，网络民主是指："如何利用因特网加强民主过程，为个人或社群提供与政府互动的机会，并为政府提供从社群中寻找输入的机会。"[③] 中国人民大学毛寿龙教授认为网络

---

① 郭明飞：《网络发展与我国意识形态安全》，北京：中国社会科学出版社，2009 年版，第 103 页。

② 王军："网络民族主义、市民社会与中国外交"，《世界经济与政治》，2010 年第 10 期，第 152 页。

③ 储建国："利用电子政务，促进民主发展"，www. tongpe. tom. cn/yishuzhuanti/6181. html。

民主就是“公众通过网络来讨论公共事务，并通过投票来决定公共事务这样一种民主制度发展的重要进程。”① 网络不仅能为人们提供信息、娱乐服务，而且能为公众积极参与社会经济和政治文化生活、反映社情民意搭建桥梁，开辟公民参与政治的新渠道。由于具有公开、透明、平等的显著特征，网络正成为政治决策与民意表达相互沟通的平台，通过网络征集民意、反映民生，不仅速度快，而且成本低，有利于反映民众普遍关心的热点问题。网络对民主的推进作用体现在意愿、手段、机制、效果等多方面。

从意愿看，网络激发了民众政治参与的热情，推进了网络民主的大众基础，强化了公众的民主意识。网络为公众的政治参与提供了新的途径和方式，从而推动了公众的政治参与热情。政治体系所能提供的参与渠道越来越通畅，政治参与就越加便利，相应的参与就越多。网络政治参与平等、公开的特点，强化了人们的民主意识，使现代政治所推崇的“民主”可以在网络上得到真切的体验，而且其政治社会化的成本、过程、效果都是传统模式不可比拟的。② 网络社会还增强了工业社会所忽视的少数派的权力。在多数人难以形成共识的信息社会背景下，整合严密的少数派权利就会被充分凸显出来。他们拥有自己的“话语权”和固定的群体关注者，甚至形成自己的团体和组织，这就使得我们原来没有重点关注或忽略的部分人的利益诉求越来越凸显出来。广泛的参与和少数派权力的互动成为网络时代民主的主要特征，他们制衡的程度将影响民主的前景。③ 网络带来的民主参与激情将从根本上改变传统政治系统输入、输出和反馈的严重失衡状态。一方面，网络所释放的参与热情聚集了强大的民意，这些民意为政治输入提供了现实素材；另一方面，网络也为政治系统中公民的反馈提供了可能。

从手段看，网络可以作为政治沟通的手段，加强民众与政府在公共领域的沟通与对话，成为民主决策的有效平台。网络文化有利于政治系统与环境有效地进行信息和能量的交换。网络政治参与的普及，必然可以促进

---

① 毛寿龙：“网络民主的局限”，http：//www. xschina. org/show. php？ id = 131。

② 李斌：“网络政治的政治学分析”，《社会主义研究》，2003 年第 3 期（总第 149 期）。

③ 胡同新：“网络政治参与的民主价值透视”，《求实》，2005 第 9 期。

公民与政府的对话，提高民意在政府运作中的分量，使民主更向社会基层开放。网络政治参与为政府提供了一个了解舆情、民意的平台，有效推进民众与政府在公共领域的沟通与对话。民主的真谛在于让有利益相关的人能够参与公共事务的讨论和决策，让无相关利益诉求的人也能贡献他们的聪明才智和真知灼见。[①] 以互联网为代表的信息技术的快速发展，为人们提供了一个更加便捷的参政工具和政治宣泄渠道，并使得直接民主也越来越具有可行性。网络政治参与具备的直接性、开放性、平等性、便捷性、廉价性等优势，弥补现实政治生活中政治参与渠道的不足，进一步推进政治民主化进程，使普通民众与政府在公共政策领域的对话成为可能，让民主能够在不同的利益群体之间进行有效对话，从而实现政府决策科学化、民主化。正如加拿大传播理论家马歇尔·麦克卢汉（Marshall McLuhan）所言，信息网络可以“创造更深层次的民主”。[②]

从机制看，首先，网络民主可以促进政务公开。政务公开是现代民主政治发展的客观要求，是民主的前提。网络的发展为政务公开提供了最便利的途径与手段，可以在最短时间内以最快的方式把需要公开的事项传递到任何一个城市与村庄。网络环境下，广大民众通过网络渠道表达意见，甚至有机会直接与政府领导网络对话，可以近距离了解政府各种决策及其背后的思想，避免了经过层层过滤使信息失真情况的发生。政府在制定政策过程中，可以更加有效地吸纳民众意见建议中的合理成分，使之更加符合更广大群众的利益。与之对应，普通民众又可以通过网络监督政府的运作，对政府决策执行情况以及有效与否提出比较准确的评价，进而达到改进政府工作的目的。

其次，网络民主可以促进政治参与，从而提高民主决策的质量。这里所说的民主决策是指公民参与到公共事务决策过程中来，特别是参与到政策过程中的讨论、意见表达环节中来。在社会利益单一的背景下，决策过程的主体是各级党政机关，民众的参与诉求并不强烈。而社会利益多元时代，人们的个体意识增强，民主、人权意识强烈，各利益主体都试图影响

---

① 吴天昊：“由网络谈民主”，《学习时报》，2004 年 4 月 26 日。

② ［加］马歇尔·麦克卢汉著，何道宽译：《人的延伸——媒体通论》，成都：四川人民出版社，1992 年版，第 239 页。

公共舆论，并进而影响决策。并且由于利益多元，造成民众的利益诉求呈现出多样化、海量化的发展态势，而互联网恰恰提供了这样的机会与空间。网络政治参与者既有下岗工人、农民工、学生等普通市民，也有社会名流、政府官员、企业家。在这一背景之下，网络“民意”虽然不能替代全体公民，但也可以折射出社会的千姿百态。网络征求意见已经成为民主决策的重要管道之一，而且是低成本、快捷的民意表达管道。

再次，网络民主可以促进社会监督功能。网络监督是当代民主政治体制中公权力使用的必要而重要的补充，是社会化监督的载体与表现形式。网络作为新兴媒体，在政治生活中的监督作用已经初步显示出来。例如，中国网络媒体先后出现的“孙志刚事件”、“华南虎事件”、“躲猫猫”事件等，都可以视其为网络监督的经典案例。而事件过程中形成的强大的公共舆论场不仅真实地推动了事件本身的发展，而且具有特定的威慑力。这些效果，都是传统媒体难以达到的。

从效果看，首先，基于上述机制性因素，网络民主一定程度上提高了政治合法性。网络民主的兴起也对传统信息管理形式产生了巨大冲击。网络正处于急速发展的过程中，网络参与的技术条件逐渐成熟，这使得人们的网络政治参与成为可能。网络引发了传播从单向到交互的变化，人们既可以自由传播信息，也可以快捷地查找信息。这一全面的信息传输是公民对政治合法性做出理性评价的基础，也是人们对于政治权利认可的前提。这无疑扩大了公民的知情权、参与权和监督权，并将有效减少腐败现象的滋生，从而推进政府决策的科学化和民主化，而这种政府工作的透明化和政治的公开化，最终将会得到更多民众的认可，对政治的合法性起到积极作用。

其次，网络民主削弱了集权控制，社会结构逐步扁平化。传统媒体由于时空的间隔，往往会造成许多信息传输障碍，然而网络民主却打破了时空阻碍，能够为民众利益的表达提供更广阔的途径，能够为民众就某一问题提供多角度、更加丰富的信息。网络中信息的分布和流动不再是线性的而是网状的。网络社会中由于个体主体意识的提高还推动了人的个性发展的“多元化”、人的需要的“层次化”以及见解主张的“平面化”，这使传统行政集中控制下的民主集中，逐步被分散化、多元化的网状式民主诉求所替代。《连线》杂志专栏作家尼·尼葛洛庞蒂（Nicholas Negroponte）把权力的分散视为数字化生存的四大特质之首，认为传统的中央集权的观念将随着网络的发展成为明日黄花。[①] 正如奈斯比特所说："网络组织可以提供一种官僚制度永远无法提供的东西——横向联系。"[②] 这种横向延伸的特性可以有效地破坏纵向的官僚等级结构，使社会结构逐步扁平化，公民社会的地位越来越凸显，"国家本位"向"社会本位"的转变已成历史之必然趋势。

再次，网络民主具有社会调节功能，在某种程度上有利于社会稳定。任何社会都有各种情绪、不满需要发泄，这种情绪不一定是政治性的，但可以影响公权力与民众的关系，任何国家都不能不重视。在西方，社会的不满往往通过政党轮流执政来调节，所以多党制在西方社会被称为社会情绪的缓冲阀、调节器。而对于处在转型时期的一些国家而言，博客、论坛等等网络途径在客观上承担了部分社会情绪的缓冲阀、调节器的功能。在社会转型以及利益群体博弈的背景下，有的人原有的价值观随之消解或扭曲；有的因遇困难暂时无法解决而生出怨气；有的因出现消极腐败现象而对党和政府的认同度下降；有的人只是一种简单的从众心理等等。各种不同利益群体的不同利益诉求，如果有特定的表达平台和通畅的表达渠道并能够反映到决策层，就可以缓冲各种社会矛盾，稳定社会局面。[③]

二、网络民主的局限性与政治参与的不均衡

虽然网络对民主有推进作用，但是我们对网络民主也不能过于轻信，因为它也有局限。这一局限在目前主要表现在网络选民的局限上。

首先，网络民主的选民只局限于有实力使用网络的人。自 20 世纪 90 年代以来，世界各国，尤其是发达国家，网民增加速度极快。一些人认为

---

① ［美］尼·尼葛洛庞帝著，胡泳等译：《数字化生存》，海口：海南出版社，1996 年版，第 269—270 页。

② ［美］约翰·奈斯比特著，梅艳译：《大趋势》，北京：中国社会科学出版社，1984 年版，第 201 页。

③ 高新民："网络民主与中国式民主政治"，《人民论坛》，2010 年 4 月中，总第 287 期，第 18—19 页。

网络真的能够带来一种无视等级、允许质疑公众关注领域和具有包容性(inclusivity)的公共空间。但是，网络本身是一种在迅速发展的高技术，它需要高投入，并且为了跟得上技术发展的形势，还需要进一步的大笔投入。对于很多贫困地区、低收入的人来说，这笔支出依然是一个很大的负担。区域经济发展不平衡、贫富差距等问题，使得欠发达地区的弱势群体缺乏网络政治参与的实力。这种由于贫富差距带来的网络政治参与机会的不平等，会在我们的社群中导致“信息富人”(information haves)和“信息穷人”(information nots)的分野，进而加剧现实社会生活中的不平等，必然会给网络民主带来难以克服的负面效应。更深层的批评则指出，由网络的主要投资者和使用者的社会阶层就可以判断出网络依然是一种自上而下的产物(development from above)，而非自下而上的产物(development from below)。民主需要有普及性，如果忽略了一部分人，那么就不是真正的民主。①

其次，网络民主的选民只局限于有能力使用网络的人。网络技术对于网民的限制，实际上也就限制了民主的范围。即使是已经在网上的人们，也有相当一部分人并没有驾驭信息或参与政治的能力。由于技术越来越复杂化，网络时代的权力明显地转移到掌握专门技术和保密信息的技术官僚手中。有能力掌握新的信息系统的人更容易成为民主社会的权势集团，而对新技术仍然感到神秘的其他所有阶层的人，则降为电子计算机文化中的庶民。拥有和充分掌握信息系统的人会成为“信息富人”，他们不但可能掌握着行政权力，还掌握着计算机知识，指挥着大量被储存的信息。他们在很大程度上是真正的立法者，他们可以按照自己的意愿设计决策模型，可以改变某个程序以使信息或决策符合他们自己的想法。而那些普通大众，包括贫穷而无能力购买计算机的人就沦为“信息穷人”，会被排挤在主流社会之外。获取信息的能力的两极分化会造成“信息精英统治”和政治参与的不平等。

再次，网络民主只局限于偏好于网络的人。许多人依然思想保守，依

---

① 毛寿龙、蓝茜：“网络民意在民主政治中该扮演何种角色”，《人民论坛》，2010年4月中，总第287期，第20—21页。

然喜欢传统的途径来进行通讯和获取资料。这并不一定是他们学不会，而是因为他们不喜欢。他们自然会被排除在网络民主之外。所以，尽管网民数量逐年大幅度增加，但其覆盖面还远未涵盖所有的公民。先不说它偏重的是以具有较高知识水平的、较为年轻的、收入较高、以城市生活为主的一个特殊群体，即便是网民群体，其兴趣爱好、上网偏好也不尽相同。民主政治的一个预设前提是公民表达政治意愿的机会应该平等。但网络民主参与的不均衡性，必然导致民意表达机会的不平等和政治参与的差异性，民意的聚集更多是“网民意”的聚集。例如，在灾难事件中网民的关注与代言并不一定能够代表受灾群众的真实想法和诉求。这种情形并不是个别现象。

网络化给公民带来更多政治参与机会的同时，上述限制使得没有经济实力购置网络设备并支付网络费用、没有能力应付复杂的计算机及网络技术或者对于网络没有兴趣的人无法成为网络公民，从而导致了政治参与不平等现象的出现。同时，政治参与度较高的网民的政治愿望和政治意识与“圈外的”公民也存在一定差距。由于受教育机会的不平等，造成人们政治民主意识的不同，使得网络化政治参与的主要群体是拥有较高的政治参与意识并懂得网络技术专门知识的少数的精英。① 民主的真谛是让有利益相关的人都参与公共事务的讨论并参与决策，让没有利益相关但有真知灼见的人能够贡献他们的才智。如果让网民来替代其他人来讨论和决策，就像有产者代替所有人决策的有产者民主（如历史上曾存在过的贵族民主）那样，依然是有局限的民主。

这种网络政治参与的不平衡有时也用数字鸿沟来说明。数字鸿沟问题，即由于性别、阶层、收入、年龄、学历、居住的地理区域，以及个人的兴趣习惯的差异，导致人们接受和使用信息的机会上的差异，导致信息富有者和信息贫乏者之间的分化，导致公众政治参与能力的不均衡，信息富人掌握和控制着大量信息，就可以有效地参与和影响政治，而信息穷人则处于政治的边缘。世界著名未来学家阿尔文·托夫勒（Alvin Toffler）早就指出：各个高技术国家的政府所面临的一种潜在的可怕威胁来自于国民

① 闫慧青：“网络化政治参与：价值、困境与出路”，《晋中学院学报》，2010年第5期。

分裂成信息富有者和信息贫困者两部分，下层阶级与主流社会之间的鸿沟实际是随着新的传媒系统的普及而扩大了。[①] 而且，与代议民主制下民意的表达与聚合具有较大程度的均衡性不同，网络民主中的民意很难被均衡代表，其表达和聚合更加是偶发的、即时的、随意的、无序的甚至是不负责任的。

网络民主的局限性还在于对信息的可靠性和真实性方面缺乏有效的监控手段。虽然网络舆论调查、网上投票、网上评议等形式被许多网站、媒体甚至是政府部门所采用，但由于网络媒体的不可控性，网民的职业、年龄、性别、地域等都难以准确掌握，信息的可靠性无法得到有效确认。而近年来一些机构为提高点击率，刻意抛出吸引大众眼球的轰动新闻，甚至编造一些假新闻，更使网络信息的真实性和准确性大打折扣。[②] 无法控制的信息泛滥，可能把人变成技术的奴隶，表面上拥有无数信息却失去了思想。鱼龙混杂、泥沙俱下的网络信息严重干扰了人们的正常判断和民主政治参与的理性和效率。由这种失实、过滥的网络信息煽动起来的公众情绪所制造的失真的、虚假的网络民意，可能使得决策者在非理性的公众情绪面前无法保持冷静，从而被大众情绪所左右，完全依据网络民意来进行决策。

所以说，网络功能虽然日益强大，但说到底它仍仅仅是一个技术平台，至少到目前为止它还难以承载民主政治制度的全部内涵。网络技术尽管为实现普遍的直接民主提供了技术条件，但是只要存在数字鸿沟和网络政治参与的不平等，那么就不可能有真正的网络民主。网络民意并不简单等同于现实民意，网络民意有可能代表了广大民众的心声，也可能只代表了部分利益相关者的观点和诉求，甚至有可能完全不代表民意，只是网民个人不满情绪的宣泄。而且网络空间少数派权利的凸显改变了政治权利配置和系统运作的模式，对民主制度一贯标榜的“多数同意”原则构成挑

① ［美］阿尔文·托夫勒：《力量的转移－－临近21世纪的知识与权力》，北京：新华出版社，1991年版，第348页。

② 刘旭涛：“‘网络民主’不应成为民主政治主渠道”，《人民论坛》，2010年4月中，总第287期，第22—23页。

战。[①] 如果政治决策者单纯以网络民意作为决策依据，难免有失偏颇，可能造成未能参与政治决策的部分民众的不满或不信任，在降低政治权力有效性的同时，削弱其合法性。民主政治的长期演变和发展，最终的结果是形成各国国民普遍遵守的政治生活准则，它是以国家法律形式加以限定和约束的规范行为。就此而言，网络民主的优势似乎更多体现在技术层面，从民主政治的制度建设层面看，网络民主只能是一种配角而非主角，是一个推动民主政治发展的助推器。

三、网络民主的负面效应及网络民粹主义的影响

网络民主虽然可以起到推动民主政治发展的作用，但其负面效应也不容忽视。2002 年美国芝加哥大学教授凯斯·桑斯坦在其《网络共和国——网络社会中的民主问题》一书中，对于互联网对民主政治发展的影响和对策提出了较为全面和深刻的分析。他指出新媒体有可能造成一个分裂的传播世界，互联网上的“群体极化”和极端个人主义、自由主义很容易滋生，会危及社会的民主政治体制。[②]

首先，网络民主的滥用可能导致无序的非理性政治参与和“情绪性民主”。权力膨胀就可能有被滥用的负面效应。而由话语权滥用而产生的集体非理性倾向就对现实民主具有很大破坏性。网络表达是一种屏蔽了身份的言说权，由于参与人员的繁杂，网络又没有约束其行为的有效规范，这就使得网络参与表现出明显的无组织特性。再加上网络能够传染情感，网民的意见难免带有强烈的感情色彩。网络舆论常表现出情绪性、偏激性特征。而“沉默的螺旋”又会使理性的声音、质疑的声音、反对的声音减弱，从而扩大了集体的非理性，甚至演化成现实的社会威胁。更为严重的是，由失真信息煽动的公众情绪所制造的肤浅虚假的民主对政治稳定的危害是不可估量的，甚至会让决策者在“情绪式民主”面前无法保持理性，

---

① 胡同新：“网络政治参与的民主价值透视”，《求实》，2005 第 9 期。

② 王金水：《网络政治参与与政治稳定机制研究》，北京：中国社会科学出版社，2013 年版，第 134 页。

影响社会公平以及行政决策的效率。[①]

其次，网络民主的滥用可能助长绝对自由主义和无政府主义等极端民主化倾向。现在的互联网起到“一面大墙”的作用，造谣者可以自由地在上面胡乱涂抹，让全世界阅读。这使得网上信息真假难辨。由于网络没有一个完全的管理者，网络信息的传递和交流是非常自由的，在相当程度上不受政府的管理和控制，人们可以按照自己的思维和逻辑发表言论，因而网络民主不免表现出极端的个人自由主义倾向。在原子化的互联网上，无数个网民发出无数种不同的声音，多数同意的民主原则被伤害后难以找到有效协调社会整体利益的手段，可能导致日益严重的无政府状态。[②] 无限制的网络自由不可避免地导致网络无政府主义的产生。甚至有人断言，网络是历史上存在的最接近真正无政府主义状态的东西。[③] 这些网络无政府主义行为无疑对公民的自由和国家民主制度构成了巨大的挑战。而网络无政府主义如果被不法分子恶意煽动利用，则可能会对主流政治文化造成严重冲击，导致政治不稳定并最终会动摇政治合法性的基础。

网络民主的滥用还容易滋长网络民粹主义。民粹主义（Populism）又称平民主义，其内涵极其复杂，但核心是强调普通民众的价值。有学者将民粹主义基本理论概括为：极端强调普通民众的价值和理想，把平民化和大众化作为所有政治运动和政治制度合法性的最终来源；依靠普通民众对社会进行激进改革，并把普通民众当作政治改革的唯一决定性力量；强调诸如全民公决、人民的创制权等民粹主义价值等。[④] 在很多情况下，民粹主义甚至等同于“纯粹民主”和“直接民主”，因此被认为是民主主义的极端形态。从实践看来，民粹主义常以民主的面目出现，挑战以往的民主理论和民主价值观，对民主实践也产生了不容忽视的影响。特别是在后发展国家的民主转型中，民粹主义常常变成对民主政治的挑战。

互联网与生俱来就带有民粹主义倾向。[⑤] 互联网的赋权特征给了民粹

---

① 蔡文之：《网络传播革命：权力与规制》，上海：上海人民出版社，2011 年版，第 142 页。

② ［美］安东尼·奥罗姆著，张华青等译：《政治社会学》，上海：上海人民出版社，2003 年版，第 225 页。

③ 郝继明：“网络政治参与的动力、阻力分析”，《天津行政学院学报》，2010 年第 1 期。

④ 俞可平：“现代化进程中的民粹主义”，《战略与管理》，1997 年第 1 期。

⑤ 陶文昭：“互联网上的民粹主义思潮”，《探索与争鸣》，2009 年第 5 期。

主义以新的活动平台和组织方式，催生了以互联网为媒介的网络民粹主义或电子民粹主义。从技术角度来看，互联网的发展是一个关注个体、以个体为中心的聚集过程，它培育或强化了关注个体、尊重平等的平民文化。一旦互联网介入政治，如同打开了潘多拉的盒子，它在释放网络民主的同时，也释放出了网络民粹主义。而网络政治参与中的“沉默螺旋”和“群体极化”效应可能更会加剧民粹主义的偏激。首先，网民虽然总体上涵盖了社会各个阶层和各个年龄段，但还是以年轻人为主，年轻人相对更活跃，更容易形成叛逆倾向和另类意识。其次，由于互联网是一个虚拟的、开放的和平等自由参与的场域，具有广场政治及街头政治的诸多特征。广场政治及街头政治式的情绪化、激烈亢奋的狂欢式语言更具有感染力和号召力，能更快地在互联网上传播开来，群体极化则加剧了这一趋势。海因兹·尤劳就曾经不无忧虑地指出：电信民主将导致一种政治的“非中介化”，形成一种“以高科技为形式的独裁的民粹主义”。①

网络民粹主义赋予民粹主义新的特点：第一，反对精英主义。对政府官员、富人、知识分子等极端轻蔑，忽视或否定政治精英在社会历史发展中的重要作用；第二，没有统一和完整的意识形态理论和结构，而是作为一种面对“现代化侵害”的反应式、情绪化表达，一定程度上具有极端化和绝对化的对抗性情绪；第三，对现实的判断更多的来自于其生活常识和直观认识，习惯于简单化、泛道德化的判断和定性。② 民粹主义者笼罩着人民和民主的神圣光环，这使得他们的观点极易与民主混淆，而且也使他们不易受到挑战和驳斥，因为挑战他们就等于挑战“人民”，而“人民”是不容挑战的。

网络民粹主义思潮是现实民粹主义思潮的延伸，对社会精英阶层有监督和警示作用。民粹主义强调平民大众在社会历史进程中的作用，它把平民群众的愿望、需要、情绪等作为考虑问题的出发点和归宿，并肯定平民群众的首创精神，避免了一般民众和底层在一个日趋精英化倾向的社会里

---

① 王金水：《网络政治参与与政治稳定机制研究》，北京：中国社会科学出版社，2013 年版，第 222 页。

② 王国华、曾润喜、方付建编著：《解码网络舆情》，武汉：华中科技大学出版社，2011 年版，第 259 页。

沦落为“沉默的大多数”。网络民粹主义思潮也是底层民众对现实社会利益结构失衡的一种“自卫式”反击，表达了底层民众在现代化过程中的不同于“主旋律”的“另类感受”。网络民粹主义思潮往往是普通民众生存状态的真实表达。追求社会公平和公正，挽救社会的道德缺失，促使我们对现代化进程中产生的贫富差距问题、社会保障问题、制度缺失问题等重新进行审视和反思。

但是，把民主理想化和绝对化的网络民粹主义更有其负面因素的存在。第一，网络民粹主义可能损害国家的整体利益。民众的利益和国家的利益并不总是一致的，当两者发生矛盾时，民众一般会倾向于考虑自己的利益。即时的和过度的民意可能导致政府官员的决策仅仅根据可能对老百姓造成的影响进行，从而可能损坏国家的整体的长远的利益。第二，网络民粹主义思潮消解主流价值观，颠覆传统权威。基于平时对社会不公问题的激愤，一旦有煽动性语言或煽动性行为，网民往往会不加思考参与其中，并推动事件朝不利于社会稳定的方向发展，不利于社会的稳定和和谐。而且网络民粹主义思潮降低政府的公信力，给网络治理带来阻碍，也给司法独立带来消极影响。基于道德审判的“网络民意”常常给司法机关的定罪量刑带来干扰，网络民意的“合法性”与法律本身的“正义性”产生了紧张关系。第三，网络民粹主义思潮的蔓延对网络理性产生冲击，网络民粹主义的极端发展有可能使网络成为极端化、情绪化话语发泄的平台，消解网络的理性思维和政治正当性。极端网络民粹主义反精英、反政府、反权威，会导致政府与民众的裂痕加深，从而使反向政治认知日益严重，加剧不同群体间的对抗，激化相互间的不信任和仇视。

总而言之，网络民主参与的物质技术手段促进了网络民主的生长，但网络民主仍有诸多局限性，而且网络民主的滥用可能导致无序的非理性政治参与和“情绪性民主”，助长绝对自由主义、无政府主义、网络民粹主义等极端民主化倾向，从而不利于社会的和谐与稳定。

第二部分

互联网对政治发展的影响：案例与分析

这一部分结合案例对互联网对国家政治发展的影响进行了分析。也分为三章。第四章为网络时代的政治信任与政治制度安全，重点分析了网络对政治信任的影响路径、网络时代的转型社会所面临的政治信任挑战和政治制度安全挑战。作为案例，本章分析了网络在中东、北非变局中发挥的重要作用。第五章为网络时代的政治认同与意识形态安全，重点分析了网络对政治认同的良性与消极的双重效果、社会主义意识形态在网络时代的机遇与挑战。作为案例，本章分析了美国在意识形态领域的网络政治化攻略。第六章为网络时代的政治稳定与政治秩序安全，重点分析了政治稳定与政治冲突的关系、社交媒体时代的政治秩序安全挑战。作为案例，本章分析了新媒体对伊朗总统选举中骚乱的助推、缅甸“藏红花”革命中社会抗争动力的提供，以及在美国茶党、咖啡党等草根运动中草根的培育等作用。

第四章
网络时代的政治信任与政治制度

第一节　网络环境对政治信任的冲击

政治信任是公民对政府或政治系统运作产生出于其期待相一致的结果的信念或信心。① 作为一个社会“政治资本”的重要内容，政治信任是政治权力和政治制度合法性的基础。信任政府的公众更愿意相信政府将改善公民的生活，而不信任政府的公众认为政府只服务于少数特定的利益群体，认为政府是腐败、自私自利的。②

一、政治信任的结构、起源与意义

政治信任有狭义与广义之分，狭义的政治信任即民众对政府的信任。广义的政治信任则分多个层次，包括对政府官员的信任（人际信任）、对政府机构及公共部门的信任（组织信任）和对制度的信任（制度信任）。也有人认为，政治信任从低到高可以分为四个层次，分别为民众对政治行为者的信任、对政策的信任、对政府的信任以及对政治制度的信任。③

---

① Miller. A . H, “Political Issues and Trust in Government 1964 – 1970,” *American Political Science Review*, Vol. 68, No. 3, 1974, pp. 951 – 972.

② 张明新、刘伟：“互联网的政治性使用与我国公众的政治信任——一项经验性研究”，《公共管理学报》，第 11 卷第 1 期，2014 年 1 月，第 91 页。

③ 耿静：“政府信任的差序化：基层治理中的‘塔西佗陷阱’及其矫治”，《理论导刊》，2013 年 12 月，第 31 页。

还有学者将政治信任分为六个层面：一是政治共同体信任，集中体现为民众的共同体感或国家归属意识。政治信任度高的共同体常常体现为凝聚力、向心力和亲和力的增强。二是政治价值信任，是指民众对内化于政治制度的公共政策中的意图、目标和精神的确信和认同，是对政治生活的意义期待。三是政治制度信任。制度具有稳定性、确定性与可靠性，制度促进着可预见性，并防止着混乱和任意的行为。四是公共政策信任，是民众对政策方案以及政策执行过程的支持。这可概括为程序与绩效两方面，程序信任要求公共决策的开放、公平、民主和科学；绩效信任不仅涉及宏观上公共物品数量的增长，而且关涉每个人对自身生活质量的主观感受和安全体验。五是公共组织信任，指的是民众对政党、议会、行政机构、司法组织等的相信和支持，是政治信任的重要载体。六是政治角色信任，即对实际掌握和运行权力的人的相信和托付，会受到政治制度、政治价值、公共政策等的深刻影响。这几个层面共同构成了政治信任的结构体系。而其中政治共同体、政治制度、政治价值属于政治信任的硬核，公共政策、政治组织和政治角色属于保护带。根据伊斯顿的观点，民众对政治共同体、政治制度、政治价值的信任属于散布性支持，通常具有稳定性；民众对公共政策、政治组织和政治行动者的信任属于特定支持，往往具有多变性。[①] 硬核层面的政治信任是构造有序公共生活的必备条件。

关于政治信任的生成与起源，理论界存在两种较为典型的研究视角，分别为文化论与制度论。文化论也有人称为社会资本视角。基于社会资本的视角将社会信任、文化价值观作为政治信任的重要解释因素，强调公众的政治信任源于社会化经历、文化与价值观，认为政治价值观和信念是被习得的，一般是早期生活经验的结果，与个人社会地位相联系。文化论的主要代表人物有帕特南（Putnam）、福山（Fukuyama）等。他们大多认为政治信任来自于文化规范中的一整套信仰与观念，通过个体早期社会化的过程，灌输到成员的思想意识中；或者说，政治信任是通过弥散的方式来获得的，其具体的路径是以亲密圈子所形成的特殊信任为伊始，慢慢扩展为对陌生人的社会信任，最终拓展到政治领域，形成政治信任。他们大多

---

① 上官酒瑞：《变革社会中的政治信任》，上海：学林出版社，2013 年版，第 73—74 页。

认为社会信任与政治信任之间存在较强的联系，同时也暗示因地域文化的差异，联系的强度各不相同。①

制度论也称为政府绩效视角。政府绩效体现在政府机构是否为公众提供了合格的公共物品，是否确保经济、社会良好的运行状态；公众是否信任政府乃是他们基于对政府行为的评价、对物质利益的计算结果，体现出理性选择。② 所以，公众对国家经济状况、民主制度的评价，以及对腐败程度的评价影响政治信任水平。制度论的代表人物主要有科尔曼、达斯古普塔等。制度论者多以理性选择说为根本依据，他们认为政治信任是人们理性选择的结果，以人们对制度绩效的评价为转移。那些运转良好、被人们给予较高正面评价的制度将获得信任；那些运转不好、招致负面评价的制度，将被怀疑和不信任。在制度论者看来，政治信任是制度绩效的成果，而不是原因。

更多的研究者则试图弥合文化论与制度论之争，比较典型的如卢克·基尔（Luke Keele），他提出了政治信任双变量模型。他认为社会资本和政府绩效是影响政治信任的两个主要变量，而且它们对政治信任的影响方式完全不同，其中政府绩效对政治信任的影响表现为即时性，不会持续很长时间。因为如果单纯用政府绩效来分析政治信任，无法解释近几十年来西方世界政治信任不断下降的事实。而社会资本通过塑造公民对政治的态度和价值观的方式，对政治信任产生影响，具有长期性。换言之，短时段的政治信任变化，主要源于政府绩效的改变，而长时段的政治信任变迁则需要用社会资本来进行分析与解释。③

政治信任是重要的执政资源，是政治稳定的基础。政治信任的积极意义有许多方面：④ 其一，政治信任建设有助于增强政治合法性。政治合法性的直接来源之一就是社会公信力和民众的政治信任。缺失信任的国家政权是非常脆弱的，长期稳固的合法性必须建立在政治信任基础上。其二，

---

① 罗壤："互联网语境下政府信任的培育"，《湖湘公共管理研究》，第四卷，第 229 页。

② 张明新、刘伟："互联网的政治性使用与我国公众的政治信任——一项经验性研究"，《公共管理学报》，第 11 卷第 1 期，2014 年 1 月，第 91 页。

③ 罗壤："互联网语境下政府信任的培育"，《湖湘公共管理研究》，第四卷，第 230 页。

④ 上官酒瑞：《变革社会中的政治信任》，上海：学林出版社，2013 年版，第 15—21 页。

政治信任建设有助于提升执政绩效。根据社会网络理论，信任与效率密切相关，由信任形成的网络可以释放巨大能量，对执政党和政府的有效施政产生影响。公众的政治信任是推动政府绩效的重要力量，不仅可降低政府实施政策的代价，而且民众政治信任的蓄积还可为政府政策的执行减少中间环节，增大施政幅度；减少阻力，增加动力；减少成本，增强效率。其三，政治信任建设有助于建构优良秩序。社会秩序的生成可能存在三种来源：互惠、强制和习俗。如果说强制是为秩序而秩序的话，那么在互惠和习俗的背后则有一种共同的因素，即认同和信任，信任是以未来的确定性和低风险为基础的，而秩序恰恰意味着社会预期的稳定性、进程的连续性、行为的规则性以及心理的安全性。其四，政治信任有助于实现社会整合。社会学家涂尔干视社会整合为社会团结，认为社会团结包括机械团结和有机团结两种。如果说凭借组织体系、国家机器等实现的社会整合是机械整合，那么以政治信任为基础推动的社会整合必定是有机整合，其成本更低，成效更佳。

当民众对政党或政府投入过多的信任，并转化为一种“心理定式”时，就可能呈现为一种政治盲从、迷信或愚忠，一种滞后于现实政治发展的政治信任心理，并可能由于极强的刚性而产生负功能，构成政治进步的障碍。一方面，政治盲信可能助长政治腐化。如果人们一味地相信公共权力，甚至盲目地信任、信赖、愚信，就可能助长公共权力的非规范运行。这时人们信任的是政治生活中实际运行的潜规则，而非正式的制度和规范，如此的政治信任必然会反过来助长政治腐败。另一方面，政治盲信可能阻碍政治变革。政治信任心理通常会随着政治、经济、文化的变迁而发生变化，而那些“定势”下来的信任心理通常是非理性的，它构成政治变革隐性的却是深层的阻碍力量。[①]

然而，当民众政治不信任累积到一定程度，则可能体现为破坏性的政治参与，如向政府施加压力的抗议性方式或暴力行动，并进而可能产生社会冲突。特别是随着人们政治效能感的增强，群众运动常常成为人们发泄政治不满和愤恨以及政治不信任的表达形式。什托姆普卡指出：“当信任

---

① 上官酒瑞：《变革社会中的政治信任》，上海：学林出版社，2013 年版，第 96—97 页。

缺失的时候，其所产生的真空状态将被某些提供相似功能并满足对确定性、可预测性、秩序和其他相似的东西的渴求的备选的安排所填充。这些就是信任功能的替代品。”这说明，在政治信任流失的情境中，民众往往不愿寻求政府保障自身权益，而转向其他组织结构寻求庇护。这对于一个权益受损而又倾向认为政府无法信任的人来说，求助于非正式组织，如家族、宗教，甚至黑社会组织，往往是一种无奈但理性的选择。如果非正式组织因此而不断滋生和扩张，势必反过来构成对政府权威的挑战。[①] 所以，对于政治不信任事件的可能发生，当政者必须高度重视警惕，并积极寻求解决之道，以降低政治信任流失可能造成的社会与政治风险。

二、网络对政治信任的影响路径

作为一种新媒体，网络至少通过两类路径影响政治信任，即直接的认知效果（Recognition Effect）途径和社会资本的中介效果（Mediated Effect）途径。政治社会化研究将媒体视为塑造公众政治态度的重要机构，认为媒体有助于公众分享关乎社会政治环境的共同知识、形成公意并提供意见表达、获取政策共识。因此，媒体塑造公众的政治信任状态。[②]

网络对政治信任的认知效果途径主要通过网上政治信息传播来进行。网络作为政治信息的传播载体，为公众提供评价政府绩效的必要信息，为信任积累必要的认知基础。信任源于了解和知情。公众的政治信任取决于他们对政府运作过程及绩效的认知，而后者取决于政治透明度。政治透明度是政府机构对政治活动的公开程度，也即公众对政治机构及权力运行状况的了解。在传播高度发达的现代网络社会，公众被信息重重包围，高度依赖各类媒体，民众对政治机构及权力运行状况的认知不是来自直接经验，而更多的是由各类媒体来告知。网络信息流通具有自由、海量、交互的特点，有助于打破政治传播系统的封闭性，减少传播层级，提高透明度。这在理论上对培育公众信任有积极意义。然而，消极因素同时存在。

---

① 上官酒瑞：《变革社会中的政治信任》，上海：学林出版社，2013 年版，第 89 页。

② 张明新、刘伟：“互联网的政治性使用与我国公众的政治信任——一项经验性研究”，《公共管理学报》，第 11 卷第 1 期，2014 年 1 月，第 91 页。

一方面，越来越多的谣言通过互联网在素不相识的民众中传播。另一方面，网上大量关于政府机构和公职人员的负面信息在广泛传播。可以设想，网民越是接触上述内容，越可能滋生不信任感。此外，互联网也为公众提供了接触与主流意识形态不同声音的途径，许多网民通过代理服务器或“翻墙”突破信息疆界，获取跨国界的多元信息。接触传统的“主流媒介”往往使公众共享一致的意识形态观，而网络这样的“另类媒介”（Alternative Media）则具有启蒙与解放意义，[①] 可能消解他们对政府的认同。

网络的认知效果中有时还存在“媒体恶意论”（Media Malaise Thesis）现象。媒体对政府行为的呈现构筑公众头脑中政治世界的原材料。在新闻生产中，记者以新闻价值为标准选择事实，为获得发行量和收视率，往往对能引起轰动的政治人物或事件（特别是政治丑闻、贪污腐败）“高度再现”，而对常规政治“低度再现”。作为持续接触和使用媒体的结果，公众往往对现实政治环境产生“认知错位”，对现实政治形成更多的负面评价，导致政治信任低下。此即“媒体恶意论”或“丑恶世界效果假设”（Mean World Effect Hypothesis）。[②] 经验研究为负面认知效果论提供了证据。例如，在美国，研究揭示出政府官员和国会往往被媒体负面描绘、批评甚至攻击，而媒体对政治事务的报道，尤其是对政治丑闻的曝光影响公众对政府、国会、总统、警察等政治机构和人物的信任水平。

社会资本的中介效果途径则认为，媒体使用可嵌入社会政治结构中，通过其他中介变量，如社会资本来塑造政治信任状态。公众的网络媒体使用行为被认为影响他们的社会资本，而后者正是孕育政治信任的重要机制。根据普特南（Putnam）的观点，社会资本是社会组织的特性，包括社会信任、公民参与的网络和互惠互利的规范，它促进人们之间的协调与合作，达到互赢互利的目的。一个健康的社会的必要条件是拥有足够的社会

---

① 周葆华、陆晔：“从媒介使用到媒介参与：中国公众媒介素养的基本现状”，《新闻大学》，2008 年第 4 期，第 58—66 页。

② Stephen Earl Bennett, Staci L. Rhine, Richard S. Flickinger, etc, “‘Video Malaise’ Revisited - Public Trust in the Media and Government”, *The International Journal of Press/Politics*, Vol. 4, No. 4, 1999, pp. 8 - 23.

资本存量。社会信任被很多学者认为是预测政治信任的重要指标。[①]

社会信任因“网络化”而呈现了新的发展趋势：社会信任主体与客体的身份愈益多重而复杂；社会信任的内容、情境和范围极大扩展；新的社会信任模式与结构正在形成。[②] 在网络社会中，社会交往主体和客体的身份，由“社会人”和“网络人”取代了传统社会和现代社会具有“社会人”身份的“熟人”（包括血缘、地缘关系，亲戚、朋友关系等）和“生人”。在“前网络社会”中，无论是在传统社会还是在现代社会，社会信任大多是在一种“现实在场”（real presence）的“熟人”或“生人”之间的交往过程中产生的。而在网络社会中，社会信任则既可产生于“现实在场”或“现实缺场”（real absence）的“社会人”之间的交往过程中，也可产生于“虚拟在场”（virtual presence）或“虚拟缺场”（virtual absence）的“网络人”之间的交往过程中，甚至还可以产生于“在场”或“缺场”的“社会人”与“网络人”之间复杂的交往过程中。传统社会是乡土社会或熟人社会，其社会关系是以道德、规矩、礼俗、习俗等为基础的；现代社会或陌生人社会，其社会关系是以法律、契约等为基础的。[③] 网络社会中，“通信协议”则成为人们进行交往、交流的一个新的规则或制度，成为网络社会信任的一个新的基础。

网络对政治信用的社会资本中介效果路径包括两种取向：消极效果和积极效果。“时间替代假设”（Time Displacement Hypothesis）是一种消极效果观，[④] 认为网络媒体使用挤占人们对公共生活的投入，削弱相互之间的信任，造成社会资本降低，最终有损于政治信任。“媒体动员论”（Media Mobilization Theory）或网络动员则是积极效果观，主张网络媒体和不断提升的教育水平有助于塑造“知情的”（Informed）社会，增强公众政治兴趣，提高政治认知能力，最终动员他们参与公共事务。动员论强调网

---

① 张明新、刘伟：“互联网的政治性使用与我国公众的政治信任——一项经验性研究”，《公共管理学报》，第 11 卷第 1 期，2014 年 1 月，第 97 页。

② 董才生、闻凤兰：“网络化时代的社会信任发展趋势”，《天津社会科学》，2013 年第 5 期，第 84—86 页。

③ 费孝通：《乡土中国生育制度》，北京：北京大学出版社，1998 年版，第 10—11 页。

④ Robert Putman, “Bowling Alone: America's Declining Social Capita,” *Journal of Democracy*, issue 6, 1995, pp. 65 – 78.

络媒体在公共生活中扮演启动“良性循环”的机制，带动更高的政治信任。① 经验研究分别为积极效果和消极效果论提供了支持。

网络对公民政治参与的影响途径主要是通过网络互动表达机制和公共参与机制。政治参与通过培育公民的规则和宽容意识，以及增强公民对政治共同体的信心和乐观精神而提升政治信任。互联网被认为拓展了传统的政治参与途径，激发了公众参与的积极性，并扩展政治参与的规模。网络为公众提供相互讨论和公共表达的平台，拓展了政治互动和表达的空间，为公众和政府提供了沟通载体，公众形成对政府机构及工作人员的经验感受和理性思考；同时，网络又是公共参与机制，促进人们参与公共事务和介入政治事务，有助于提升公民精神，孕育政治信任。② 常见的网络政治参与形式包括：与官员或公务员的线上沟通、网络问政、线上监督、网络信访、结社和利用网络发起的政治运动。政治信任绝非在真空中出现或运行，与公众介入社会政治过程的方式和程度密切关联。

作为社会资本的重要维度，网络政治参与与政治信任的关系也有消极联系和积极联系两种解释。前者认为不关注政治系统的公众往往认为“政治系统没什么问题”，关注公共政策与公职人员的公众则可能认为“问题比较多”。③ 后者认为网络政治参与与政治信任存在积极的联系，政治参与体现公民对公共事务的感兴趣程度，很少参与公共活动的个体可能对政府及其机构产生更负面的印象。当公民很少参与公共生活和缺乏社会互惠体验的时候，他们也很难信任制约政治生活的制度，因为“社会成员之间的面对面的接触使得人们更好地了解对方，同时也允许他们将这种公民经历中的积极感受传播给社会及政府中的陌生人，使人们对社会和政府有更多的信任感。”④

---

① Shahdv, Holbertlr, Nojink, “*Expanding the ‘Virtuous Circle’ of Social Capital: Civic Engagement, Contentment, and Interpersonal Trust*,” The Annual Conference of Association for Education in Journalism and Mass Communication, New Orleans, LA, 1999.

② 张明新、刘伟：“互联网的政治性使用与我国公众的政治信任——一项经验性研究”，《公共管理学报》，第 11 卷第 1 期，2014 年 1 月，第 93 页。

③ 彭心安：“阶层分化与各层政治信任差异分析”，《厦门特区党校学报》，2010 年第 5 期，第 3—7 页。

④ 梁莹：《基层政治信任与社区自治组织的成长》，北京：中国社会科学出版社，2010 年版，第 27 页。

公民的网络政治参与途径实质也是对政治效能感的认知。政治效能感是公众对自己的参与行为可影响政治体系和政府决策的能力的评价，包含两个维度：内在和外在效能感。前者是个人对自己理解和参与政治能力的评价，后者是个体对自己的政治参与行为能影响政治决策的评价。[①] 公民政治效能感的增加往往推动对政府的认同与支持。政府绩效是政府在社会经济管理活动中的结果、效益及效能，体现出政府在行使其功能、实现其意志过程中的管理能力，包括政治、经济和社会领域的绩效。外在政治效能感是公众对政府在政治绩效方面评价的表征，可以此来衡量政府绩效。[②]

三、网络时代政治信任的消解及“塔西佗陷阱”

从上述政治信任的影响路径看，网络既可发挥正能量，也可释放负效应。但是，事实情况是，负效应可能多于正能量。根据国外对政治信任的测量，发现从20世纪60年代中期开始，公众对发达工业化国家的政治信任度一直呈下滑趋势。[③] 这其中不乏历史发展的原因。随着历史的前进以及政府信息的开放，大多数公众对政府的期望值越来越高，要求政府承担更多的社会管理事务，甚至一面要求政府削减税收、减少开支，同时又希望政府不断提高公共服务水平和社会福利保障。从心理学的角度来看，公众对政府的信任程度，往往与公众的期望值成反比。这意味着公众的期望越高，对政府产生不信任的风险越高。网络对政治信任的负效应同样不可忽视。

从政治信任的文化起源角度看，互联网正在破坏一些文化根基。政治信任系于社会的主流价值体系。没有一个主流的价值体系，人们无法评判自己和他人行为的价值，也无法判断自己和他人的行为后果，对行为价值的评判和对行为预期的确认是信任的内在要求。在此过程中，传统的价值

---

① Paul Abramson, *Political Attitudes in America: Formation and Change*, New York: Free Press, 1983.

② 张明新、刘伟：“互联网的政治性使用与我国公众的政治信任——一项经验性研究”，《公共管理学报》，第11卷第1期，2014年1月，第97页。

③ 耿静：“政府信任的差序化：基层治理中的‘塔西佗陷阱’及其矫治”，《理论导刊》，2013年12月，第31页。

体系和判断标准无法解释、制约和引领这些新现象、新问题和新思潮，建立在共识基础上的新秩序机制一时又难以成型。[①] 网络社会正在经历着“丛林期”的迷茫和重新选择方向的困惑。这种迷茫和困惑对权利渴求后的自我膨胀和缺乏约束，源于新旧权力关系的脆弱性和顽固性的悖论，凸显了互联网的文化危机，反映了现阶段网络社会秩序尚未确立，以及缺乏相应的文化认同的客观现实。

从权力结构角度看，网络政治加速了权力的弥散性，分解了政治信任。一方面，政府由于官僚体制的“僵硬性”或是体制性迟钝，在信息生产、传播和解释中的速度、效率都往往不及其他权力主体。这样，就可能打破政府对权力独占的局面，权力体系出现弥散，形成多个权威中心，分解政治信任。另一方面，现实世界中政治信任依托的是垂直社会权力结构，网络中政治信任形成所依托的社会权力结构则主要是水平的，政治信任在虚拟世界的适应性和有效性就会大打折扣。

从政治参与角度看，不少民众将获得事实真相、表达自身诉求的希望寄托于网络，而通过互联网表达不满，质疑政府行为的真实性和公平性，被认为直接导致了对政府信任度的大幅下降。在舆情热点事件中，公众在网上对政府的种种质疑，以及大量恶搞式山寨政治文化的流行，似乎表明公众对互联网的使用正在消解他们的政治信任。同时，现实中一些民众积累的政治不信任心理、话语和行动无法得以释放和表达，就选择通过网络以造谣传谣、骂政府骂贪官骂体制等形式来进行表达和释放，而且这样的不信任经由互联网快速传播后能够形成叠加效应，极易造成整个社会政治信任的弥漫性消解。[②]

从政府与民众的网络互动角度看，网络中信息互动的广度、速度和复杂度对信息公开以及政府回应能力构成了挑战。不仅人力上政府需要投入大量的成本甚至改进政府结构，而且技术水平也要同步跟进，才能面对社会舆论的考验和拷问。一旦信息公开不及时或传播阻滞，或者回应能力不足，就可能引发网络公共事件，并进而导致民众政治信任的消解。

---

① 蔡文之：《网络传播革命：权力与规制》，上海：上海人民出版社，2011 年版，第 116 页。

② 上官酒瑞：《变革社会中的政治信任》，上海：学林出版社，2013 年版，第 107 页。

网络时代的政治信任还出现了“塔西佗陷阱”现象。“塔西佗陷阱”是西方政治学的一个定律，用在政府公信力问题中，可表达为当政府不受信任的时候，政府怎样做都会受到公众的质疑和批评。正如古罗马政论家普布里乌斯·克奈里乌斯·塔西佗所说的“当政府不受欢迎的时候，好的政策与坏的政策都会同样得罪人民”。由于互联网环境的开放性提供了直接参与的可能，许多偶然事件与携带强烈个人情绪的言论被炒作与传播。在传播与解读的过程中，自觉弱势的公众容易形成对政府的发泄式的对立态度。政府信任就在这样的情况下逐渐衰落。而互联网能发酵公众对政府的不信任情绪，形成“塔西佗陷阱”的舆论土壤。

总而言之，政治信任是有序公共生活的润滑剂，是社会和谐与政治稳定的重要力量；优质的政治信任资源能够释放强大的正能量，在促进社会政治发展、维护社会稳定过程中发挥着重要作用。所以，政治信任是任何执政党和政府都必须倍加珍惜并长期维护的政治资源。

第二节　转型社会的政治信任与政治制度

之所以要研究转型社会及其政治信任，是因为西方许多国家在信任结构转型过程中虽然也发生过因价值失范而引发的信任危机，但这种危机并没有发展到导致整个社会生活秩序解体的程度。而后发国家的社会转型，是在外力挤压和推动下强行启动的，缺乏一个现代性因素的长期积累，因而社会转型引起的社会阵痛往往表现得极为深刻和剧烈。传统秩序与现代性因素，民族文化与外来文化的激烈冲突，使许多后发国家都发生了严重的价值失范现象，在这一过程中发生的信任危机问题，往往就表现为传统的信任秩序急剧解体，而新的信任秩序又迟迟难以确立这样一个信任秩序瓦解和信任行为失范的过程。同时，改革开放后的中国社会现正进入了一个全面的转型时期。

一、转型社会的背景与特点

社会转型时期的主要特点是从传统型社会向现代型社会的转型。总体看，社会转型通常包括体制转型、社会结构变动和社会形态变迁。体制转型如从计划经济体制向市场经济体制的转变；社会结构变动，即作为社会转型的主体的社会结构发生了整体的和全面的转型，而不仅仅是某些单项发展指标的转变，包括社会结构转换、机制转轨、利益调整和观念转变等；社会形态变迁，如从传统社会向现代社会、从农业社会向工业社会、从封闭性社会向开放性社会的社会变迁和发展。

从具体领域看，社会转型表现为经济层面的转型、社会层面的转型、政治层面的转型、文化层面的转型、观念层面的转型。

经济层面的转型通常表现为工业化和市场化。从历史发展的规律来看，社会转型的必经途径是从农业社会向工业社会的转化，工业化是西方国家即早发型国家社会所走过的轨迹，而这一轨迹迟发型国家社会是无法超越而必须经历的。经过改革开放30多年的发展，我国的经济发展取得了令世人瞩目的巨大成就，国家财富显著增加，人民生活水平大幅提高。但是在发展过程中也同时出现了城乡、地区、行业等收入差距拉大的问题，引起了一部分人的“不满”和“愤怒”，尽管他们的绝对收入和生活水平相比过去得到了很大的提高，这就是所谓的“相对剥夺感”问题。而政治权力正是对社会资源进行权威性分配的活动，它关系到社会分配的公平与公正，如果人们相对利益受损，并且认为分配不公是因为政策造成的，那么自然就会把不满指向拥有政治权力的相关部门，指向政治系统，从而形成对政治系统的消极心理反应，① 并可能威胁政治安全。

社会层面的转型主要是都市化和阶层固化现象。都市化是现代社会的重要特征。都市化水平越高，其社会结构、社会生活及价值观念就愈具有现代性；同时，都市化对社会经济的快速发展以及知识传播和科技及发展都具有明显的推动作用。阶层固化现象是社会转型的负面特点，即社会各阶层之间的不流动，特别是人数庞大的底层社会人群无论怎样努力，也进入不了占有社会相对较多经济资源、权力资源和文化资源的上层社会。阶层固化现象和改革开放的阶段相关，相对于改革开放前期较为活跃的社会

① 刘伟、晏俊杰：“社会转型时期影响政治稳定的政治心理问题探析”，《武汉理工大学学报（社会科学版）》，第26卷第6期，2013年12月，第984页。

阶层流动而言，当前我国社会的利益分配格局已基本形成并趋于固化，阶层向上流动的管道特别狭窄。[①] 阶层固化会伤害人们的自尊心，从而引起人们对于社会和政治管理的信心下降，以及产生一连串的消极政治态度和政治心理。

政治层面的社会转型表现在多个方面：首先，作为政治基质的阶级关系与阶层结构发生了巨大的变化，对这种变化的政治认知也发生了变化。一些社会阶层持续存在，一些新的社会阶层产生（如个体工商户阶层）。社会的阶级关系与阶层结构发生了转变，其利益的驱动、利益的需求和利益的分配结构也都与过去大不相同。其次，政治逐渐向民主化和社会权利分享转变，政府的职能也发生了相应的转变。民主化的政治意识逐渐渗透进入普通民众的思想意识之中。政治民主化在本质上是现代社会的一种体现，因为政治民主化程度与社会现代化程度是成正比的，民主化程度越高，相应的社会现代化程度也会越高。再次，政治的转型也体现在法制体系的逐渐健全但相应的执法制度和监督体系却未完善上，这就导致普通民众越来越对民主权利有更强的诉求，以及对法治的实施有着更强烈的渴望。[②]

文化层面的社会转型主要特点是世俗化。当社会逐步由传统性转化为现代性时，以科技水平为主要特征的社会生产力水平不断提高，人类掌握了更多更广泛的改造自然的方法和途径。在人类不断适应自然、改造自然的过程中，人们从信奉神灵转而相信科学，从相信彼岸世界的异己力量到依靠自身力量来图生存，这一过程就是世俗化。世俗化是社会进步的重要标志，既是社会转型的必然结果又是其重要标志。在世俗化的同时，转型社会还体现为人们思想观念的融汇交叉。任何国家的现代化进程不可能是在一个封闭的环境里进行。社会转型时期，人们的思想状况日益复杂，旧的观念体系受到冲击，而新的思想价值体系尚未有效确立，社会主流政治文化，以及核心的价值观体系既受到传统政治文化的影响，又受到外来异

---

① 刘伟、晏俊杰：“社会转型时期影响政治稳定的政治心理问题探析”，《武汉理工大学学报（社会科学版）》，第26卷第6期，2013年12月，第985页。

② 王君玲：《网络社会的民间表达——样态、思潮及动因》，广东：暨南大学出版社，2013年版，第63页。

质政治文化的冲击。价值观念的渗透与许多传统价值观念形成鲜明对照，并常常引起后发国家的紧张和骚动。①

社会转型在观念层面表现为理性化。在传统社会，人们之间是依靠同类意识和共同心理而联系起来，宗教或情感的因素在人与人之间的关系中发挥了重要的作用，而在现代社会，人们行为的出发点已很少是宗教性的或情感性的，更多秉持着普遍的理性原则，相互之间的联系与互动大多是理性思考的产物。随着现代化进程的不断推进，社会分化趋势越发明显，社会分工愈加精细与复杂，社会个体彼此保持了相对的独立性，人们之间因为社会分工而产生的彼此间更加紧密的依赖感而联系在一起。诚然，宗教渗透成了西方世界影响后发国家的重要工具，现代化的进程中也同时出现了一些宗教信仰的回归，但是这与人们理性化的观念转型并不矛盾。

社会转型的政治效应是双重的。一方面，这一效应可以作为积极的力量，通过体制化的方式，为各种主体力量提供参与国家治理的途径，拓展参与国家治理的空间。这就是中国社会转型期出现的民主诉求。另一方面，社会转型可能也会产生压力型的效应。换言之，在参与渠道不畅、社会诉求无法得到积极应对的时候，必然会产生一系列的社会抗争即群体性事件。因为社会转型期往往也是社会抗争频发的时期，社会转型期涉及利益的重新分配、权力的结构性转移以及社会群体的重新组合。

有学者将转型社会的特定阶段称为风险社会，认为风险社会是现代性的高级阶段，是反思现代性的阶段。风险社会也是一种转型社会，是对工业社会的否定，而“不确定性”是现代风险社会的本质表现。德国社会学家乌尔里希·贝克（Ulrich Berk）创立了风险社会理论，他将风险社会描述为“一系列特殊的社会、经济、政治和文化因素，这些因素具有普遍认为的不确定性特征，它们承担着现代社会结构、体制和社会关系向着更加复杂、更加偶然和更易分裂的社会组织转型的重任”。② 在贝克看来，风险社会的特征有以下几点：第一，风险社会的风险不同于传统社会的风险。

---

① 刘伟、晏俊杰：“社会转型时期影响政治稳定的政治心理问题探析”，《武汉理工大学学报(社会科学版)》，第26卷第6期，2013年12月，第985页。

② 宫承波、范松楠、黄晓云、王晶晶：《重大社会安全事件的网络传播》，北京：中国广播电视出版社，2012年版，第162页。

传统社会的风险多来自于自然力量或不可抗力；而风险社会的风险则来自于人类社会内部，带有鲜明的人为性，要么是科学技术的副作用，要么是决策本身，如核风险、生态灾难风险、全球经济一体化产生的全球性金融危机等。第二，风险社会的风险也不同于工业社会的风险。工业社会的风险是以事故概念为前提的，事故发生在一定的地点、时间、人群中，风险后果在一定程度上是可以由统计学加以描述和计算的，可以通过保险、保障制度等方式使其受到控制和处理；而在风险社会，其风险的后果在时间、地点和人群上都是难以预测和控制的。第三，风险社会的风险具有全球性的特征。生态危机、全球经济危机以及跨国恐怖主义是全球风险社会的三个主要危机形式。[①] 显然，全球风险社会阶段与转型社会的结合，使“不确定性”成为越来越显著的趋势，并对转型社会的国家政治发展提出了严峻挑战。

二、转型社会中的政治信任与不信任

转型社会的特征和政治信任的流失息息相关，而且进一步可能导致社会不稳定和社会危机。派伊曾分析认为，一个发展中国家的政治往往会触发六大危机：认同危机、合法性危机、贯彻危机、参与危机、整合危机和分配危机。[②] 这些危机都不同程度地蕴含着政治信任危机，至少是与政治信任流失联系在一起。政治信任是政治合法性的基础，也是推动转型发展和有效治理的根本条件；如果无法获得民众的信任支持，政治信任流失严重，执政党的执政地位就会受到挑战，有效治理自然无从谈起。

在转型社会，无论是阶层的分化、社会结构的重构还是资源与利益的重新分配，整个现代化过程必然会给整个社会的意识领域带来冲击。社会成员常常感受到与现代化过程紧密相伴的价值危机，普遍存在着对现代化后果的深切忧虑和焦虑情怀。在社会生活领域，贫困阶层和广大民众对新富群体广泛怀有敌意；在政治生活领域，被曝光的部分官僚集团的腐败行

---

① 宫承波、范松楠、黄晓云、王晶晶：《重大社会安全事件的网络传播》，第163页。

② 上官酒瑞：《变革社会中的政治信任》，上海：学林出版社，2013年版，第12页。

为激发起大众的强烈不满，由此滋生出底层对上层、民众对官僚普遍的绝望心态和愤怒。而精英阶层的结盟更是加剧了普通民众的不满以及“不公正感”。社会转型期的各种发展危机和困扰也同样导致了一部分人产生挫败感和对改变社会现状的“无力感”。例如，在网络文化中，这种对底层大众的文化认同的“想象”很快就转化成为一种“弱势道德逻辑”，并使“弱势群体”成为一种热门的身份认同。[①]

对政府的信任是政治信任的一个方面。以中国民众对政府的信任为例，除了上述常见的现代化过程中的困扰外，转型社会所带来的负面影响因素还包括：第一，政府的权责范围同政府的有限能力的不对称。一直以来，我们的政府扮演了全能政府的角色，政府独自承担了全社会的责任。这种传统政府模式在现代化的社会转型过程中常出现顾此失彼的现象，繁重的责任与政府的实际能力不相匹配，使得政府在维护自身信任方面显得力不从心。第二，利益主体多元化与旧利益分配体系之间的冲突。利益主体多元化及不同阶层的利益获取使得利益关系发生了冲突，利益分配越来越难以得到各个利益主体的认同。传统利益格局无法满足已经发生变化了的利益主体的要求，因此民众会对政府提出更多更高的要求，如果不能满足，则会对政府的利益分配机制产生怀疑。第三，政治官员腐败及其权力寻租对政府权威合法性形成冲击，并影响民众对于政府的信任。一般说来，社会转型期是最容易滋生政治腐败的时期，现代化过程中的国家相比传统国家的腐败现象更为普遍。[②] 第四，转型时期政治行为和政府活动的多变性和随意性。转型期的市场化改革往往是由政府发起的自上而下的渐进式改革。政府在社会生活中居于强势和支配地位，政府的主观随意性自然而然地出现。因此转型时期常出现政策的频繁变化，如政策调整、政策更替、政策真空、政策失误。最初，社会民众在情感性信任的作用下将政治行为和活动的错误仅仅归结为个别的、偶然的失误，但是，随着改革开放的深入，政策调整的范围、深度不断扩大，人们开始用工具的、理性的

---

① 王君玲：《网络社会的民间表达——样态、思潮及动因》，广东：暨南大学出版社，2013年版，第67—68页。

② 麻雪兰：《社会转型期中国政治信任问题的分析与解读》，华东理工大学硕士学位论文，2010年12月完成，第15—16页。

态度重新审视改革中的失误，不再简单地相信政治行为和活动中出现问题的偶然性，对政治行为和政府活动的怀疑就逐渐演变为一种较为普遍的态度，[①] 这大大影响了民众的政治信任。

有人认为转型社会的社会结构容易出现“西西里化”与建构新秩序并行的状况，并进而影响社会的系统信任。社会各个成员在经济体制转化过程中的地位不同，社会角色不同，能力不同，导致了他们的收入、获得财富的多寡出现较大的差距，出现社会的“断裂”与扭曲。“西西里化”意味着这种社会“断裂”与扭曲并不是一种暂时的状态，而是一种相对稳定的新的秩序与结构。转型社会的社会生活出现了“西西里化”与建构新秩序并行的状况。[②] 也就是说，新秩序是建立在一种畸形的社会关系和社会要素组合的基础上的，其在很大程度上是以强力和不公正为特征的。而新旧秩序的交替与纠结造成了系统信任的混乱，进而又可能导致一个以不信任为基础的社会结构的形成，并产生相关的社会问题和政治发展问题。

社会转型过程中政治信任与政治不信任是并存的。政治信任直接关系到政治发展、政治稳定、社会成长以及和谐社会的建设。如果社会信任是维系社会秩序的底线，那么政治信任则是政治权力和政治制度合法性的基础。在中国政治体制改革逐渐进入深水期时，政治信任作为一种软政治力，其正面作用对于我国政治文明建设、公民社会的培育以及达到善治都有重要的意义。

社会转型期并不意味着政治信任危机，尽管社会转型期涉及利益的重新分配、权力的结构性转移以及社会群体的重新组合，往往也是社会抗争频发的时期。社会抗争或集体行动的频率越高、规模越大并不一定意味着政治信任的危机就越严重。美国杜克大学政治学教授史天建曾分析了 1993 年至 2003 年间中国民众政治信任的发展与变化，他认为民众对政府的信任度是呈下降趋势的，世界的情况也大致如此，但并没有影响到整个国家的稳定。他指出，我们在看待民众政治信任时，需要区分民众是对政治制度

---

① 陈尧：“社会转型期政治信任结构的变化”，《中国浦东干部学院学报》，2009 年 7 月，第 3 卷第 4 期，第 68 页。

② 王君玲：《网络社会的民间表达——样态、思潮及动因》，广东：暨南大学出版社，2013 年版，第 63 页。

不信任，还是针对政府官员的不信任。显然，多数人是信任政府的，只是不信任官员而已，对官员信任下降并没有导致对制度的信任度下降。①

同时，对转型期国家而言，政治信任并不一定都是积极的，政治不信任也未必都是消极的。在政治学领域里，政治不信任作为一个政治概念对政治制度的设计、建设和运作有着积极的作用。改革开放以来，在政治制度建设中，问责制度和质询制度是以政治不信任的预设而制定的，而这个制度设计的预期目的是要达到政治信任的社会效果。转型期的政治过程中，政治不信任的积极作用从某种意义上说还表现在它对政治体制改革的推动作用。事实告诉我们，在政治体制改革中，许多重大改革都起始于对传统政治体制的政治不信任。当然，这样说，不能由此简单地认为政治不信任是政治体制改革的根本动力，否则就可能陷入政治虚无主义。在政治学理论上，政治信任和政治不信任都是认识和分析工具。②

政治不信任在民主制度中是公民的一项政治权利，而且作为公民权利表现形态的政治不信任是有法律和制度保障的。选举权、表决权、知情权从根本上说都是承认了公民有保留政治不信任的权利。但是政治不信任对于转型社会而言，也同时和社会稳定和政治发展紧密关联。当人们失去政治信任时，不仅对国家制度和政府能力产生了越来越多的不安和怀疑，而且开始把屡屡出现的因无良商家和逐利者以及市场某些无序环节造成的种种“乱象”都惯性地归因于政府，进一步恶化政治发展环境。

三、转型社会的政治制度安全与网络风险

政治制度是政治安全和政治发展的核心内容之一。政治安全的核心内容就是维护国家的政治稳定，其中包括政治制度的稳定、国家的统一、社会的安定等等。政治制度是围绕政治活动而形成的所有政治体制的总称，通常是指国家政权的组织形式，即政体；广义上包括政治领域的各项制

---

① 刘建军：“论社会转型期政治信任的法治基础”，《文史哲》，2010 年第 4 期（总第 319 期），第 161 页。

② 曹沛霖：“社会转型中的政治信任与政治不信任——政治学分析视角”，《中国浦东干部学院学报》，2009 年 7 月，第 3 卷第 4 期，第 45—46 页。

度。政治制度安全是指国家政权和反映国家根本性质的政治制度不被破坏，并使其保持稳定和发展。[①] 按照“制度供给不足论”的观点，社会政治秩序的不稳定，群体性事件的频发，表明该社会政治制度化水平相对落后，不能将社会需求纳入日常的制度化轨道，以致形成社会矛盾的纠结和“总爆发。”[②]

一方面，政治信任是政治制度安全的重要保障。政治信任是社会成员对于政治系统的一种相信和托付的心理反应。政治信任心理历来是政治系统获取其合法性的社会心理基础，是政治系统得以存续和进一步发展的重要保障。政治信任的对象按照由低到高顺序，通常可以分为几个层次：政治行为和活动、政治行为者、政策、政府和政治制度。如果公民对政治系统高度信任，包括对于执政党、政治领导人、政治制度、政治决策等持有信任的心理与态度时，不仅会在政治行为上表现出理性和配合，在制度和法律范围内参与政治，而且即便是在经济发展的低潮时期，或是因为政治决策的失误而导致个人利益暂时受损的情况下，也会选择原谅和容忍。

反之，如果政治信任度低，公众与执政党、公众与政府的情绪就极易对立，哪怕是极小的矛盾和失误，都会引起社会的震荡。[③] 对高层次的制度不信任意味着对所有低层次的政治对象从根本上不信任。而对政治行为、政治行为者及政策的不信任逐渐累积将动摇对政府乃至制度的信任。持续出现的政策不合理、经济问题突出、社会不稳定，必然将上升到对政府和制度的不信任，进而影响政治制度安全。“得民心者得天下，失民心者失天下”，任何政治集团要想取得并长期维持政权都必须顺应民意、赢得民心，获得民众的政治信任。

另一方面，在影响政治信任状态的诸多因素中，制度是最关键的因素。制度培育政治信任，也塑造了政治信任的模式和结构。制度的本质是对个人行为和社会关系的约束和控制，它通过形塑个体或群体的选择从而

---

① 刘跃进：《国家安全学》，北京：中国政法大学出版社，2004 年版，第 111 页。

② 何显明：《群体性事件的发生机理及其应急处置——基于典型案例的分析研究》，上海：学林出版社，2010 年版，第 50 页。

③ 刘伟、晏俊杰：“社会转型时期影响政治稳定的政治心理问题探析”，《武汉理工大学学报（社会科学版）》，第 26 卷第 6 期，2013 年 12 月，第 983 页。

影响整个社会的运作。对处于社会共同体中的民众个体而言，制度造就了一种事实上的稳定的客观秩序，这种客观秩序帮助他们减少行动上的不确定性和潜在风险，帮助他们产生一种稳定的心理期待，这种心理期待就是信任。制度是人类信任的基础，也是政治信任的基础。公民只有对某一制度达成认同和信任，才能在心理上和行为上积极支持，在制度执行的过程中增大自觉性，制度才会得以延续下去。反之，如果公民对制度的信任度不高，制度就会丧失权威性，失去存在的意义，制度就难以为继。一种有效的政治制度，必须要有来自于社会成员足够的政治认同和信任意识的支持，否则，制度安排就会成为一种异己的力量，不能有效地内化为社会成员自觉的价值尺度和行为准则。

政治合法性认知是政治信任的体现，也是政治制度安全的支撑。S. M. 李普塞特认为："合法性是指政治系统使人们产生和坚持现存政治制度是社会的最适宜制度之信仰的能力。"① 转型社会合并网络时代的特征，给政治合法性形成了挑战，并进而可能影响政治制度安全。

其一，网络时代影响执政绩效的不确定因素增多。对于任何一个政治系统来说，它的合法性的建立和巩固，都离不开统治有效性的支撑。正如S. M. 李普塞特认为的那样：有效性一旦丧失，或长期丧失，则会危及一个合法系统的稳定性。应该说，现代化的进程大大提高了人民的生活水平。然而，网络时代的信息跨国流动却使一些民众往往忽略历史的纵向比较，而过多地注重与发达国家的横向比较。同时，网络还使经济发展过程中的社会公正问题与贫富分化现象被人为放大。这在某种程度上加大了进一步提高执政绩效的困难。此外，网络时代的信息开放还使人们对政府的期望越来越高，政府出现一定程度的"超载"现象，政府有限的能力不足以完全满足人们无限增长的需求，出现政府与民众的"供求错位"并导致人们对政府预期的失望，从而可能陷入亨廷顿提出的合法性的"政绩困局"。

其二，网络时代的社会结构分化侵蚀组织合法性资源。合法性产生于

① ［美］S. M. 李普塞特著，张绍宗译：《政治人》，上海：上海人民出版社，1998 年版，第 55 页。

公众的普遍遵从与认同，但并不能掩盖社会不同阶级、阶层的利益分化和价值观差异的巨大影响。在李普赛特看来：合法性危机产生于向新社会结构过渡的时期，新社会结构建立以后，如果新制度在足够长的时期内不能满足主要群体的期望以便在新基础上树立合法性，就会产生新的危机。[①]当前我国社会政治经济正面临着全面的转型，社会分工的日趋精细化和专业化带来了社会结构的多元分化。这种阶层结构的变化及其所带来的政治地位的诉求又进一步被网络传播和网络政治参与所放大。

其三，网络推动了正义模糊性、正义相对性和正义特殊性，威胁了政治合法性的总体正义基础。借助网络世界而形成的民意几乎成为正义的唯一代言人，网络民意成为群众政治的重要表达形式。然而，反理智论和反理性主义是群众政治的重要组成部分，他们对复杂政治问题的简单处理和简单回答，常常代表着一种激进的极端力量和民粹意识。更令人担忧的是，代表法律权威的公共机构在庞杂的民意面前可能无所适从。公众机构的裁决如果陷入对激情民意的迎合中而远离了总体正义的标准，那么中国持久性的政治信任非但建立不起来，反而会成为激发新的社会抗争的渊薮。[②]

此外，网络可以推动社会转型中的三重效应：[③] 一是晕轮效应。它是社会心理学的范畴，本意指对别人知觉的一种偏差倾向。这里是指由于西方现代化国家高度发达的物质生活与中国传统社会低水平生产力条件下的物质生活形成十分强烈的反差，很容易把西方现代化国家的一切东西都看成是先进和美好的而盲目仿效的倾向。二是瀑布效应。这意味着平缓里蕴含着危机，一遇到挫折，社会运行犹如脱缰野马呈失控之势。三是葡萄串效应。这主要指社会转型中每一结构的变动将引起其他结构及整个社会系统的变动，产生一系列连锁反应，所引发的矛盾和问题是一个接一个，犹如葡萄串一样，往往旧的矛盾和问题尚未解决，新的矛盾和问题又不断涌

---

① 桑雷：“转型期中国共产党重塑执政合法性的思考”，《湖北行政学院学报》，2012 年第 1 期，第 37 页。

② 刘建军：“论社会转型期政治信任的法治基础”，《文史哲》，2010 年第 4 期（总第 319 期），第 167 页。

③ 上官酒瑞：《变革社会中的政治信任》，上海：学林出版社，2013 年版，第 6 页。

现出来。

综上所述，网络时代的转型社会面临着政治信任挑战和政治制度安全挑战，政治信任的建设成为国家政治发展的重要内容。然而，在社会深刻变动的条件下，建设高度政治信任的历史条件和现实基础已不复存在，转型社会的政治信任存在有限性。现代化的基本规律、后物质主义价值观的发轫、网络“广场政治”的出现等因素，规定了建设高度的政治信任不太可能。[①] 政治信任建设的目标不可能也没必要完全消解民众的不信任，而是不断提高政治信任的修复能力，降低政治信任流失可能造成的社会与政治风险。

第三节　案例分析——中东、北非政局动荡背后的网络因素

2010 年 12 月 17 日，突尼斯一名叫穆罕默德·布瓦吉吉的大学生为了抗议警方阻止他贩卖水果蔬菜谋生，自焚身亡。该事件激发了突尼斯民众长期以来一直被压抑着的对突尼斯国内失业率高涨、物价飞涨以及政府腐败的不满情绪，在短时间内迅速发展蔓延成为全国性的骚乱，并不断发生暴力冲突，演变成了突尼斯的“茉莉花革命”，统治突尼斯 23 年的总统本·阿里逃亡出国，本·阿里政权倒台。受其影响，埃及亦爆发了大规模的反政府示威，2011 年 2 月 21 日，在位 30 年的政治、军事强人穆巴拉克下台。其后，阿尔及利亚、利比亚、阿曼等国家也先后发生了一系列旨在推翻现有政权的抗议示威活动。对于这些国家爆发的来势猛、蔓延快、烈度强、影响大，让本国政府甚至国际社会出乎意料和措手不及的运动或事件，诸多学者从各层面对其触发或作用要素进行了分析，如经济欠发展、两极分化加剧、社会公平缺失、腐败泛滥、民生凋敝等国内因素，西方国家干预的外部因素以及导火索事件出现的偶然因素等。而观察各运动过程，会发现其中都有网络的影子，没有网络，运动很难发生，也无法产生

① 上官酒瑞：《变革社会中的政治信任》，上海：学林出版社，2013 年版，第 3 页。

连锁效应。由此，这些国家的运动又被称为“维基革命”、“脸谱革命”、“推特革命”等。

一、网络破除了领导人正面形象，推动了反抗性情绪的出现和累积

在互联网新的应用形式不断出现并在中东国家普及的态势下，一方面，网络成为西方国家评议、揭露诸多政治事件、现象、问题的手段，民众知道了这个国家中存在诸如腐败、暴力、政权冷漠、无能、内部分化等问题，使得民众对国家现政权产生了失望、不满情绪，这些情绪由网络而触发，并因网络而传播和累积；同时网络上也出现了大量宣传西方价值、观点、政治见解的话语等，民众对国家政治状况及对其他国家政治体制、观念的优势或表象上的先进性有了更多认知；另一方面，中东北非等国家反政府或对政府不满的力量注意到网络存在巨大威力，网络成为本国不满政府统治力量进行动员和抗议的平台，民众迅速将不满通过网络爆发出来，并利用网络广泛传播。①

近年来，在西方互联网企业推动下，中东国家积极发展互联网及其应用，互联网在该地区民众中普及率不断提高。一些新的应用形式在中东国家也出现并广受欢迎，呈现普及趋势，如推特（Twitter）、脸谱（Facebook）、优兔（YouTube）、聚友（Myspace）等应用形式在中东国家有很高知名度和使用率。

突尼斯的国花是茉莉花，因此这场发生在突尼斯的冲突被称为“茉莉花革命”。对于这场革命，人们归咎于本·阿里家族的腐败、失业率高、食品价格上涨，以及全球金融危机冲击等。不过，在诸多因素背后，互联网发挥着煽风点火的重要作用，推动了反抗性情绪的出现和累积。美国《外交政策》杂志称，维基解密曝光的外交电报是突尼斯革命的催化剂，称得上是世界首场“维基革命”。② 2010 年 11 月 28 日晚，维基解密陆续公

---

① 方付建：“中东政局动荡中的网络因素”，《学习月刊》，2011 年第 11 期上半月（总第 493 期），第 32—33 页。

② 东鸟：《2020，世界网络大战》，长沙：湖南人民出版社，2012 年版，第 366 页。

布美国外交电报，包括有关突尼斯政府腐败的外交电报。外交电报对本·阿里家族腐化生活和贪污腐败的批评，以及赤裸裸的腐败细节，激发了民众的不满情绪并最终导致了街头革命。此前，民众对本·阿里家族的腐败已早有耳闻，但“维基解密”曝露出来的细节最终促使他们走上街头。

事实上，2010 年维基上爆发了对诸多国家影响深远的“维基解密”事件，虽然“维基解密”事件中西方诸国也受影响，但发展中国家尤其是中东国家受“维基解密”事件影响较大。通过维基解密，中东国家领导人及其亲属等贪污、腐败、腐化、奢侈等事件被曝光，且曝光的事很快在中东国家民众中传播。而中东国家领导人的信用、形象等危机更引发了民众对领导人腐败乃至现政权的不满、愤怒甚至反叛、反抗等情绪，且这些情绪在急剧累积，由此成了后续诸多运动、革命的社会基础情绪。除了在事件起始阶段外，网络在事件过程中也会刻意制造某些元素促进情绪累积和爆发。对于突尼斯摊贩非正常死亡事件，被殴打摊贩的遭遇反映或折射了不少民众在现实中的处境。当网络爆料这一信息并刻意呈现弱者无助和强者暴力时，民众的愤怒情绪被激发。

在中东变局中，网络还被用来构建抗议者的政治想象。在埃及动荡中，埃及网民在网上发起“我们都是萨伊德”的口号，描绘并让人们想象自己也会面临萨伊德式的遭遇或命运，给人带来了强烈认知暗示和心理震撼，获知者情绪也因网络口号而被点燃并交互化、共鸣化。[①]在埃及变局之前，通过上网冲浪、参与网络论坛、撰写博客、注册 Facebook 等虚拟社交网络账户，包括埃及年轻人在内的中东年轻人，已经表现出一定程度的政治主体性。不过这种政治主体性反映的往往只是年轻人向往个人自由、张扬年轻人个性的要求，此时还未体现出要求推进政治变革、组建自治共同体的特征。然而，在变局中，抗议者在网络空间的言论比较典型地体现了新的政治想象的出现。在埃及变局的 18 天里，埃及的抗议者在虚拟社交网络发布了大量混杂了情况描述、规范期待、情感表达等内容的言论，其主要作用在于分享信息和表示团结。在这些言论中，“埃及”、“革命”、“解

---

① 方付建：“中东政局动荡中的网络因素”，《学习月刊》，2011 年第 11 期上半月（总第 493 期），第 32—33 页。

放广场”、“穆巴拉克”构成了关键词，而反映出来政治想象的信息包括：“是时候回家与你的兄弟姐妹们在一起了”、“穆斯林与科普特人在新埃及中携手前进”、“利比亚与埃及心手相连，独裁不止、革命不息”等。[①]

二、网络消除了沉默的大多数，提升了民众政治参与的热情和效能感

网络不仅使得反对派寻找到了反对现政权的突破口，也找到了发动民众的有效通道。如果说在过去的政权下，民众属于“沉默的大多数”，但网络使这些“沉默的大多数”变成了“言说和行动的大多数”。例如埃及，在现实空间中多数年轻人没有参加过选举和政治集会，而网络则可使他们畅所欲言，广泛参与。从年龄结构看，中东国家政治动荡参与者以 20 岁到 30 岁年轻人为主，并充分发挥了其“微型权力”的效用。[②]

在中东北非动乱中，互联网等新媒体成为舆论动员、民众串联的主要工具。由于这些国家缺乏政治民主，意见表达渠道严重堵塞，民众只能通过网络发表自己对时政的看法。而抗议的主力是年轻人，他们大多数也是互联网和手机用户，他们通过脸谱、推特或手机短信交换信息，组织策动示威活动。潜在的社会运动参与者，特别是其中的积极分子，通过网络绕过政府的审查或在政府允许的范围内，比较有效地交流对政治问题的看法，甚至在必要的时候进行政治动员。

在埃及、突尼斯、约旦、叙利亚等中东国家，虚拟空间在促进民主、了解政治局势、发现反政府偏好的存在状况，并通过互动形成虚拟共同体，从而联合起来发动抗议活动的过程中发挥了重要作用。《互联网幻象：互联网自由的阴暗面》一书的作者叶夫根尼·莫洛佐夫说：“使我震惊却又让我迷惑的是，突尼斯人更容易从网上而不是周围人的口中了解示威信息。我不知道推特和博客信息会给人们增添多少怒火。”警察在偏远小镇

---

① Zizi Papacharissi and Maria de Fatima Oliveira, “Affective News and Networked Publics: The Rhythms of News Storytelling on Egypt,” *Journal of Communication*, Vol. 62, No. 2, 2012, pp. 10 – 11.

② 方付建：“中东政局动荡中的网络因素”，《学习月刊》，2011 年第 11 期上半月（总第 493 期），第 32—33 页。

朝示威者开火的事情，过去只能有一些只言片语的传闻。现在，脸谱将Tala小镇发生的血腥事情带到首都，帮助人们建立起反抗联盟。在突尼斯“茉莉花革命”中，以“阿里”为首的15名网络活跃分子组成的SBZ新闻（SBZ News）团队，突破政府当局对脸谱等社交网站的封锁，把从全国各地收集到的新闻报道、图片和视频张贴在脸谱上，同时通过推特进行更新，该团队的脸谱页面成为“茉莉花革命”中突尼斯境内民众最主要的信息来源。

埃及的反政府示威主要是通过社交网站和个人博客完成的。意见领袖和普通网民通过发酵反政府思想，聚集反政府力量，组建网络组织。当民众走上街头之后，街头政治遂与网络动员结合，使互联网成为召集、动员和指挥示威活动的有力工具。抗议示威活动的主要推动力量有三个组织：具有“穆斯林兄弟会”背景、擅长利用网络进行政治动员的KIFAYA组织；由基于脸谱、支持埃及工人罢工产生的“4月6日运动”组织；声援2010年6月被警察打死的青年而形成的“我们都是萨伊德”组织，后两个都是在社交网站上形成的虚拟组织。①

网络新媒体在埃及革命中无疑成为汇聚抗议力量的重要工具，许多人将埃及人起义归功于互联网、脸谱（Facebook）和推特（Twitter）等新媒体和公民媒体，甚至有人称其为“脸谱革命”。穆巴拉克下台之际，甚至说出自己“被脸谱谋杀”。首先，新媒体成功地放大了反对派的力量与声音，使得反抗运动的人数迅速达到关键多数，横扫全国，挑战并动摇了穆巴拉克总统的根基；其次，通过脸谱、推特等新媒体完成了抗议示威的前期策划与动员任务；最后，在示威抗议运动中，新媒体放大了参与者对自身力量的预期，并被用来鼓舞士气、汇聚抗议力量。

新媒体对人气的聚集起了非常重要的作用。通过手机发送推特，上传实时图片，引起讨论和关注之后，能够有效地让参与者确信：大量“人气”正在被吸引过来，形势正在朝有利方向发展。这就能够让参与者感受到自己具有“力量”和“重要性”，从而为示威的持续提供新动力。另一方面，短期内密集出现和发布的有关示威者的消息，尤其是诸多标识“示

① 东鸟：《2020，世界网络大战》，长沙：湖南人民出版社，2012年版，第366—369页。

威取得成功”的消息，能够鼓动和吸引立场摇摆的旁观者加入游行。埃及游行开始之后不到48小时，借助推特，一则“穆巴拉克总统之子已经逃离埃及”的消息开始通过网络空间疯狂传递。尽管不到24小时美国哥伦比亚广播公司（CBS）就通过美国驻开罗使馆确认这是一则谣言，但支持者仍然坚信不疑地传递这则源自美国某阿拉伯网站的谣言，这对巩固早期示威者的信念起了重大作用。[①] 此外，由于网络，民众还知晓了其他国家政治事件，且知晓了其他国家政治行动成功推翻了现政权。由此，民众认为通过自我积极作为可改变现政权，从而产生了改变本国政权的兴趣。2011年1月25日上班高峰时间，埃及的网民们走上街头，一边呼喊着“穆巴拉克，下台，下台”的口号，一边向道路两旁围观民众介绍突尼斯人的“革命经验”，即“他们能行，我们也能行。”[②] 突尼斯事件的出现及其效应通过新媒体迅速在中东其他国家引发关注，这些国家的民众从突尼斯事件中得到启示，于是开始推动本国社会运动和革命，民众将这些倡议或观点发布到网络，并通过网络广泛传播，进一步推动了人气的聚集。

三、网络颠覆了传统政治控制机制，推动了危机升级

互联网时代，被集权控制的信息场域受到挑战。网络颠覆了传统政治控制机制，政府作为“把关人”功能严重削弱。“把关人”的概念，最早是由美国学者库尔德·卢因提出来的，是指一定的信息是否进入某种特定的渠道或是否继续流通，总是取决于传播者的意愿。传播学把在信息传播途径上工作的新闻记者、编辑、节目制作人员都称为“把关人”，他们对信息进行选择，决定取舍，决定突出处理及删节哪些信息或其中的某些方面，决定了向传播对象提供哪些信息，并试图通过这些信息造成某种印象。在网络传播出现之后，传统媒体“把关”功能已经开始削弱，政府在互联网传播中的直接控制力也相对减弱。正如克林顿就任总统时所称，对

---

① 郭子贤：“社会危机事件中的媒体管理——从北非中东动乱说起”，《文史博览（理论）》，2011年7月，第40—42页。

② 魏超：“新媒体的‘双刃剑’性质——论网络社交媒体对中东变局的影响”，《新闻界》，2011年第5期，第89—91页。

互联网的控制是把果冻钉在墙上——白费工夫。

网络社交媒体的出现对政府的“把关人”功能形成了颠覆性的冲击。网络社交媒体的信息资源全球联通，受众直接面对广泛而丰富的信息资源，能够自由地通过各种工具检索和查阅各种信息；网络社交媒体的信息空间高度开放，任何人不分国籍、民族、政治立场、意识形态，都可以进入各种社交网站自由获取和传播信息；网络社交媒体的传播方式和特点决定了在网络传播中没有统一管理及控制信息系统的“把关人”，不存在可以对信息进行监控、审查的中心阻塞点，网民可以利用代理服务器绕过封锁，也使得网络管理人员切断信息的流向更加困难。因此对网络社交媒体传播的“信息把关”、“信息过滤”，这实际上已经成为不可能完成的任务。

网络社交媒体去中心化的模式使屏蔽网站变得毫无意义，也使得政府对于网络信息传播的“把关”功能被严重削弱。在突尼斯政局突变之前，该国政府对当地新闻媒体严格管制。然而短短几天内，网站上便出现了大量的用手机、相机及 DV 拍摄下的游行现场画面，不少当地人承认，网络社交媒体在这场政局突变中起到了推波助澜的作用。网络的迅猛发展使得该国安全形势变得更加错综复杂，网民通过社交网站脸谱（Facebook）、微博网站推特（Twitter）、视频网站优兔（Youtube）等新兴媒介发布信息，分享图片、视频，组织抗议人群。随着抗议路线渐渐蔓延开来，网络社交媒体越来越难以控制。

突尼斯政府屏蔽抗议者建立的新闻网站和脸谱网页，封锁国外媒体网站，如 France14、BBC 半岛电视台等。但是，民众还是通过群发手机短信、“翻墙”、代理、加密和 VPN（虚拟专用网络）绕开网络封堵来发布微博信息等方式进行沟通和交流，这也是在突尼斯政府对互联网采取管制措施后局势依然失控的原因。国际力量也为抗议者突破网络管制提供了大力协助。“洋葱头”路由器网络（源于美国国防部技术项目），专门为突尼斯民众提供“翻墙”服务，数据流量大幅增加。脸谱为突尼斯版本加入安全程序，使用加密的 HTTPS 端口，防止突尼斯警察窃取用户账号。“匿名者”组织发动了代号“突尼斯行动”的网络攻击，对总统府、总理府、外交部、网络监管署等 8 个政府网站实施分布式拒绝服务攻击，建立“突尼斯抗议者急救箱”网页，介绍如何制造防毒面具、突破网络审查、使用代理服务器等。①

在埃及政局动荡中，2008 年 6 月，埃及总统穆巴拉克曾一度考虑关闭脸谱（Facebook）在埃及的业务，但为时已晚。早在 3 月，埃及人艾哈迈德·马希尔和他的朋友就发起了一个脸谱的组织，以促进抗议计划在 4 月 6 日施行，很快吸引了 70000 多名成员。艾哈迈德·马希尔和他的朋友就是利用脸谱、推特串联，抗议埃及政府。4 月 7 日，数千名埃及人都接到电子邮件、SMS 或者口头通知，要求他们参加抗议活动。② 抗议活动爆发后，埃及的网络活跃分子又通过电子邮件与社交网站脸谱等做了即时报道，将最新动态和警方的逮捕行动告知全球。尽管埃及政府迅速向全国各地增派防暴警察和安全部队，但是仍然没有有效阻挡网络动员下的抗议示威活动。

四、网络提供了境外力量以网络煽动与颠覆的机会，助推了危机发展

在一个小事件引发一国政治动荡直至多国政治动荡的过程中，西方大国扮演着幕后助推者角色。一方面，西方大国利用新媒体诸如微博、脸谱等传播动荡信息，并允许散播动员性话语、观点及反政权性话语传播，并大肆渲染不满情绪；另一方面，西方大国为反政府力量提供与外界沟通的不受政府控制的通道，通过触及不满情绪而推动民众更多应用新媒体，让新媒体成为人们形成联络、动员甚至走上街头的有效媒介。在中东、北非政局动荡的背后，网络成了西方国家煽动与颠覆中东“独裁国家”的突破口。

西方国家开发的社交网络也为中东政局变革搭建了平台。在埃及政治动荡的起始阶段，谷歌公司北非和中东市场主管古奈姆在脸谱上建立“我们都是哈利德·萨伊德”网页，纪念被警察打死的年轻人萨伊德。该网页迅速传播，获得大量网民响应，数天内追随者接近 100 万，埃及抗议活动

① 东鸟：《2020，世界网络大战》，长沙：湖南人民出版社，2012 年版，第 366 页。

② 东鸟：《中国输不起的网络战争》，长沙：湖南人民出版社，2010 年版，第 113 页。

的网络平台由此形成。因此，当网上出现一则“穆巴拉克总统之子已逃离埃及”的消息时，借助社交网站平台，这一后被证实为谣言的消息在埃及民众间广泛流传，成功地放大了反对派的力量与声音，挑战并动摇了穆巴拉克政府的基础；同时也放大了参与者对自身力量的预期，挑战了试图掌控局势的各种政治势力。[①] 其后，当脸谱上出现“你们 1 月 25 日去游行吗?”的一个提问时，短时间内有超过 9 万埃及网民在脸谱上留言表示支持，“群体极化”现象迅速形成，并最终导致在 2011 年 1 月 25 日爆发了埃及国内 30 年来最大的反政府抗议活动，要求穆巴拉克政府下台。

在突尼斯政局动荡过程中，美国国务院开始加强了对推特和其他社交媒体的利用，试图通过网络传递声音和影响力。2011 年 1 月，美国国务院发言人菲利普·克劳利（Philip J. Crowley）多次在推特上回应传言，阐述美国政策立场，呼吁突尼斯当局保持克制并推行改革。推特这一类的工具能够在传统媒体被屏蔽的时候发挥重要作用。比如在突尼斯，克劳利能与当地人民直接通过推特进行沟通。克劳利还在推特上对关注者透露，美国国务卿希拉里呼吁突尼斯总理穆罕默德·加努希（Mohamed Ghannouchi）迅速进行政治和经济改革。美国官方的这一系列举动，无疑对突尼斯国内网络舆情的生成、放大与激化起到了推波助澜的作用。

在目睹网络社交媒体帮助群众运动推翻突尼斯和埃及的政权后，美国国务院开始利用微博网站推特鼓励伊朗的反对派力量。伊朗动乱开始后，美国国务院在两个推特账户上用波斯文发布消息。一条消息说：“我们希望加入你们的对话。”还有一条说：“美国呼吁伊朗允许人民享有和平集会和示威的普遍权利。”美国国务院发言人哈默说，政府的推特项目与美国外交是一致的，在伊朗人反对内贾德政权的斗争中，提供了与伊朗人更直接的接触方式，“我们希望确保伊朗听众、特别是年轻人能听到我们的观点。由于伊朗政府实际上实施了新闻封锁，我们正在寻找让所有伊朗人明确了解我们立场的方式”。[②]

事实上，在危机发生前，网络就被西方国家用作进行意识形态渗透和

---

① 沈逸：“不确定的双刃剑：新媒体与埃及变局”，《联合早报》，2011 年 2 月 8 日。

② 魏超：“新媒体的‘双刃剑’性质——论网络社交媒体对中东变局的影响”，《新闻界》，2011 年第 5 期，第 89—91 页。

情绪煽动的工具。使用网络媒体者多为受西方价值观影响较深、易于冲动的年轻人。西方国家正是利用了新媒体的这些特点，成功地对北非中东国家展开了信息战。美国国务卿希拉里·克林顿上任之后大力推行“E外交”和“互联网自由战略”，十分重视利用社交媒体网站脸谱、视频共享网站优兔、图片共享网站Flickr和微博网站推特等平台传递外交政策信息，并声称要以网络力量来应付那些打压国内媒体的国家。

美国在线透露，美国情报机构为了配合在全球范围内进行“非暴力政权更迭”策划的机构——“爱因斯坦研究所”的活动，针对年轻人利用互联网手机的偏好，专门开发各种最新通信工具。美国兰德公司把这种战术称之为“蜂拥而至”，意指年轻人通过发送短信或互联网互相联系，蜂拥聚集在一起，听从更迭政权的命令。一直以互联网和计算机技术研究著称的劳伦斯利弗莫尔国家实验室也认为，随着互联网、手机短信的兴起，蜂拥而至的“愤怒青年”变得更为有利可图，完全可在数字空间中创造出政治集会效应。①

西方国家还通过各种组织为中东等国家年轻人提供突破网络封锁的技能培训。“坎瓦斯”，全称“非暴力行动与战略应用中心”，成立于2003年，创始人为斯尔德亚·波波维奇，其创立的“抵抗”组织于2000年参与推翻米洛舍维奇政权。“坎瓦斯”主要任务是培训各国“持不同政见者”。2003年格鲁吉亚“玫瑰革命”，2004年乌克兰“橙色革命”，黎巴嫩、马尔代夫政治运动的组织者，以及2011年发生动乱的埃及、突尼斯部分反对派也曾接受其资助和培训。除了传授筹集资金、壮大队伍、进行谈判等技巧，以及如何获得年轻人支持、利用社会媒体、挨家挨户进行动员的经验外，“坎瓦斯”还提供如何应对催泪瓦斯及规避网络审查等基本技能，这些技能通过社交网站在突尼斯、埃及及其他北非中东国家广泛传播。②

综上所述，网络在中东北非变局中发挥了很重要的作用。当然，不可不提的是，如果将网络视为“革命”成败的决定因素，也会高估其意义，

---

① 东鸟：《中国输不起的网络战争》，湖南：湖南人民出版社，2010年版，第58页。

② 东鸟：《2020，世界网络大战》，长沙：湖南人民出版社，2012年版，第344—345页。

并重现中东研究的“结构偏见”而看不到人们的能动性。事实上，除了通过虚拟社交网络动员和组织社会抗议活动之外，发起中东变局的年轻人还在现实抗议中承担了大量的组织协调工作，中东地区既有的各种社会网络（如家庭、邻里、同事、朋友、行业等）也被动员起来，构成中东变局抗议规模超越以往的决定性原因。① 但无论如何，网络在中东北非变局中的作用不可忽视，也对其他社会转型中国家有着重要的警示意义。

---

① 曾向红、杨恕：“中东变局的发展过程、动力与机制研究——以埃及变局为中心”，《世界经济与政治》，2013 年第 1 期，第 57 页。

第五章
网络时代的政治认同与意识形态

第一节　网络时代社会结构“马赛克化”与政治认同的分解

政治认同是人们在社会政治生活中形成的一种对国家、政党、政治思想在感情和意识上的归属感。政治认同是社会政治生活中的重要概念，强调的是公众对于政体、执政者、政治制度等的心理认可和情感归属。政治认同是执政者及其政体获得政治合法性的基础，而政治合法性是保证政体稳定、政治活动正常运行和政策稳定推行的前提条件，是所有执政者需要首先面对和引起高度重视的问题。

一、政治认同的生成逻辑、功能与特征

政治认同是认同的一个方面。所谓认同，就是指行为者所具有和投射的一种个体性与独特性的想象，它通过与有意义的“他者”发生关系而形成，并持续地被改进。[①]“认同建立在互动关系之中，任何层面上的认同，只能在与‘其他’（如其他的人、部族、种族或文明）的关系中来界

① Peter J. Katzenstein, *The Culture of National Security: Norms and Identity in the World Politics*, New York: Columbia University Press, 1996, p. 59.

定”。[1]

一般认为，政治认同的概念最早由美国学者威尔特·罗森堡姆提出。罗森堡姆在1976年出版的《政治文化》一书中指出：“政治认同，是指一个人感觉他属于什么政治单位（国家、民族、城镇、区域）、地理区域和团体，这是他自己的社会认同的一部分。这些认同包括那些他感觉要强烈效忠、尽义务或责任的单位和团体。”[2] 政治认同的本质是政治共同体的成员对该政治共同体的认可与支持的程度，是人们对所属的政治系统的归属感及依附感，是人们基于政治认知基础的对于政治系统与政治生活的一种价值判断和行为倾向，是一种肯定与否定、赞成或反对、接受或抛弃的心理综合反映。作为社会成员重要的政治活动，政治认同具有特定的作用对象，即政治体系及其运作；具有特定的活动目标，即通过影响政治体系决策而试图增进认同主体的利益；具有特定的方式，即通过对政治体系的合作和支持，来保障自身的利益。

政治认同的生成逻辑中，利益是政治认同的起点。公民对一个国家政治体系的认同，往往也是根据自身利益而判断的，认同程度取决于各自利益的满足和实现程度。因为公民把权力交给某一政体，其目的就是为了让这一政体为公民带来幸福的生活，使公民的衣食住行情况都能得到基本的保障。利益关系是政治认同的主轴。政治体系要想获取公民的政治认同，最直接、最有用的办法，就是做到调整社会利益分布格局，缓和利益冲突，化解利益矛盾，在社会成员之间实现各自利益的相对最大化。从利益出发，经济发展程度如何就成为了评价政治认同客体的直观标准，直接关乎社会成员对政治体制的认同程度。政治认同尽管是来源于社会成员的主观性认识，但社会经济发展是其基础性资源。可以说，经济良好运行是政治认同的有效保证。[3]

如果说利益是政治认同的逻辑起点，那么制度则是政治认同的关键。

---

① ［美］塞缪尔·亨廷顿著，周琪等译：《文明的冲突与世界秩序的重建》，北京：新华出版社，1998年版，第134页。

② ［美］罗森堡姆著：《政治文化》，台北：桂冠图书有限公司，1984年版。

③ 彭可：《网络环境下的公民政治认同研究》，上海交通大学硕士学位论文，2013年1月，第7页。

社会在保证人的利益实现时，需要政治体系站在各种利益主体之上，运用制度调节主体间的利益矛盾，实现并维护社会各阶层成员的利益，所以制度是政治认同的关键。政治制度是公民政治认同的制度性资源，政治制度本身所体现的公平性能够唤起公众对政体、执政者的认同，公平性是合理调配社会资源，保证不同利益者之间平衡的重要保证，而善于处理矛盾，协调利益的政治制度显然更容易引起公众的认同感。政治制度的合理与否受到社会成员的广泛关注，对公众的政治认同有着重要意义；政治制度是否体现社会的公平、正义，是影响公民政治认同的关键因素。[①] 政治体系中的公民对政治、经济、文化、社会等方面的制度认同是政治认同的关键，因为如果公民所认同、服从的并不是行之有效的制度，而是一种权力或权力的执行者，那么权力就会在独立运作中凸显出自我膨胀的本性，最终挣脱制度的强制约束和限制，站在制度的对立面，这会极大地影响公民对政治体系的归属与认同。

价值是政治认同的逻辑核心。公民之所以对制度产生认同最根本的是因为制度设计和制度运行蕴含着人们追寻的尊严、自由、平等、公正等价值，也就是说价值是政治认同的核心。公民对价值的认同与否，是以制度是否有利于自己的生活为标准的，这就要求制度要具备适当的包容性、普惠性，以适应和满足不同时期、不同阶层的人们的内心期待和利益需求。[②] 价值观念反映了社会的共同理念及社会成员的政治诉求，从根本上决定了公众的价值认同状况，是政治认同的价值认同资源。价值观念在唤起民众对政治统治的认同、支持和服从中起至关重要的作用。公民的政治认同本质是公民个体对政治认同客体的认知。处于不同的民族环境下，民众所形成的价值观念也有所不同，在民族和国家的价值观念下，公众逐渐唤起对本民族和国家的认同和心理归属感，进而形成相应的政治认同。[③]

关于政治认同的功能，学术界有不同的观点，代表性的主要有以下几

---

① 方旭光：《政治认同的基础理论研究》，复旦大学博士学位论文，2006 年 4 月。

② 王志超：《网络空间中公民政治认同研究》，哈尔滨工业大学硕士学位论文，2013 年 6 月，第 21 页。

③ 李浩、陈立虎：“论政治认同的资源整合”，《宁夏党校学报》，2008 年第 3 期。

种观点:[①] 一种是两功能说，认为政治认同具备两项功能，其一是评价功能，其二是支持功能。评价功能指的是公民政治认同的状况是评价政体运行状态的天然依据，公民的政治认同状况与其所处的政治环境紧密联系，相互作用，掌握了公民的政治认同状况，就拥有了政治活动的运行的客观资料，公民政治认同情况是政治形势的感应器和晴雨表，是检测政治运行情况的重要标尺。政治认同的支持功能指社会成员对政治系统的支持，唯有公众形成政治认同感，才能对政治活动的运行起到支持作用，而只有公众真正产生对政治运行的价值认同，才能真正发挥政治体制最大的能量。而只有获取公众的支持，才能进一步降低执政的成本，减少矛盾发生的可能，保证政治系统的良好运行。

另一种是三功能说，认为政治认同具备三项功能:[②] 一是使政治运行的过程获得公众支持。当公众对执政者、政治体制、政策实施达成认同后，政治运行就更容易获得公民的有效支持。二是使执政者获得政治合法性。公民对政治体制的认同是执政者获得政治合法性的基础和前提，没有政治认同的形成，执政者的合法性就不可能存在。三是塑造公民的政治信念。政治认同一旦形成，执政者的政治理念、思想就更容易固化到公众的认识中，产生思想上的共鸣和心理归属感，进而帮助公民塑造起相应的政治信念，政治信念的产生有助于政体的稳定和政治活动的正常运行。

还有观点同样总结了政治认同的三种功能，[③] 认为政治认同是政治体系合法性的重要来源，是政治稳定的前提以及促进政治发展的动力。公民对政治体系的认可和赞同与社会政治的稳定之间存在着密不可分的联系。政治认同是政治体系重要的社会黏合剂，它能使政治团体保持自我集聚。公民的政治认同是一个国家政治稳定的前提，政权体系只有获得公民的政治认同，才能够保持稳定、有序的状态。政治认同是促进政治发展的动力。公民的政治认同能够在一定程度上加快政治民主化的发展脚步。在公

---

① 孔德永:“对转型时期我国公民政治认同重构模式的思考”，《当代世界与社会主义》，2006年第6期。

② 彭可:《网络环境下的公民政治认同研究》，上海交通大学硕士学位论文，2013年1月，第7页。

③ 王志超:《网络空间中公民政治认同研究》，哈尔滨工业大学硕士学位论文，2013年6月，第25—26页。

民形成对政治体系的认同过程中，公民积极、热情地进行政治参与活动，完善了公民的民主政治人格，推动了民主制度框架的延续，促进了民主政治的发展和壮大。

政治认同所有这些功能中，最核心的是政治合法性。政治认同是政治权力具有合法性的必要条件，是合法性的前提，是合法性稳定发展的保障。合法性是政治学研究的核心问题，探讨的主要是政治系统是否具有尊严性和正当性的问题。S. M. 李普塞特认为："合法性是指政治系统使人们产生和坚持现存政治制度，是社会的最适宜制度之信仰的能力。"① 因此政治合法性指的就是政治认同，它强调的是政治统治根据传统和公认的准则而得到民众的同意和支持，主要表现为对政治权力的服从和认可。公民的政治认同是政治体系具备合法性的来源，也是维护政治体系合法性的重要力量，同时公民的政治认同还是政治体系合法性的表现和结果。

政治认同具有多维性、动态性、社会性和实践性。② 政治认同的多维性是指政治认同的内容和要素具有多维性。政治认同的内在因素众多，如政治认同的主客体、政治认同的环境等等，既有对执政者的政绩认同，也有对政治体制的支持，更有对意识形态和价值观念的追随。政治认同的动态性是指政治认同本身是动态变化的。政治认同及其组成要素均受到特定条件的制约，并随着条件的变化而发生变化。这也意味着政治认同既可以是正向的，也可以是逆向的。政治认同的社会性是指政治认同不是完全意义上的主观思想意识活动，而是具体的社会政治活动在公众内心的投射，其本质是由社会政治活动所产生的，政治认同活动与具体的利益相关。政治认同的实践性与社会性相关。政治认同是人们重要的政治实践活动。政治认同在参与主体现实生活中的政治实践活动中得以体现，是社会成员对政治系统所产生的情感、态度和行为等方面的总和。

政治认同可在舆情中得到体现。舆情不仅是一种社会意识形态，而且是一种独立的意识形态，和其他意识形态相比，其具有集合性、发散性、

① ［美］S. M. 李普塞特著，张绍宗译：《政治人》，上海：上海人民出版社，1998 年版，第 55 页。

② 彭可：《网络环境下的公民政治认同研究》，上海交通大学硕士学位论文，2013 年 1 月，第 6 页。

表层性、及时性等特点。舆情渗透在一切意识形态领域，同每一种意识形态都保持着紧密的、有机的联系，而且相对独立存在。美国著名新闻评论家沃尔特·李普曼（Walter Lippmann）曾指出，舆情基本上就是一些事实从道德上加以解释和经过整理的一种看法。[①] 一种舆情会针对一组事实构成某种道德判断，舆情主要是对事实加以道德化和条理化。处于我们那些准则的核心地位的成见模式，在很大程度上决定着我们应当关注哪些事实，以及从哪个角度去关注。[②] 由此不难看出，一个人持有的某种见解，必然受到了国家或民族的政治、道德、宗教、文学、艺术、法律这些意识形态的影响和支配。

意识形态是人们的世界观、价值观体系，是人们评判各种社会现象的尺度和标准，人们的一切思想意识活动都不能不受其支配和影响。舆情作为意见的集合，在其形成过程中，舆情主体还会自觉寻求思想理论的指导，再加上意见领袖借助某种理论观念引导，意识形态自然倾注其中并沉淀为舆论的理论基石。但舆情却也并不是一味被动地接受，而是以其特有的方式能动地维护其他意识形态，并对其施加影响。舆情在反映客观世界时，总是捕捉各个领域刚刚发生的利害问题和重要事件，把触角伸向各个领域的最新动态，占据这些领域的表层空间。这些最新动向、最新线索，必然引起专家、学者和有关部门的关注，并激发他们进行深层思考和深入研究，从而把原有意识形态的成果向前推进。这样，网络舆情就成为某种意识形态发展、变化的先导。

二、网络环境下政治认同的结构变化与面临的悖论

政治认同作为主体的政治心理活动，是政治认同主体、政治认同客体及相关环境因素的互动过程。网络社会中活动空间的改变，使网络社会中形成了另一相对独立的政治认同系统。与现实社会中政治认同系统不同的是，网络政治认同的主体由为数众多的网民所构成，政治认同环境则主要

① 刘建明：《基础舆论学》，北京：中国人民大学出版社，1988 年版，第 96 页。

② Walter Lippmann, *Public Opinion*, New York: Simon & Schuster, 1997, p. 101.

是虚拟的政治认同活动空间。与现实的政治认同系统相比，网络社会政治认同客体变动不显著，变动比较显著的是政治认同主体、政治认同所依赖的环境。

网络环境下，与传统条件下的政治认同系统相比，政治认同主体具有如下特点：一是平等性。网络空间中的政治认同主体具有平等性。网络剥去了公民权力、财富、身份、地位的外衣，能够遮掩和再造政治认同主体的身份。在网络空间中不分主次与等级，只要在法律的限制范围之内，任何人都可进入网络空间，对政治体系的政策、制度、意识形态等方面发表自己的观点，充分发挥了政治认同过程中的主体性。二是模糊性。基于网络环境下主体身份的虚拟性、匿名性和政治表达的自由性等特点，与现实条件下相比，网络环境下的公民政治认同具有主体身份的模糊性。模糊性的存在也使得政治认同主体显得更为复杂。三是自由性。网络环境下认同的表达具有自由性。现实社会中，可能由于认同主体的顾虑而出现伪认同与冷漠认同等扭曲形态。① 由于网络社会身份的模糊性，在政治态度的表达方面受到更少的体制约束，因而更为自由。

网络空间认同主体的上述特点也决定了认同主体的心理特点。同传统条件下相比，网络环境下的政治认同心理具有自我性、从众性、极端情绪化等特点。一是自我性。网络环境下，认同主体被赋予了极强的个人意识，认同主体乐于在与政治认同相关的事物中充当判定者的角色，公民更倾向于以“主人翁”的姿态发表观点，其对事件的价值判断或价值观念更接近自身的实际想法。二是从众性。网络环境下，信息拥有较快的传播速度、较广的扩散范围，网络成员的互动交流也更为频繁，群体成员对政治体系的情感和评价容易互相影响和感染，主体之间的心理活动、语言行为更容易相互影响，表现出一定程度的从众性。② 在网络社会中，政治认同主体还容易受到“意见领袖”的左右。网络“意见领袖”的形成主要是由成员在网络群体中的参与程度、意见感染力和说服力以及其对组织的贡献

---

① 陶蕴芳：“网络社会中群体政治认同机制的发生与引导”，《中州学刊》，2012 年第 1 期，第 207 页。

② 王志超：《网络空间中公民政治认同研究》，哈尔滨工业大学硕士学位论文，2013 年 6 月，第 24 页。

程度等因素所决定的。三是极端情绪化。由于网络社会是现实社会的政治诉求压抑后的一个替代途径，因此，网络社会相关政治认同的情感和行为容易表现得很夸张，认同主体更容易表现出极端情绪化的特点。

与传统政治认同系统相比，网络社会政治认同客体变动不显著。政治认同的客体是指政治认同的对象或内容，公民政治认同的客体包括执政者的价值理念、政治制度、组织原则和政体的运行状态等等。但网络环境也对政治认同的客体提出了挑战，网络的传播性使得既有的政治观点更容易遭受到极大的冲击，而且其开放性和自由性使得主体政治认同的状况更加难以掌握，其高速交互性的特点使得客体需要以更快的速度适应政治系统中的细微变化，公民对执政者合法性的认知很可能来自网络不同群体的言说，这些都使得执政者面临着复杂的因素和环境。正如执政者需要适应社会转型带来的变化和挑战，政治认同的客体同样需要面临网络社会带来的挑战，如果不能适应这种变化，就可能产生公民的政治认同危机。①

网络环境下，政治认同的环境发生了较大的改变：一是政治认同相关活动的公共区域具有自由性。不是以传统的生产或生活形式组成公域空间，而是在虚拟空间内形成虚拟空间与组织机构，较少受传统地域与信息传播的限制。二是网络环境下影响公民政治认同的信息渠道有了明显改变。政治认同主体对客体实现政治认同，首要依据是获取的各种信息。网络环境改变了信息的传播方法，信息通过网络媒介得以更加高速通畅的传播。与传统的发布方式比较，网络改变了以往单一的信息传播途径，建立起了多中心、开放式程度高、交互性强的信息传播渠道，还具有传播速度快、传播范围广、信息海量等特点。网络使影响公民政治认同的信息渠道发生了重大的变化。三是网络环境具有虚拟性，政治认同群体互动的时空环境能够随时发生变动，活动的场景和环境具有易变的特点。

网络环境下的政治认同本质是公众的主观意识形成过程，即公众在获取信息的基础上，对信息进行甄别和筛选，从而进一步对政治认同客体做出主观评价、形成相应的政治认识的过程。网络环境下政治认同的发生过

---

① 彭可：《网络环境下的公民政治认同研究》，上海交通大学硕士学位论文，2013 年 1 月，第 16 页。

程可以划分为以下四个阶段:[①] 一是信息的产生。网络环境下，公众面临的是浩瀚的信息海洋。在海量的信息中，能够吸引公众注意的即是与公众联系更为密切的信息，这些信息更容易被大部分公民所关注和吸收。二是信息的传播。在网络环境下，信息具有丰富的载体，如文字、图片、流媒体等，信息通过不同的表现形式得以呈现给每一个互联网用户。信息一旦产生，高度通畅的网络便将各种信息高效地传播到网络的其他角落。三是信息的加工。信息产生后，在网络环境下广泛传播，原始的信息在被公众接受后往往会产生信息的加工。对信息加工的过程体现了人们在获取信息基础上自身的情感表达，结合了公众自身的经验和对网络所传播信息的选择，体现出人们的政治态度和观点，是政治认同产生的开始。四是信息的内化。信息在发生、传播和经过公众主观意识的加工后，最终内化为公众的政治情感，从而形成政治认同。

网络社会形成了新的政治认同系统，其对政治认同的影响也有积极和消极两个方面。从积极面看，首先网络为政治认同的建构提供了条件和基础。[②] 网络一方面能够向社会成员提供大量的政治信息，另一方面能够向人们提供和宣传各种不同的角色模式、角色评价、价值标准、行为规范等，从而为公民政治认同提供了有效的基础。其次，网络为政治认同的建构提供了消除误会的机会。网络在政治参与中的应用、成本和技术问题的克服，在很大程度上激发了民众对政治参与的热情。公民能够通过互联网了解政治信息、针对政治事件或社会问题展开讨论、发表个人见解、进行网上投票，各种形式的网络政治参与实现社会成员与执政者之间的互动与沟通，在沟通基础上消解误会、达成认同。再次，网络为政治认同的建构强化了路径。在互联网平台上，网民具有平等的主体地位与网络权利，同时，具有平等的政治权力和平等的政治机会，这有利于社会成员的政治认同的建构。

从消极面看，首先，网络政治参与的规范性缺失导致公民政治认同的

---

① 彭可:《网络环境下的公民政治认同研究》，上海交通大学硕士学位论文，2013 年 1 月，第 18—19 页。

② 孙莹:《网络政治参与背景下的中国公民政治认同研究》，吉林大学硕士学位论文，2012 年 4 月，第 12 页。

减弱。网络政治参与如果缺乏法律上的规范，容易导致网络政治参与的秩序混乱，这将直接关系到社会成员在网络政治参与中的身份建构，进而抵消公民的政治认同发展的效果。其次，政治参与的复杂性影响着公民政治认同的有效性。社会成员的网络政治参与动因除了利益和理想之外，有时甚至为了获得某种技术突破的快感，或者为了某一未经确认的政治信息而一时兴起参与到网络政治中。在网络政治参与的进程中，社会成员的动因复杂性严重影响着网络政治参与的质量和有效性，对公民政治认同的建构产生较大的负面影响。再次，网络政治参与的非理性影响公民政治认同的建构。社会成员的非理性政治参与将会影响到社会成员的政治认同的建构，进而导致社会成员对政治系统和政治政策产生不信赖感，并对政治制度进行抵制，严重影响着社会成员的政治认同，也影响着公民继续进行网络的政治参与，从而形成了网络政治参与与政治认同的反向互动。①

从网络对政治认同的正反两方面效应中我们还能看到网络政治认同所面临的悖论：一是网络政治认同中的便捷性与不确定性的矛盾。一方面，网络能够帮助个体与社会生活情境间建立稳定的联系。另一方面，网络化空间中知识与社会关系以我们所无法预知的速度呈螺旋状地快速成长，这将使得我们所面对的世界变得极具未来开放性与不确定性。而不确定性的与日俱增，科技的瞬息万变可能侵蚀政治生活中的安全感和归属感。二是参与的广泛性与“普遍的同意”的难以达成的矛盾。“普遍的同意”是社会问题解决方案的基础。网络空间中民众对公共事务的参与度、对公共信息的知情权意识都有了明显提升。但在网络空间对公共议题讨论结果的“普遍的同意”原则却难以达成。三是网络认同的过程中“管制”与“自治”的矛盾。相对于互联网技术进步，政府公共管理却一直落后。② 尤其在 Web2.0 时代，随着博客、SNS 网站，尤其是微博技术的应用，互联网给政府行政带来冲击，使政府对虚拟社会的管理显得捉襟见肘，出现了亟待化解的瓶颈，并且形成了网络自治论和网络管制论两大对立派别。

---

① 孙莹：《网络政治参与背景下的中国公民政治认同研究》，吉林大学硕士学位论文，2012年4月，第14页。

② 王志超：《网络空间中公民政治认同研究》，哈尔滨工业大学硕士学位论文，2013年6月，第27页。

三、网络时代社会结构“马赛克化”与网络政治认同的现状

所谓社会结构“马赛克化”，指的是社会中的群体以政治、文化、经济等各种要素被分割成不同的单元，不同单元的个体形成一个个特殊的利益和价值群落，享受着不同的经济社会政策，促成了他们与单元外的人相互割裂和对立。① 网络社会人群不断被细分，细分化的人群和自己的代言人能很容易地在网络空间相遇，就共同议题达成共识，迅速凝结成目标一致的行动力量。各种政治声音都在网络空间找到自己的社会基础，刺激其中的精英分子和自觉分子主动充当群体代言人和动员者。② 可以说，网络时代，社会结构出现了“马赛克化”现象。

网络空间带来了一种有别于物理空间的交互性，网际交往因此成为一种特异性的交往方式，而在此现象的背后存在一个更为基础性的问题：网络空间中的身份认同。所谓身份认同，简单地讲就是每个人对其自身的身份和角色的理解与把握，身份认同是个体进行活动的基础。在物理空间中，身体的相对稳定性使每个人的身份是单一确定的，但在网络空间中，所有的感知都要通过信息方式传达，信息可真可假，身份成为信息虚拟的产物，而不再是单一确定的。只要有足够的时间和精力，每个人都可以制造出多重身份。

网络技术构筑社会空间的一个重要方面就是塑造了空间的虚拟性，并在此基础上突破了原有的社会规则，现实社会中的国家是人的一个重要的政治属性与社会属性；而在网络上，国家是一个影响力非常弱的标签，取而代之的是网络主体对网络虚拟社群的归属。人们可以通过网络轻易地在虚拟世界中寻找同道者，聚集成虚拟社群，以增加自身的政治效能感和现实的政治行动能力。虚拟社群的总体特征是不依附在物理性的地理空间中，而是以议题、共识与认同感所建构的虚拟社会空间作为社区的基础。

---

① 许正中：“‘大数据’时代下的战略突围构想——重新审视中国经济社会独特性”，《学术前沿》，2012年11月（上），第15页。

② 张雷、刘力锐：《网民的力量：网络社会政治动员论析》，沈阳：东北大学出版社，2012年8月版，第136页。

虚拟社群的形成缺乏严格、复杂的加入和认定程序，多数也没有严格的审核和纪律规定。网络个体在群体中的行为、态度和兴趣都可以作为网络族群的成员或加入网络社区的标志。网络技术的发达足以使人们根据自己的偏好从网络海量信息中抽出与自己价值观、过去经验及既有认知相一致的信息，定制成“我的日报”，筑起“信息茧房”。[①] 而且从整个网络全景来宏观考察，网络群体极化现象造成了一种可以被称为“网络巴尔干化”的局面，即网络上志趣相同的人自成一个个小团体、小圈子，且相互排挤或敌对的分裂情形。对此，政治学家普特曼总结道：“真实世界的互动通常是迫使我们处理不同的东西，虚拟世界却偏向同质性，地缘的社群将被取代，转变成利益或兴趣来结合的社群。”[②]

网络时代社会结构的“马赛克化”和“网络巴尔干化”结合网络全球化特征给现代政治认同带来了严重挑战。萨缪尔·亨廷顿（Samuel P. Huntington）曾指出，如果特定的群体认同过分强烈，人们就会经常与更为一般的公众权威发生对抗。如果和国家意志不一致，虚拟社群认同越强烈，对国家认同的统一冲击就越大，甚至导致该国政治统治的合法性危机。[③] 美国学者约瑟夫·奈（J. S. Nye）也认为：“迅捷而深远的社会、技术和经济变革带来了跨国认同、国家认同和次国家认同的错综交织。这些认同交织在一起，颇具张力。鉴于传播的瞬时性，它们能够促使潜在的紧张关系转化为突然的冲突。”亨廷顿曾就美国“国家认同危机”进一步指出，进入21世纪，美国认同三大重要改变之一，就是美国商业、学术、专业、媒介、公益、政治精英通过对跨国或全球机制、全球网络、全球事业中的利益与身份等的自我定义，不断地淡化国家认同，强化跨国认同与全球认同。[④]

---

① 王国华、曾润喜、方付建编著：《解码网络舆情》，武汉：华中科技大学出版社，2011年9月版，第27页。

② 赵瑞琦：《网络爱国主义：源流、利弊与策论》，北京：中国传媒大学出版社，2012年1月版，第106页。

③ 张雷、刘力锐：《网民的力量：网络社会政治动员论析》，沈阳：东北大学出版社，2012年8月版，第136页。

④ Samuel P. Huntington, *Who Are We? The Challenges to America's National Identity*, New York: Simon & Schuster, 2004, pp. 12 - 13.

网络传媒的中性文化特征也成为消解政治认同的重要因素。网络是大众传媒的重要组成部分，具有大众文化的普遍特征。而大众文化主要是一种中性的文化消费，市场成为其发展的重要导向，“逐利性”是其重要特征，为了获得更多的关注尤其是庞大的青年群体的关注，迎合这一群体具有的反叛性的年龄和心理特征，同时也为了具有娱乐性、文化消费的舒适性，网络不可避免地选择与主流意识形态保持一定距离，甚至有时会以“反主流”或远离主流意识形态的面目出现。在网络长期的潜移默化的重塑和改造下，这些倾向严重消解了青年群体的政治认同。[①] 此外，网络所具有的扩散、放大功能深化了政治认同危机。网络以其无可比拟的弹性和兼容性与各种文化特质相结合，容纳了绝大多数的文化表现形式，成为人们感受和认识客观世界的主要方式，具有极强的渗透力。

在网络因素和社会背景的综合作用下，当前网络时代的政治认同呈现如下现状：

首先是政治信仰丧失和政治认同度下降的倾向。这又可以从制度认同、政绩认同和价值认同三个方面加以说明。第一，网络环境下制度认同被弱化。现有的制度建设作为网络热点，时常被高频率地在各个网站、网络社区提及以及被高频度地曝光。网络信息的传播，不仅促使公民关注社会，关注制度建设本身，同时也推动了公民对基本权利诉求的觉醒。第二，网络环境下政绩认同被消减。公民对政治体制、执政能力、价值观念的认同实际上是建立在利益认同的基础上的，而执政者的绩效及执政效率正是形成这种利益认同的核心。由于改革过程中出现利益分配不均和贫富差距较大等现实问题，部分公民对政府的方针路线和政策目标产生了怀疑，并表达了相应的不满情绪，对政绩的直观判断进一步发展影响到了政治认同。[②] 第三，网络环境下价值认同被冲击。在网络中，所有的文化信息都是流动的，共享是信息存在的一种价值。在文化交流与互动的过程中，中西文化的融合速度不断加快，一些西方的价值观念、语言、风俗习

① 刘冬梅：“网络文化背景下大学生政治认同危机探究”，《南方论刊》，2010 年第 3 期，第 63—64 页。

② 彭可：《网络环境下的公民政治认同研究》，上海交通大学硕士学位论文，2013 年 1 月，第 23 页。

惯等信息不断膨胀。伴随着主流意识形态的边缘化、政治认同的模糊化对民众潜移默化的影响，加之许多民众对西方思潮不加选择地推崇和信奉，造成了公民政治认知的迷惑和混乱，若极端发展将导致民众对社会的疏离、排斥和拒绝，削弱他们的政治认同感。

其次，虚假政治认同和功利性认同趋于常态。政治认同的状态呈现多种类型和表现，主要有自觉型的认同、被动认同、冷漠型认同和伪认同（或称虚假认同）四种基本的状态表现。经过30多年的改革开放，我国已进入了各类社会矛盾的凸显期，贫富差距的扩大、经济全球化、不同社会阶层利益与思想的多元化等因素导致主流意识形态受到前所未有的挑战；但另一方面主流意识形态仍主导着社会，是否具备正确的政治立场仍然是鉴别和甄选人才的重要标准。于是在各种现实利益的驱动下，虚假政治认同和功利性认同的现象逐渐出现并趋于常态，表现为在部分人群中出现了在公开或公共生活领域与私人或实际社会行为的政治表达相背离，真实思想与语言所表达的政治观点相悖的现象。这种现象近年来有愈演愈烈之势，甚至变成了某种"潜规则"。网络所具有的去个性化特征使虚假政治认同表现得尤为突出，网民在匿名的网络中表现出的政治态度更为真实也更为偏激，但在诸如"争取入党"等环节或在与政治相关的活动中，真实的政治态度被刻意掩盖，而表现出对主流意识形态的顺应与拥护。是否获得实际利益和避免麻烦成为部分人群选择何种政治表达的重要标准，虚假政治认同成为一种普遍选择。

再次，网络时代的政治认同呈现出松散的、快速变化的特征。网络时代的政治认同从建构到解构到再建构的过程短暂，呈现出松散的、快速变化的特征。网络深刻地影响并塑造了网民的价值观念和生活方式，出现了因网络而形成的群体。网络群体将群体成员团结起来，使个体对群体产生价值认同。作为一种特殊的群体，网络群体成员基于共同观点、情感等对群体产生归属感和群体认同。他们透过网络掌握最新事件动态，通过网络博客、论坛等发表个人见解、表达政治情感，以网络为媒介集结为群体，进行志愿服务、集会等政治活动，表达政治情感，形成政治认同。同时，网民有限的信息处理能力无法满足理性、准确地处理网络中海量信息的要求。网络上充斥着无数的政治信息，面对这样的大规模信息轰炸，很大一部分网民很难快速做出理性正确的分析，往往只能简单接受，而缺乏对这些信息真实性的深入思考。此外，网络群体的临时性和流动性也使依据其所建立起来的政治认同是短暂的。网络群体通常因某一具体事件而形成，当这一事件结束，网络群体随之解体，群体成员所形成的认同也将消失或改变。

综上所述，网络社会已逐渐成为相对独立的政治认同系统，在政治认同主体、政治认同环境等方面都表现出明显的变化。网络政治认同问题的发生是现实政治诉求与政治参与受到抑制条件下的一种替代途径。网络对政治认同具有良性与消极的双重效果，但是当下网络政治认同依然总体呈现出了一些负面特征，因此也需要政府更加认真对待。

第二节 社会主义意识形态在网络时代的机遇与挑战

当今世界，网络已经成为人们日常生活密不可分的一部分，我们在享受网络带来便利的同时，自身时刻也处在潜移默化的意识形态塑造过程中。“现代社会中的意识形态分析必须把大众传播的性质与影响放在核心的位置，虽然大众传播不是意识形态运作的唯一场所。网络等大众传播的发展大大扩大了意识形态在现代社会中运作的范围，因为它使象征形式能传输到时间与空间上分散的广大潜在受众。”①因而对社会主义意识形态而言，网络时代的意识形态机遇与挑战研究尤其重要。

一、意识形态是国家政治安全与发展的重要内容

意识形态既是一个哲学范畴，也是一个政治学范畴，还是一个社会学范畴。意识形态最初定义源自于特拉西。特拉西认为，“意识形态”是用以表示专门研究“观念”的科学——观念学（science of idea），其任务是

---

① ［英］约翰·汤普森著，高铦等译：《意识形态与现代文化》，上海：译林出版社，2005年版，第286—287页。

研究认识的起源、界限和人可靠性的程度，其目的是为了拯救人类和为人类服务。[①] 关于意识形态的定义多种多样。俞吾金教授认为，“在阶级社会中，意识形态是指适合一定经济基础以及树立在这一基础之上的法律和政治的上层建筑而形成的代表统治阶级根本利益的情感、表象和观念的综合”。[②] 西方马克思主义者卢卡奇认为，“意识形态从根本上来说是对现实的思想的描述形式，它的目的是使人的社会实践变得有意识和有活力”，同时“是社会斗争的工具”。[③] 英国《简明大不列颠百科全书》解释为：“意识形态是社会哲学或政治哲学的一种形式。其中实践的因素与理论的因素具有同等重要的地位；它是一种观念体系，旨在解释世界并改造世界。”[④] 意识形态现已成为一个内涵丰富、复杂多变、歧义丛生的哲学政治学概念。

意识形态的内核是价值观念，它必定依附于相关的行动者，所以从行动主体的角度，可以把意识形态分为国家意识形态和社会意识形态两种。国家意识形态是指在国家层面所主张和推行的一套思想观念和价值信念体系。在现代社会中，国家意识形态集中表现为政党意识形态，所以在一个社会中，执政党所代表和主张的价值观念常常会在国家层面体现出来，成为国家意识形态。国家意识形态的主要功能是为国家统治权力的合法性提供证明。社会意识形态是指在社会群体层面所表现出来的思想观念或价值信念，它反映的是不同社会阶层或利益群体的价值取向和利益诉求。与国家意识形态强调一致性、连贯性和稳定性不同，社会意识形态具有天然的多元性、差异性和变动性的特征。[⑤] 也有学者将社会意识形态与社会心理进行区别。把社会意识中与日常生活联系比较紧密的、层次较浅的部分称为社会心理，把社会意识中具有理论形态的或者较系统化、理论化的社会

---

① 郭明飞：《网络发展与我国意识形态安全》，北京：中国社会科学出版社，2009 年版，第 17 页。

② 俞吾金：《意识形态论》，上海：上海人民出版社，1993 年版，第 129 页。

③ ［匈］卢卡奇：《社会存在本体论》第二卷，重庆：重庆出版社，1983 年版，第 397—399 页。

④ 《简明大不列颠百科全书》第九卷，北京：中国大百科全书出版社，1986 年版，第 101—102 页。

⑤ 杨江华：“中国意识形态转型的社会学分析”，《中州学刊》，2010 年第 5 期（总第 179 期），第 32 页。

意识称为社会意识形态，它包括政治法律观点、文学艺术、道德、科学、宗教、哲学等。[①]

从意识形态在社会结构中的位置来看，又可将意识形态分为主导意识形态和主流意识形态。[②] 前者意味着某种价值观念相对于其他价值观念来说具有支配、导向的作用，通常是在有意识、有目的的建构中形成。而后者强调的是某种价值观念相对于其他价值观念来说有更强的吸引力和影响力，能够被更多的社会行动者共享，它通常是经过行动者的主观认同而形成。主导意识形态不一定就是主流意识形态，但主导意识形态成为主流意识形态对于国家稳定、社会团结具有重要作用。

意识形态安全是国家政治安全的重要内容。国家政治安全是指国家的主权和领土、根本政治制度、政治意识形态等免受内外各种势力侵袭和威胁的社会状态。而意识形态是执政党的一面旗帜，是贯穿政党一切活动的根本，不仅是政党确立其路线、方针、政策的理论依据，也是政党传播和扩大自身政治影响力、证明政治合法性的重要工具。对于执政党来说，意识形态还是它实现社会控制、进行社会整合的基本手段。意识形态是国家政治安全的重要保障。

从政治发展角度看，意识形态的功能大致包括如下几类：

一是维护和巩固政权的合法性功能。一般来说政治“合法性”是政治统治的依据。“合法性”是现代政治学和社会学的一个重要概念，是以对某种政治共同体、某种权力机构或某种政治秩序的认同意识为基础，使它得到社会上大多数人的普遍承认、普遍尊重而具有的一种合法权威性，是保持社会政治统治稳定发展的不可缺少的思想基础。[③] 美国学者马丁·李普塞特强调，合法性是政治系统使人们产生和坚持现存政治制度，是该社会的最适宜制度的一种信仰的能力。[④] 意大利政治思想家莫斯卡指出，统

---

① 邢贲思：“意识形态论”，《中国社会科学》，1992 年第 1 期。

② 杨江华：“中国意识形态转型的社会学分析”，《中州学刊》，2010 年第 5 期（总第 179 期），第 33 页。

③ 郭明飞：《网络发展与我国意识形态安全》，北京：中国社会科学出版社，2009 年版，第 34 页。

④ ［美］西·马丁·李普塞特著，张昭宗译：《政治人：政治的社会基础》，上海：上海人民出版社，1997 年版，第 55 页。

治阶级“并非只靠实际占有权力来证明权力的正当性，它还试图为权力找到道德和法律的基础”。著名政治学家罗伯特·达尔则认为：“政治体系中的领袖通常维护一套大致持续和统一的信条，这些信条有助于说明和证实他们在体系中进行领导的合理性。一套这种类型的信条常常被称作一种意识形态。”① 换言之，合法性是一种思想和信仰，而意识形态是政治合法性的重要基础。

二是对异己意识形态的批判性功能。意识形态的批判功能可以对异己的意识形态进行抵制和排斥，防止自己的价值观受到其他意识形态的干扰和侵袭。意识形态是统治阶级的思想体系，是作为统治阶级的维护意识而存在的，总是以巩固统治阶级的统治地位为己任。② 任何意识形态在行使它的合法性功能，巩固自己的经济基础和上层建筑的同时，必然要对与自己相对立的意识形态进行批判和诋毁，通过多种手段和方法排除异己意识形态的干扰，在批判中进一步树立和巩固自己的意识形态。任何统治阶级都会把本阶级的意识形态通过政治社会化的过程，转变为社会的主导意识形态，以实现和维护所建立的政治秩序的稳定。

三是对社会各因素的协调性与整合性功能。意识形态的协调性与整合性功能，指的是意识形态对社会关系和思想文化的聚合作用、统领作用。任何意识形态，均具有一定的协调与整合功能，这是意识形态作为社会精神文化现象所具有的特殊的功能。葛兰西的一个著名观点就是，如果革命要想取得成功，那么首先必须取得意识形态领域的领导权。葛兰西对意识形态的社会功能有很精辟的论述，他把意识形态这种社会功能比作是一种“社会水泥”，他说：“在保持整个社会集团的意识形态上的统一中，意识形态起了团结统一的水泥作用。”③ 意识形态能够“成为一个重要的凝合剂，能够把各种运动、党派、革命团体都聚合起来”。④ 意识形态在整个社

---

① 程玉红：《网络时代的政治参与和政党变革研究》，北京：知识产权出版社，2013 年 11 月版，第 125 页。

② 郑永廷等：《社会主义意识形态发展研究》，北京：人民出版社，2002 年版，第 345 页。

③ ［希腊］普兰查斯：《政治权利与社会阶级》，北京：中国社会科学出版社，1982 年版，第 213 页。

④ ［美］迈克尔·罗斯金等著，林震等译：《政治科学》，北京：华夏出版社，2001 年版，第 105 页。

会领域发挥着规范和协调各社会关系，整合及凝聚各社会集团和社会力量的功能。

四是对社会成员的导向性和动员性功能。意识形态对于一定社会集团和阶级具有价值定位和行为导向的功用。所谓导向性功能，“就是一定的意识形态作为一面旗帜，为一定的社会或国家进行政治目标导向和社会价值导向，对人们的思想、行为进行符合目标的引导并对偏离目标的思想、行为进行阻滞”。[①] 意识形态在理论逻辑上是该社会的社会制度和统治阶级所拥有权力的合理合法性，意识形态可以把统治阶级或本集团的行动纲领普遍化为全社会的发展目标，激发人们对生活的热情，唤起民族自信心和自豪感，从而影响人们的价值观和行为方式。

科技对意识形态有着特殊的构造作用。在传统社会，意识形态作为一种价值观念体系具有为人们进行价值导向的作用，在政治社会中具有操纵、控制、整合社会、为统治进行合法性辩护的功能。然而，在技术霸权时代，统治可能让位于一种客观的、物化的机制即技术理性逻辑的操纵，这样，技术理性就参与了意识形态的构造，加入到意识形态体系中来，成为意识形态的一个构成部分。这种操纵表面是非强制的、平等的、自由的，但却又是无孔不入、难以拒绝的。[②]

二、网络时代为社会主义意识形态建设提供契机

社会主义意识形态是在中国共产党的领导下，人民在长期的革命和建设实践中的一种自觉的理性价值选择。意识形态的存在使人们认同现行的制度结构，自觉维护国家稳定和社会整合，并在现实社会中做出正确的价值判断。意识形态的安全主要是指社会指导思想的安全、社会政治信仰的安全、社会道德秩序的安全、民族精神的安全。网络时代我国的社会主义意识形态建设，主要体现在四方面：一是马克思主义的指导思想；二是中国特色社会主义的共同理想；三是以爱国主义为核心的民族精神；四是社

---

① 郑永廷等：《社会主义意识形态发展研究》，北京：人民出版社，2002 年版，第 344 页

② 刘英杰：《作为意识形态的科学技术》，北京：商务印书馆，2011 年版，第 105 页。

会主义的荣辱观。①

网络的“全球性”和传播方式多样化特点为我们利用互联网进行意识形态的宣传，巩固和发展社会主义思想阵地提供了条件和可能；网络的交互性特点使社会主义意识形态的宣传更加接近受众生活、情感、思想与灵魂，从而增强社会主义意识形态的影响力；网络传播的个性化，使网络文化生动多样、充满活力，也使我们可以针对不同的群体和个体需求，进行网络创新和网络文化传播阵地建设，提高社会主义意识形态的辐射力、吸引力和感染力；网络还提供了社会主义意识形态吸收、借鉴人类文明成果的便利条件。

（一）网络拓宽了社会主义意识形态的传播方式和辐射面

社会主义意识形态要深入人心，变成民众内心的一种信仰和信念，离不开执政者对意识形态的大力传播和教化。在这个过程中，传播的物质技术条件、传播手段等直接制约着意识形态的辐射力和影响力。人们的意识形态并不是与生俱来的，一个社会的意识形态只有通过教育、传播、训练等政治社会化方式才能得以维持和传承，所以政治社会化是一个社会现实政治文化传播的基本手段，而政治社会化的一个重要媒介就是大众传媒。大众传媒在政治文化的传播和教育灌输中，起着重要的作用。互联网作为全新的“第四媒体”以其鲜明的特点为社会主义意识形态的传播提供了新的更迅速、更方便的工具，提高了社会主义意识形态的辐射面。

传统的意识形态传播方式主要是在党组织的领导下有计划、有组织地进行，具有强烈的权威性、统一性、单向性和自上而下性。网络时代来临之前，我国意识形态建设主要依靠报纸、杂志、广播、电视、电影等传统宣传工具进行传播。这些传统媒体和传播方式的信息量小，传播内容、速度和时效也受到很大的限制。随着网络技术的发展，互联网逐渐取代传统的媒体，或集它们的功能于一身，发展成为一个统一的平台，成为继报章、广播、电视等大众新闻媒体之后的第四大媒体。互联网不但具有传播

---

① 郭明飞：《网络发展与我国意识形态安全》，北京：中国社会科学出版社，2009年版，第143页。

速度快、信息容量大、覆盖面广、交互性强等优势，而且还具有全球性、复杂性、渗透性、双向性等特点，其影响力远远大于以往的各种信息传播技术。

信息网络化的发展，使意识形态的传播方式和表达界面产生了质的突破。意识形态建设的内容，直接在虚拟空间快速流通，使人们轻松地跨越国界、地域、民族、行业等现实世界的各种屏障而自由地交流。网络成为意识形态传播的新手段、新阵地、新渠道。约翰·汤普森反复强调："大众传播的发展大大扩大了意识形态在现代社会中运作的范围，因为它使象征形式能传输到时间和空间上分散的、广大的潜在受众。"① 网络使意识形态的内容转化为数字符号，从而突破了时空限制，在任何时间都能跨越国界、地域等屏障自由地传播，使意识形态的传播方式发生了革命性的变革，大大拓展了主流意识形态传播的范围，提高了传播效率，为扩大和提高主流意识形态认同创造了条件。

（二）网络增强了人们对社会主义意识形态的认同基础

经济是国家意识形态安全的物质保障，网络提升了社会主义国家的经济实力，也因此提升了人们对社会主义意识形态的认同。网络的扩展促进了世界经济一体化的进程，任何国家的经济活动都不可能完全独立于世界经济之外。网络对社会主义经济的促进作用体现在：减少了交易成本，提高了管理的便利性，从而使经济接近完全竞争模式；生发出新产品和服务，推动新产业空间的形成，推动着我国经济由传统经济向知识经济的转变。

网络提高了社会主义政治文明的程度。网络的交互性提供了社会主义意识形态与受众认同交互沟通的渠道和桥梁，为普通人参与政治生活创造了条件。人们可以随时随地浏览相关网站、下载相关信息，同时通过电子邮件、网络留言、QQ 和论坛在线交流等方式表达个人意愿，进行思想交流、沟通，实现政治信息、意识形态信息的双向互动，从而显著提高其政

---

① ［英］约翰·汤普森著，高铦等译：《意识形态与现代文化》，上海：译林出版社，2005 年版，第 287 页。

治参与的积极性、主动性和对主流意识形态的认同。① 网络还增加了政治的开放性和透明度，实现了政府信息公开，保证了公民的知情权，有利于民主监督；网络拓宽了公民政治参与的渠道，通过电子邮件、BBS、网上民意调查和投票等为公民的政治参与提供了便捷的、丰富的渠道，完善了政治参与的手段；网络提高了政府行政效率，通过网络信息流通渠道，简化了行政手续和步骤，使公众享有高效、全天候、方便快捷的公共服务，保证了政府的廉洁程度和效率提高，人民群众的政治利益不断得到满足，增强了对执政党领导的认同和信任。

此外，网络还更好地满足了人民群众的精神文化需求。网络为我们提供了超乎想象的文化生活空间：网上聊天、网络游戏、网上报刊、网络音乐、交互式电影等，正如比尔·盖茨所言，“信息高速公路将在任何时间、任何地点，给我们提供一切途径，使我们得到看上去似乎无穷无尽的知识，这是让人欢欣鼓舞的前景”。②

（三）网络增强了社会主义意识形态的吸引力和感染力

传统的社会主义意识形态的宣传方式主要是依靠灌输和说教的方式。无论是组织传播，还是报纸、广播、电视等传统媒介传播，网络时代来临前的主流意识形态管理、宣传机构与受众之间的关系都是自上而下和单向的，受众往往处于被动地位，缺乏自主性、主动性、积极性；而且由于技术的贫乏、手段的单一、信息的闭塞等，主流意识形态宣传、教育难免形式单调、较易失真、效用递减，使其指导作用和功能不能得到有效发挥。③

而网络化发展突破了以往意识形态宣传教育单纯以语言、文本或影像为载体的局限性，代之以综合图像、文字、数据、音频、视频等多种信息形式，融电脑、电视、电影、电话、录音、录像、远距离传输、超文本链接、即时对话交流为一体的全息操作平台和立体化教育手段，以多种传播

---

① 聂立清：“社会信息化与我国主流意识形态认同的建构”，《领导科学》，2010 年 8 月中，第 13 页。

② 刘音、吴玲：“网络时代我国意识形态安全建设面临的挑战与对策”，《中共银川市委党校学报》，2010 年 2 月，第 85 页。

③ 余保刚：“网络论坛环境下的社会主义主流意识形态认同研究”，《长白学刊》，2010 年第 3 期，第 32 页。

方式激活受众的认知模式，以丰富多彩、生动活泼的形式给人们带来鲜明清晰的视觉印象，可以把深奥、抽象、晦涩、难懂的理论变得活泼、有趣，使枯燥的意识形态变得生动活泼、寓教于乐，能够有效激发意识形态受众的兴趣和关注度，增强主流意识形态宣传教育的吸引力、感染力和实效性，使人们在轻松愉快中自然地接受和掌握，从而实现、巩固、扩大主流意识形态认同。①

（四）网络提供了社会主义意识形态吸收、借鉴人类文明成果的便利条件

互联网的全球性、开放性、交互性使全球交往成为可能，使世界上不同文明文化的交流合作不断扩大和增强，促进了世界文化的融合与发展，为社会主义意识形态吸收、借鉴人类文明成果不断丰富、发展自己创造了条件，尤其是资本主义在长期发展过程中积累的民主、法治、经济、科技、教育等有益成果，对社会主义意识形态有可借鉴的价值。列宁指出："马克思主义这一革命无产阶级的思想体系赢得了世界历史性的意义，是因为它没有抛弃资产阶级时代最宝贵的成就，相反地却吸收和改造了两千多年来人在思想和文化发展中一切有价值的东西。"② 社会主义意识形态建设也是一个吸收与借鉴、批判与建设共存的过程，而网络为社会主义意识形态建设搭建了一个平台，并注入了新内容和新形式。

互联网作为一个开放性的全球信息网络系统，在全球范围内传递文字、声音、图像等信息，使人类社会"海内存知己，天涯若毗邻"的梦想得以实现。互联网络连接了不同的文明和国家，使每个国家都可以更多、更便捷地吸收世界文明的先进成果，网络文化的无时空性为世界上多样的文明成果的集聚提供了可能性，而网络文化主体的多元性使得这种集聚具有了现实性。社会主义意识形态可以借鉴、吸收资本主义在长期发展过程中积累的法制、科技、教育等有益的成果，不断地增强自身意识形态的吸引力和凝聚力，从而能够真正地达到"和而不同"的特色，更好地发展社

---

① 聂立清："社会信息化与我国主流意识形态认同的构建"，《领导科学》，2010年8月中，第13页。

② 《列宁选集（4）》，北京：人民出版社，1995年版，第362页。

会主义的政治文明、经济文明、文化文明、社会文明和生态文明。

三、网络环境对社会主义意识形态主导地位的挑战

从作为信息载体的角度来看，网络并非具有“价值中立性”，相反，它具有明显的意识形态性。网络在为社会主义意识形态安全建设提供契机的同时，更是对社会主义意识形态安全的挑战以及对社会主义意识形态主导地位的消解。这种负面作用具体包括如下几个方面：

（一）网络时代信息壁垒的弱化使网络成为西方国家信息渗透以及“和平演变”的新工具

网络空间是不同价值观、意识形态最集中的表达地，更是西方国家利用新媒体对我国进行“和平演变”的新阵地。在信息时代，谁先掌握了技术和信息资源库，谁就掌握了先机。从这个意义上说，对信息边疆的控制是维护社会主义意识形态领导权的重要内容。而网络媒介突破了国家和政府对媒体的控制范围，成为西方文化的倾销之所。西方国家利用网络大肆向我国传播资本主义价值观、输入非马克思主义的意识形态，对社会主义意识形态形成了严重挑战。西方国家通过技术手段，不仅将包裹在信息中的资本主义意识形态、价值观输入我国，而且让其所培植的“网络水军”以及“意见领袖”毫无顾忌地在网络社区内发布言论，在潜移默化中动摇甚至改变受众原有的价值观。同时，网络技术的不断发展为他们的意识形态渗透和扩张提供了技术支持。这使原有的意识形态调控和导向面临极大困难，使国际间意识形态的竞争变得更加激烈。①

网络时代信息壁垒的弱化意味着网络具有更加广泛的覆盖面、快速的传输方式以及难以控制管理的特点。作为现代化进程中的后发型国家，社会主义国家与西方发达国家尤其是美国之间存在着信息势差。发达国家尤其是美国借助于经济优势和信息势差，在信息无国界传播中处于强势地

① 李岩、曾维伦：“网络社区对传播社会主义核心价值体系的影响及对策”，《重庆理工大学学报（社会科学）》，2012 年第 26 期第 2 期，第 46 页。

位，通过发布政治、文化、经济等各种各样的信息对社会主义国家进行意识形态渗透，对社会主义意识形态进行攻击，在网络上散布各种政治偏见和谎言，肆意歪曲、诋毁社会主义国家的国际形象和社会主义政治制度以及党的路线、方针、政策，企图动摇社会主义意识形态的指导地位。西方意识形态渗透严重威胁着社会主义意识形态的主流地位。

（二）网络时代信息中心的消解冲击了国家对社会主义意识形态的宣传效果和引导力

互联网消解了信息中心，冲击了国家对社会主义意识形态的宣传效果和引导力。传统媒体时代，党和政府只需运用简单的行政手段就能确立信息中心。传统的社会主义意识形态构建方式中，传播的主要载体是报刊、广播、影视等，是一种典型的自上而下的单向灌输模式，是在党的领导下有计划、有组织系统地对广大人民进行社会主义意识形态的教育和宣传，传播方式具有权威性、单向性和强制性等特点。但在网络时代，这种传播体制受到很大的冲击。网络传播是一种双向、互动的传播模式，网络为人们提供了平等交流的机会和信息自由共享的平台。网络话语没有绝对的中心，用户可以自由、公开地发表自己的意见或评论。BBS、新闻组、聊天室等言论场所人人都可以进入，真正地实现了个人表达自由和言论自由。

人们不再仅仅是信息的被动接受者，也是信息的创造者、发布者，在多角度、全方位获取信息的同时，也可以自主地对各种信息进行分析和比较，从而决定信息选择和价值取向。人们可以在网页上自由地搜索自己希望了解的信息，对这些信息的接受，突破了时间和地域的限制。“人们在这里不必阅读来自一个信息源的信息，不必说一个话题，不必受编辑、新闻出版机构的控制，不必担心自己的言论是否离经叛道。一句话，网络使少数人垄断信息和文化的圣人时代宣告结束了。”① “分权”被视为网络社会的一大特质，“传统的中央集权的生活观念将成为明日黄花”，② “意见的自由市场”成为了现实。在这种背景下，传统意识形态传播依靠组织权威

---

① 李河：《得乐园失乐园》，北京：中国人民大学出版社，1997 年版，第 50 页。

② ［美］尼葛洛庞帝著，胡泳、范海燕译：《数字化生存》，海口：海南出版社，1996 年版，第 270 页。

进行意识形态灌输的优势受到冲击，社会主义意识形态的宣传效果也会打折扣，对大众的吸引力和影响力也日渐弱化。

（三）网络时代信息控制的失灵加大了政府维护社会主义意识形态主流地位的成本和难度

信息控制的失灵体现在网络传播源头和网络传播过程两方面：一是传播源头难以控制。网络是一个兼容体系，它包容了完全由个体参与、互动的大量信息，网上的信息难以追查其真实来源和核实其可靠程度。自由化、个体化是网络信息传播的特点，信息的可靠性、真实性受到质疑。网络交流的最大特点是，一切与现实社会身份、地位有关的个体表征都可以被掩盖起来，自我与他人、事实与虚构、真相与谎言的界线因而消弭殆尽。二是传播过程难以控制。网络传播的都是数字化信息，数字化信息一经产生，即被某种特定的符号所代替。这样，信息的传播实质上就成为某种符号的传播。在网络环境下，这种符号是易于复制的，当一个信息传播过程完成后，信息传播并未终结，而是开始了下一个信息传播过程。在网络传播过程中，人们不断地传递这种符号，其意义不断丰富，其位移不断变化。网络时代，数字化传播的特点使网络媒体正经历一个由公共利益优先向市场需求驱动的解控过程。而匿名、无政府、碎片化的网络信息传播削弱了政府的控制力，极易为各种不法分子和敌对势力所利用。

目前，许多国家都已制定了网络管理条例，对组织或个人进行资格审查，对信息的流通实施技术上的监管。一些国家还对网上言论实行管制。然而，网络空间四通八达，即便政府能够对部分境外网址实行封堵，但传播者还是可以通过其他代理服务器登录。对于自由流转的巨大信息流，任何垄断和封锁措施几乎都难以奏效。由此，网络空间成为超越传统地域的“超国家领域”。[①] 人们调阅信息也不再受到时空的限制，政府再像以往那样运用行政手段来控制信息的传播，排除异质政治学说或意识形态的侵蚀，将会变得越来越困难。这意味着政府维护社会主义意识形态主流地位的成本和难度的上升。

---

① 杨文华：“意识形态领导权面临的网络挑战”，《理论导刊》，2011 年第 3 期，第 30 页。

（四）网络舆论的批判性聚焦各种现实问题，使社会主义意识形态信仰产生功能性危机

网络舆论的非理性使网络没有成为社会主义意识形态的稳固阵地，却表现出明显的批判色彩。网络舆论的批判性集中体现为参与者对社会资源分配状况的不满、对社会权威的质疑、对主流观点的对抗。网民在面对一个新的社会事件时，受潜意识中的不信任和不满情绪的左右，较少去理性核实事件的真实性，就可能在网上发表偏激言论，对社会进行批判。这种批判的情绪化倾向实际为非理性因素所主导的感性认识和极端情绪。这种极端情绪孕育着诸多对主流意识形态的否定因素。一个明显的表现是，网络舆论中出现了对社会主义意识形态的反向解读和对抗式解读，为获得高点击率而哗众取宠、标新立异的观点屡见不鲜。这些舆论在一定程度上消解了主流意识形态的信仰权威。

网络的批判性结合社会各种现实问题的聚焦，使社会主义意识形态产生功能性危机。当前，中国既处于重要的发展机遇期，又处于社会矛盾的凸显期，物价问题、社会资源的分配问题以及腐败问题等，都严重地影响了社会的正常发展与和谐社会的建设，而以网络为主体的新媒体具有信息传输速度快、传播范围广的特点。这就使新媒体聚焦的各种社会问题能够在很短的时间内引起诸多网民的关注，使网民将诸多现实矛盾通过以网络为主体的新媒体扩大传播，激起了一些人对主导价值观和主流意识形态的逆反，加剧了社会主义意识形态边缘化的风险。此外，从某种意义上而言，意识形态整合社会的核心就是它能够制造“根本利益一致”的理想社会来淡化人们对自身利益的追求，用全民或集体利益形式上的一致性来掩盖事实上的利益多元化，促使人们依照意识形态的要求来规范自己的行为。然而网络时代的经济结构多元化发展趋势消解了社会主义意识形态所追求的理想社会，进一步推动了20世纪50年代以来西方社会出现的“意识形态终结论”思潮：在当代社会的科学合理性和求实态度面前，意识形态在政治领域所发挥的定向的功能已经没有任何意义，时代已经不再需要某种综合的信仰体系；意识形态作为提出和解决问题的手段只对不发达的社会有现实意义，对高度发达的国家来说，它们已经失效，已经不再适应科技革命时代社会所面临的任务和性质，对于现代化的工业社会来说，只能依据专家治国、技术统治理论的蓝图来进行设计和管理，而不需要什么意识形态。①

（五）网络舆论的多元性导致的各种社会思潮影响社会主义意识形态的权威认同

网络可以放大社会价值体系的多样化，威胁社会主义意识形态的主导地位，增加了主流意识形态理性整合的难度。在社会信息化条件下，海量的信息尤其是网络信息流变具有碎片化、表面化、大众化、情感化以及变化快、性质杂等特点，增加了主流意识形态主导和理性整合的难度，不利于主流意识形态认同。网络传播的开放性、隐蔽性、即时性打破了主权国家对社会思想和价值观念的垄断封锁和控制性筛选，导致了多元社会思想和价值观念并存，为社会成员在价值和信仰上的理性选择提供了多种可能性，在一定程度上削弱了主流意识形态的价值引导和舆论控制能力，给主流意识形态认同带来了一定困难。可见，网络化极大地丰富了社会成员的知识和信息存量，却使文化同质性、意识形态控制和主流意识形态认同的难度大大增加了。

网络在为不同的文化进行交流和比较提供了一个自由的平台的同时，也使得各种文化取向的差别和对立更为彰显。网络空间西方意识形态的渗透和滋生与市场经济的各种思想，正在以更加多元化的表现形式冲击着人们对社会主义意识形态的信仰。网络传播的海量信息所造成的信息选择的多样性和价值取向的多元性，使多党制学说、保守主义、自由主义、历史虚无主义、人权至上论、泛文化主义、原教旨主义甚至纳粹主义等各类学说也在网络上纷纷登场，各种类型的文化、意识形态、价值观念、生活准则、道德规范均可在网上找到立足之地，利用网络广泛地传播自己的主张，扩大自己的影响，在一定程度上冲击着我国主流意识形态的控制力和导向力。人们在网络中可以接触到各种类型的意识形态、各种取向的政治学说，这会影响到人们对自己国家的政治比较和政治评价，必然会冲击社

① 黄建华："当代意识形态研究：一个文献综述"，《政治学研究》，2003 年第 3 期。

会主义主流意识形态的影响力和权威认同。[①] 而丹尼尔·贝尔的“意识形态终结论”和福山的“历史终结论”等社会思潮更具迷惑性，试图通过系统化的理论和貌似客观的历史事实，赢得人们的信服和认同，从而动摇主流意识形态的权威性。各种思潮的相互激荡，造成人们信息选择和价值取向的多样性，而多重选择带来的往往是冲突和迷惘。

（六）网络文化淡化了公民传统的政治情感和社会主义意识形态

一方面，网络时代市场经济趋利性和消费主义价值观的蔓延，使人们更多地关注自身利益的诉求，而较少接纳或认同所谓的理想信念，社会主义意识形态的影响力和凝聚力、严肃性和权威性受到严重挑战。互联网极大地刺激了大众文化的发展，消解了人们的政治热情。互联网作为信息多媒体工具，具有强大的消费和娱乐功能，这一功能适应了大众文化世俗化的发展要求，因而各种各样的网络广告和消费充斥着网络空间，争取和引导着人们的注意、选择和消费，形成了所谓的“注意力”经济。网络以其强大的消费和娱乐功能成为了消费文化的重要载体，极大地刺激了消费文化、娱乐文化的流行和发展。网络从感性的层次上分解了一些人的政治信念和政治热情，增加了主流政治文化建设的难度。[②] 同时，消费文化的流行也极大消解着社会主义意识形态的核心价值观，如对爱国主义、集体主义和社会主义的思想政治认同。

另一方面，网络时代的社会信息压力挤占了社会主义意识形态认同的时空。现代科学技术的迅猛发展，不仅使社会的信息与知识总量急剧增加，而且加快了信息与知识的传播与交流，人们学习、运用、更新、创造知识，以及获取、加工、整合信息的压力不断加大。这种逐渐增加的知识、信息压力，使人们尤其是青年一代忙于应付智育与业务学习，在不知不觉之中忽视了思想政治教育与德育活动。可见，社会信息化造成的信息

---

① 刘文：“网络化对社会主义国家政治安全的挑战及对策”，《社会主义研究》，2004 年第 2 期，第 102 页。

② 俞慈珍：“浅谈互联网环境下的主流意识形态教育”，《企业导报》，2012 年第 1 期，第 237—240 页。

压力给社会主义主流意识形态认同带来了一定困难。[①] 而网络世界的快变奏、差异性和虚拟性加剧了人们对社会主义意识形态的信仰危机。在网络化和全球语境中，无中心、反体系、多样化、个性化的后现代性正在瓦解现存的以等级结构和统一规范为鲜明特征的工业体系。在这种社会转型时期，原有的相对静态的社会秩序、政治模式、文明道德和价值体系不再适应变化着的社会现实，对于社会个人生活的规范效力和促进效力，以及在这个过程中体现出来的作为精神支撑和解释依据的终极作用日趋式微，认同信仰危机成为国际范围内普遍存在的问题，而网络化趋势则更是增加了这一矛盾。

综上所述，社会主义意识形态作为社会主义国家的上层建筑，直接体现了社会主义国家的价值观、道德观和利益观，是国家利益的重要组成部分，也影响决策者对基本国家利益的判定。作为反映社会经济形态和政治制度的思想体系，社会主义意识形态是社会主义制度和政权赖以存在的思想基础、共同理想、价值观念和精神支柱。然而，网络时代既赋予了社会主义意识形态以发展契机，同时也在某种程度上消解了其主导地位。如何巩固社会主义意识形态在当代的主导性成为一个重要挑战。

第三节　案例分析——美国在意识形态领域的网络政治化攻略

美国借助网络所进行的意识形态扩张是网络政治化在国际关系中的一个突出表现。美国不仅在网络应用上走在世界前列，而且意识形态的攻势也很引人注目。尽管如今的意识形态对抗相比冷战期间大大减弱，但是美国还在高举意识形态的大旗。[②] 意识形态是由各种具体的意识形成的政治思想、法律思想、经济思想、社会思想、教育、艺术、伦理、宗教、哲学

---

① 聂立清："社会信息化与我国主流意识形态认同的构建"，《领导科学》，2010 年 8 月中，第 14 页。

② 吴心伯："中国外交不要落入美国式陷阱"，《环球时报》，2014 年 12 月 9 日。

等构成的有机的思想体系。[①] 意识形态的一个重要社会功能，就是为一定的社会或政治共同体成员规定其社会活动的价值导向。

网络是影响受众的最有效的意识形态国家机器之一，也是近年来美国进行意识形态扩张的首选工具。早在1995年，美国国防部完成的《对互联网的战略评估》报告中就列出了互联网的七种战略功能：政治作用、情报搜集与反搜集、决策支持、公民社会支撑、进攻型使用及冲突状态下的信息沟通。其中“政治作用”明确指出可利用互联网对美国认定的非民主政权进行挑战；而所谓对互联网的“进攻型使用”更指出，可通过互联网散布错误信息，误导受众，诱使其做出符合美国国家利益的行为。美国不仅通过明的官方途径树立自己网络自由旗手形象，而且通过各种暗的干扰、影响与甚至破坏性的网络途径进行意识形态扩张。具体而言，美国意识形态扩张的网络政治化路径有如下几个方面：

一、通过官方途径树立自己“网络自由旗手”形象

美国意识形态扩张的网络政治化路径之一是通过官方途径树立自己网络自由旗手形象。美国意识形态输出主体主要包括政府组织（如白宫、国会、国务院、国防部、情报机构、新闻署、国际开发署等联邦政府及部门）和非政府组织（包括智库和基金会）以及媒体等，[②] 这些主体互相呼应、各有分工配合。其中主导者则是美国政府，而国务院又是最重要的意识形态网络扩张的主体。美国国务院的国际信息局（Bureau of International Information Programs）就是负责向全世界“传播美国”的重要部门，承担着“以多种形式向国外公众传播美国对外政策、社会与价值观有关的各类信息，帮助受众更好地了解美国，促进思想和文化交流，建立和维持美国的国际声誉”的职责。[③]

美国首先是通过正面的官方方式宣扬网络自由，并主张开放的国际舆

---

① 俞吾金：“意识意识形态：哲学之谜的解答”，《求是学刊》，1993年第1期，第3—7页。

② 董德、侯惠勤：“9·11以来美国对华意识形态输出战略浅论”，《南京社会科学》，2012年第10期，第80页。

③ Bureau of International Information Programs，State Department，http：//www. state. gov/r/iip/.

论环境。2010年1月，美国时任国务卿希拉里在华盛顿新闻博物馆首度发表关于互联网自由问题的讲话；2011年2月，希拉里再次发表关于“互联网自由”的演说，对“互联网自由”概念做了更细化的阐述，并且将其纳入美国外交政策框架。因此，2011年5月提出的《网络空间国际战略》中，“网络自由”成了核心理念之一。“当网络世界面临威胁和入侵时，美国高度重视以下原则：言论和结社自由、珍视个人隐私和信息的自由流动”。“美国的国际网络空间政策反映了美国的基本原则，即对基本自由、个人隐私和信息自由流动的核心承诺”；同时，“网络自由”作为美国《网络空间国际战略》七个“政策重点”之一被反复强调：“美国鼓励全世界人民通过数字媒体表达观点、分享信息、监督选举、揭露腐败、组织政治和社会运动”。“美国将继续确保网络的全球属性带来的益处，反对任何试图将网络分裂为一个个剥夺个体接触外部世界的国家内部网络的努力”。[①]

在正面宣扬美国自身网络自由旗手的同时，美国时常对别国的信息政策进行打分评估，并横加指责。希拉里早在2011年2月乔治·华盛顿大学的演讲中就公开点名中国、古巴等国家是“实行书报检查、限制网络自由、逮捕批评政府的博主的国家”。[②] 一些非官方人士也加以附和，如谷歌创始人之一谢尔盖·布林（Sergey Brin）在接受英国《卫报》独家采访时曾称，中国是互联网自由的三大敌人之一。[③]美国国务卿克里2014年2月15日在结束访华行程前会晤4名中国知名媒体人和网络博主时的会谈主题也为“互联网自由”。美国人权组织“自由之家”2014年12月初则发表年度报告称，世界各地的互联网自由度连续第四年下降，其中表现最恶劣的国家是中国、叙利亚和伊朗。这三个国家在65个国家和地区网络自由度排名中垫底，中国倒数第三。[④] 而据西方媒体报道称，总部设在华盛顿

---

① The White House, *The International Strategy for Cyberspace*, p. 24, http://www.whitehouse.gov/sites/international_ strategy_ for_ cyberspace.pdf.

② Hillary Rodham Clinton, "*Internet Rights and Wrongs: Choices & Challenges in a Networked World*," U. S. Secretary of State Remarks at George Washington University, February 15, 2011, available at: http://www.state.gov/secretary/rm/2011/02/156619.htm.

③ Damon Poeter, "*Google's Brin Bashes Hollywood, China, Facebook as Enemies of Internet Freedom*," April 15, 2012, http://www.pcmag.com/article2/0, 2817, 2403063, 00.aspb.

④ “中国网络自由排倒三”，人民网—环球时报，2014年12月8日，http://it.people.com.cn/n/2014/1208/c1009-26165585.html。

的国际性的非政府组织“自由之家”的大部分资金来源于美国政府，与美国国防部关系密切。①

二、推动塑造“美国正确”和推行美国价值观的自由信息环境

美国意识形态扩张的网络政治化路径之二是推动塑造“美国正确”和推行美国价值观的自由信息环境。美国认为通过构建开放的全球信息体系并拓展越境信息流的自由流动，可以建立和维护有利于美国利益的国际信息环境，因为这是了解、理解并接受美国的价值观、认可美国的主导地位、服从美国的战略前提。2001年，兰德公司受美国国防部委托写了一份美国全球软实力战略报告，提出了五项建议，其中第一条就是“在世界各地扩张网络连接，特别是要连接到那些不喜欢美国思想观念的国家”。② 美国财政部外国资产控制办公室主任舒宾（Adam Szubin）也曾表示，通过扩大互联网自由和其他手段鼓励民主变革，调整甚至有选择地放松美国对伊朗和古巴等国的制裁，可帮助美国实现外交政策目标。用舒宾的话，“个人通信软件的应用和普及是帮助地球上那些最残暴政权发生民主变革的不可或缺的工具”。③ 一方面，美国通过资金和技术支持规避网络审查、突破网络封锁等技术和应用的研发，试图扫除其意识形态网络扩张的障碍；另一方面，美国还通过各种国际国内协议和政策文件力图将其所谓的网络自由政策国际化。

美国政府一直致力于从资金和技术方面对规避网络审查和突破网络封锁等相关研发提供支持，并逐步将其自由信息环境的推进重点从传统媒体向互联网转移。美国认识到网络的发展兴盛提供给美国一个高效的意识形态扩张工具，而自由的网络信息环境则是其发生作用的前提。为了这一目

---

① Available at http：//www. rightweb. irc-online. org/profile/Freedom_ House.

② 五条建议分别是：1. 在世界各地扩张网络连接，特别是要连接到那些不喜欢美国思想观念的国家；2. 把在世界范围推行信息自由传播作为美国的权力；3. 开发多层次信息分享系统，不仅是确保信息安全，更重要的是制造全球性的信息分享空间，以便公开讨论某些问题；4. 组建一支“特种媒体部队”，随时派遣到发生冲突的地区，搜集与传播信息；5. 国家和非国家组织，特别是与非政府组织建立一套更紧密的协调行动机制。

③ 东鸟：《中国输不起的网络战争》，长沙：湖南人民出版社，2010年版，第102页。

标，国务院和国际开发署、广播理事会等机构都获得了充分的预算支持。为了支持互联网自由项目，国务院就投入数千万美元支持翻墙软件等相关研发。2011 年 2 月“美国之音”停止对华广播的决定也是美国自由信息环境策略的调整结果，因为美国意识到今后对华宣传渗透的重点将主要依靠社交网站、手机网站以及微博等新媒体形式，“互联网才是我们真正想要接触的受众活跃的地方”，① 所以“美国之音”中文部决定专注于开发网络和手机对华宣传渠道。

美国还通过各种协议和政策途径，将美国关于互联网自由的价值和政策国际化，对其他国家施加压力，以保障美国在网络空间的活动自由。除了制定《网络空间国际战略》协调与盟国及伙伴在网络空间的政策外，美国还促使联合国人权理事会通过“在互联网上增进、保护和享有人权”决议草案、② 加入“自由网络联盟”并和荷兰宣布建立“数字卫士伙伴关系”以扩展该联盟的影响、③ 推动以《开放政府宣言》为基础的“开放政府伙伴关系计划”。④ 美国国会还致力于通过一项“全球网络自由法案”(Global Online Freedom Act)，要求发挥美国的影响力，包括外交、贸易政策以及出口管制等手段，支持、促进并加强推动信息自由传播的原则、做法和价值观。⑤

---

① “‘美国之音’停止对华广播欲讨好北京?”，《人民日报（海外版）》，2011 年 2 月 22 日。

② 联合国人权理事会 2012 年 7 月 5 日通过“在互联网上增进、保护和享有人权”决议草案(Resolution on the Promotion, Protection and Enjoyment of Human Rights on the Internet)，该决议明确所有的个人在网上都应该享有在离线状态下同样的人权和基本自由，不论人们通过什么媒介行使权利，各国政府都必须保护这些权利。

③ “自由网络联盟”汇集“捍卫互联网自由的政府、企业、民间团体和学术界，共同维护互联网用户和网络活动人士的权利”，目前有 15 个成员国。

④ 开放政府伙伴关系计划（Open Government Partnership）于 2011 年 9 月创立，其八个创始国是巴西、印度尼西亚、墨西哥、挪威、菲律宾、南非、英国和美国。参与该计划的国家保证恪守《开放政府宣言》(Open Government Declaration) 提出的原则：“开放与公民的接触以改善服务、管理公共资源、促进创新和创建更加安全的社区”，至 2014 年 12 月，已有 65 个成员国。

⑤ 汪晓风：“社交媒体在美国外交中的战略定位与政策运用”，《美国问题研究》，2012 年第 2 期，第 82 页。

三、通过网络"润物细无声"地推广渗透其文化和价值观

美国意识形态扩张的网络政治化路径之三是通过网络"润物细无声"地推广渗透其文化和价值观。意识形态输出的最好方式就是通过整合运用经济、政治、社会、法律、文化和外交等多种"软"的潜移默化的手段。美国金融大鳄乔治·索罗斯（George Soros）说："'革命'不应被引向防御工事，不应在街道上，而应在平民的思想里。这种'革命'是和平的、缓慢的、渐进的，但从不间断。到最后，它终将导致'民主'在一些国家中诞生"。① 所以，美国通过服务和贸易的广泛开展和大量影视作品的输出，多渠道传播西方生活方式；通过社交媒体影响意识形态扩张目标国的社会舆论；通过网络教育交流和接触影响社会思潮、学术思潮并进而影响决策。伊朗大选骚乱后，美国一前情报官员说："中情局突然发觉，通过互联网输送美国的价值观，远比派特工到目标国家或培养认同美国价值观的当地代理人更容易。"②

美国首先依托其网络优势多渠道传播渗透其文化和生活方式。在可以预见的未来，美国在信息领域的"高位优势"在相当大程度上决定着互联网信息的内容、流动方向以及传输速度。这种不平衡的信息流动过程中，每日每时不计其数的信息带着美国政治文化的烙印通过互联网飞往世界各地，美国的社会价值观和意识形态传递给其他国家，美国的政治意识和政治认知也被编码在信息中强制性地灌输给世界，并随着网络的扩张不断影响和解构目标民族和国家的价值基础。同时由于网络通信技术在全球普通民众间触手可及，各种互联网新技术的层出不穷又让各个政府"非常难以"控制信息。所以，通过网络优势下的权力话语控制，美国试图将其独特的自我经验上升为全人类的普世经验，用自身的意识形态谋求"影响和引导"世界未来方向。

其次是通过网络公共外交手段主动推广其文化价值观和意识形态。

---

① 唐勇、常喆、王鸿刚："推动'颜色革命'，索罗斯基金会向全球渗透"，《环球时报》，2005 年 4 月 18 日。

② 东鸟：《中国输不起的网络战争》，长沙：湖南人民出版社，2010 年版，第 58 页。

2006年1月，时任国务卿康多莉扎·赖斯（Condoleezza Rice）提出进行“转型外交”，认为美国外交官应从原来单纯向国务院汇报情况转为主动对驻在国施加影响。[①] 奥巴马政府进一步提出了以巧实力促进美国国家利益、确保美国领导地位的战略。巧实力外交的一个重要手段是重视包括社交媒体在内的各种互联网工具的互动功能，加强同外国民众的全方位接触与交流，寻求“推进美国人民和世界人民的持续而广泛的联系”，[②] 从而“使海外民众参与我们的活动、了解我们的政策、接受我们的影响”。[③] 因此国务院更要求其所有大使馆、领事馆和外交使团都进驻所在国主要的社交媒体，与公众互动并探知公众对美国政策的理解或者期待，传递美国政策背后所包含的传统和价值观等深层次的信息。而且，在语言和内容方面都刻意与目标国受众拉近距离，美国驻外使团注重在驻在国的主要社交媒体使用所在国的官方语言和文字，并强调以用户乐于接受的方式阐释政策意图或传递信息。美国国务院在优兔（Youtube）上推出“民主是什么”（“democracy is”）短片拍摄竞赛（2008年、2009年共举办过两届），2010年又在“推特”（Twitter）上发起“democracy is”民主定义竞赛，吸引了世界各国网民积极参与。《美国参考》也从传统媒体搬到网络上，并被翻译成各种文字。[④]

再次，在美国的网络意识形态渗透策略中，除了利用其在信息、技术上所具备的不对称优势以及网络公共外交外，还有一个重要途径就是通过培植目标国精英人士作为其代理人进行间接渗透。美国一直致力于在各国培植西方政治思想武装起来的西方利益代理人。顺应意识形态领域的感性化、学术化和日常生活化趋势，美国不断创新方式方法，实施各领域的意识形态输出，包括扩大民间交往、大幅增加赴美留学生和访学签证，资助

① Condoleezza Rice, “*Transformational Diplomacy*,” Speech at Georgetown University, January 18, 2006. http://2001-2009.state.gov/secretary/rm/2006/59306.htm.

② U.S. White House, “*National Security Strategy of the United States* 2010,” May 27, 2010, http://www.whitehouse.gov/sites/default/files/rss_ viewer/national_ security_ strategy.pdf.

③ U.S. Government Accountability Office, “*U.S. Public Diplomacy: Strategic Planning Efforts Have Improved, but Agencies Face Significant Implementation Challenges*,” April 26, 2007, http://www.gao.gov/new.items/d07795t.pdf.

④ 汪晓风：“社交媒体在美国外交中的战略定位与政策运用”，《美国问题研究》，2012年第2期，第89页。

目标国内一些组织、行业精英以及其他有影响力人士从事相关学术研究以及出国访学等多种途径，借此培养、驯化他们西方式尤其是美国式的思维方式和价值观，影响和引导社会思潮和学术思潮。美国政府从1948年开始的“富布赖特项目”资助世界各国的青年学生、专家、学者被看作是“对美国国家长远利益投资的一个典范”,[①] 使之在潜移默化之间成为美国意识形态渗透的先锋部队。学术思潮的意识形态化有两个途径：一是学术思潮的内容通过各种咨询报告为执政者所认同并采用，进而由政策主张通过国家机器的传播和放大，间接地进入意识形态层。二是学术思潮，通过学术期刊、学术团体的学术传播以及各大众传媒的文化传播，进而走进人们的思想，成为一部分人的意识形态（即非主流意识形态）并进而影响主流意识形态。

四、通过网络途径挤压竞争性意识形态的生存空间

美国意识形态扩张的网络政治化路径之四是通过多种途径挤压竞争性意识形态的生存空间。与上述通过自上而下的推广渗透手段不同的是，这种手段通过煽动不满情绪、培植反政府的价值观和意识形态，进行社会性动员以在关键时刻发挥内部瓦解和现实政变，旨在对竞争性意识形态实行自下而上的挤压乃至消灭，推行外压与促内变相结合的战术。

首先，美国尝试用不同的方法在目标国内煽动对该国政府的不满情绪。美国的政府、团体、公司或个人等多种行为体时常借助网络挑起民生热点问题的比较讨论以吸引目标国网民关注，诱发其对当局的不满。例如频繁关注、炒作我国境内“拆迁”“维权”等热点事件和敏感话题，借机宣扬西方价值理念，并挑战我主流意识形态。2011年1月，美国驻华大使馆官方微博发了一条晒美国房价的信息，挑起了国内网民对于当前中国房价居高不下的不满情绪。在随后几个月里，美国驻华大使馆接连发布关于美国家庭的税费、电话费、上网费等多条微博，通过炒作民生热点问题，

---

① Leonard R. Sussman, *The Culture of Freedom: The Small Word Fulbright Scholars*, Maryland: Rowman & Littlefield Publishers, 1992, p. 87.

吸引中国网民关注。此外，美国借助一些官方的评估报告来吸引目标国民众的关注，例如美国每年发布的人权报告。美国还鼓励目标国的国内人权组织向美国大使馆负责人权问题的官员提供自己国家侵犯人权情况的信息，为其每年提出的各国人权报告提供素材，从而可以间接地对自己的政府施加压力,[①] 进而达到其以压促变、以压促乱的目的。

其次，美国还经常充当网络推手角色，将那些反共、反政府人士和网络大V，通过技术手段打造成"意见领袖"，扩大他们在民众中的影响力，培养民众的亲美情节和反政府情绪，再由他们煽动和制造社会舆论事件。美国很重视培植新生代"民主精英"，寻找和培植反政府势力从事各种渗透或破坏活动，试图促使一些目标国发生"颜色革命"。美国"人权观察"、"国际大赦"、"人权律师委员会"等政治组织设立"数据自由网络"，专门为各国所谓持不同政见者们提供反对本国政府的论坛，使互联网成为和平演变的工具。美国还不惜利用"网络推手"公司，制造谣言，采取大"V"转发、门户网站策应、国外媒体跟进等联合手段，形成强大的社会舆论，以此围攻目标国政府部门并丑化其形象，弱化其主流意识形态的吸引力。

再次，美国还在一些关键时刻动用其网络力量为反政府活动提供技术支持。互联网具有技术的天生政治性，但是它的政治性是政治环境所决定的。[②] 随着社交网络的出现，互联网在俄罗斯、中亚、中国、埃及、伊朗、白俄罗斯、缅甸等国家和地区，正成为组织和动员抗议者的重要力量，并逐渐在一系列大型和突发政治事件中发挥重要作用。从摩尔多瓦议会选举引发的政权更迭，到伊朗大选后抗议互动引发的暴力骚乱，互联网尤其是社交媒体发挥了重要作用。2009 年 6 月，伊朗出现大选骚乱局势，谷歌加速推出波斯语翻译工具，同时国务院的年轻官员贾里德·科恩（Jared Cohen）发邮件给"推特"（Twitter）要求暂停维护，以便伊朗反对派及时发

---

① ［美］玛格丽特·凯特、凯瑟琳·辛金克著，韩召颖、孙英丽译：《超越国界的活动家——国际政治中的倡议网络》，北京：北京大学出版社，2005 年版，第 115 页。

② ［美］安德鲁·查德威克著，任孟山译：《互联网政治学：国家、公民与新传播技术》，北京：华夏出版社，2010 年版，第 26 页。

布游行示威活动信息。[①] 2011 年 1 月 25 日，埃及数百万人走上街头抗议并引起暴乱，埃及采取了切断国内互联网的措施。然而，在谷歌公司的帮助下，技术人员建立了"Speak-2Tweet"服务，埃及人可以通过该服务打电话，并能留下最终可被传送到"推特"的音频信息。同样，在利比亚的冲突加剧后，政府关闭了互联网，但以美国为首的北约立即为反对派提供了网络支援，建立了自己的通信系统，使得利比亚国内和境外的反政府力量能实时相互沟通。[②]

综上所述，网络已成为近年来美国进行意识形态扩张的首选工具。美国不仅通过官方途径树立自己网络自由旗手形象，推动塑造"美国正确"和推行美国价值观的自由信息环境以及通过网络"润物细无声"地推广渗透其文化和价值观，而且通过各种暗地干扰、影响甚至破坏性的网络途径挤压竞争性意识形态的生存空间。美国在意识形态领域的网络政治化攻略对其他国家尤其是发展中国家的政治安全与发展形成了威胁。

---

① Mark Landler and Brian Stelter, "Washington Taps into a Potent New Force in Diplomacy," *New York Times*, June 17, 2009, p. A12.

② 戴旭："美国是如何在全球'颜色革命'的?"，2014 年 10 月 13 日，http://www.dooo.cc/2014/10/32151.shtml。

第六章 网络时代的政治稳定与政治秩序

第一节　网络时代政治稳定的内在逻辑

政治稳定是指一定社会的政治系统保持动态的有序性和连续性，是指某一政治体系拥有能够延续下去的实力和状态。根据亨廷顿的政治秩序论，政治稳定是政治秩序安全的逻辑终点。本节即希望通过分析政治稳定和政治冲突的关系以及网络时代影响政治稳定的内在逻辑因素来揭示网络时代政治秩序安全的风险面。

一、政治稳定与政治冲突

政治稳定的内涵主要是指政治体系的运行和前进都充满秩序性，没有全局性的政治动荡，政权没有发生突发性的质变，民众不会用非法手段来参与政治或夺取权力，政府也不采用暴力或强制手段压制民众的政治行为和诉求，把社会冲突控制在一定的秩序之内。政治稳定体现在许多方面，主要包括国家的主权稳定、政府稳定、政策稳定、政治生活秩序稳定以及社会政治心理稳定等诸多方面。政治稳定对于一个国家来说，从内容上看，应当包括国家政治制度和国家政治权力主体的相对稳定；国际政治生活的稳定；国家政策、法律、法规的持续性稳定；国家社会秩序的和谐稳定。政治稳定并非静止不变，不是消极维护秩序，也不是为了稳定而否定阶级冲突和阶级斗争。政治稳定应该是一种积极的、动态的稳定。[①] 政治稳定是政治发展的重要目标，但是政治发展并非自然而然地导致政治稳定，只有把握了政治稳定的特点，才能够有效维护政治稳定。

西方学者通常认为政治稳定包括稳定的的政权体系、合理的权力结构和有序的政治过程三个不同的层次。[②] 首先，政权体系的稳定包括政治共同体的稳定、基本政治制度的稳定和执政主体的稳定。政权稳定是整个政治稳定的核心，权力结构和政治过程的不稳定都会给政权稳定带来一定影响，但由于政治不稳定可以出现在不同层次、不同结构方面，因此不能把政治不稳定与政权不稳定等同起来。其次，国家权力结构的合理性，即权力结构的合法性、有效性和统一性等。权力结构是指国家权力构成的形式，如中央政权的构成中，权力机关与执行机关的配置以及中央与地方政府的关系等。再次，政治过程的有序性，即政治决策和政策实施的有序性，决策的有序性是指决策的整体性和连贯性，即基本政策没有大幅度改变，尽管可能存在渐进性和边际性的调整。政策实施的有序性是指在政策实施过程中能够做到令行禁止。政治稳定的这三个层次相互联系，相互影响。其中政权体系的稳定是整个政治体系稳定的根本，而权力结构和政治过程的稳定则处在相对次要的地位。如果政权体系不能保持稳定，则政治权力结构和政治过程必然也不能保持稳定；如果权力结构和政治过程表现出某种程度的不稳定，也会对政权体系的稳定产生一定程度的影响。

政治稳定是指将社会冲突控制在一定的秩序范围之内。政治稳定体系内含三个相互作用的范畴：政治结构、政治稳定和政治冲突。比较政治学派的代表人物阿尔蒙德曾经指出，政治不稳定产生于“政治体系的能力和社会要求之间的脱节”；戴维·伊斯顿认为，“政治稳定在于政治系统有能力承受外部环境对该系统的压力”；亨廷顿则提出，“政治稳定是公民政治参与能力与政治制度化程度之间的某种平衡状态”。[③]

---

① 王金水：《网络政治参与与政治稳定机制研究》，北京：中国社会科学出版社，2013 年版，第 155 页。

② 邓伟志：《变革社会中的政治稳定》，上海：上海人民出版社，1997 年版，第 24 页。

③ 王金水：《网络政治参与与政治稳定机制研究》，北京：中国社会科学出版社，2013 年版，第 124 页。

政治稳定需要进行政治结构的控制和调节。社会学家 E. A. 罗斯（Edward Alsworth Ross）提出社会控制的概念，认为社会控制的目标是维护社会秩序，也就是政治稳定。控制机制是为了规范个人的行为，使其符合社会秩序的要求。[①] 而调节机制可以对政治冲突的发生发展进行控制，使之对政治稳定的影响最小。

政治冲突作为国家政治结构的功能稳定器，通过政治反馈或政治结构的整合来达成政治体系的自我稳定。[②] 政治冲突反映了以利益、观念、政策、个人或利益集团的敌对性遭遇或对抗为特征的社会现象。政治冲突有很多表现形式，如从政治分歧的言辞甚至到公开的战争。政治冲突的解决一般是通过非政治性手段，主要依靠社会的压力、经济制裁等方式。美国著名社会学家刘易斯·科塞在 20 世纪 50 年代曾提出了社会冲突功能理论。科塞从“冲突是一种社会结合形式”的命题出发，认为在一定条件下，社会冲突具有保证社会连续性、减少对立两极产生的可能性、防止社会系统的僵化、增强社会组织的适应性和促进社会整合等正面功能。“冲突经常充当社会关系的整合器。通过冲突，互相发泄敌意和发表不同的意见，可以维护多元利益关系的作用。”[③] 但若政治冲突威胁到社会稳定或导致大规模暴乱冲突，就需要政府通过应用国家机器或政策来加以干预。

二、政治系统与网络环境的信息能量交换

政治系统要实现良性运转，必须同其他任何有机系统一样，不断地与环境进行信息和能量的交换。如果这一信息交换出现阻塞或中断，政治系统的效能就会大大削弱，甚至导致系统本身的崩溃。具体来讲，在政治系统中，如果民众对统治阶层的期望很高，要求很多（输入量大），而统治阶层的决策、措施无法应付（输出量小），就会导致政治局势的不稳。反

---

① Edward Alsworth Ross, *Foundations of Sociology*, Germany: Nabu Press, 2011.

② 许耀桐：“面向 21 世纪的中国政治学：对政治现代化的关注”，《政治学研究》，2008 年第 4 期。

③ 何显明：《群体性事件的发生机理及其应急处置——基于典型案例的分析研究》，上海：学林出版社，2010 年版，第 91 页。

之，如果民众只是消极地服从于统治阶层，或对政治“如履薄冰，如临深渊”，惧而远之，不能通畅地表达民意，都会不利于统治的稳定。系统与环境的信息能量交换其实也是政治系统进行调节的过程，充分的信息能量交换是维持政治稳定的重要保障。

政治系统与网络环境的信息能量交换是通过两个方面进行的：一方面是网络舆论和网络参与的政治信息输入过程，另一方面是政府信息公开的政治信息的输出过程。而前者是影响政治稳定的变数更大的方面，也是更值得研究的方面。因为从参与主体数量而言，政府行为者的可预测性明显大于众多的网民。而且，网络时代的政府公开的确已经在日益进步，各国也有相关的信息公开的规定或法案，例如美国的《信息自由法》和《电子信息自由法》。

政治参与是现代民主政体维护政治稳定和国家统一的重要通道和手段，如通过全民公决，最大范围地动员起全体公民，对重大的、棘手的问题依据大多数人的意愿处理，能够化解旷日持久的政治冲突。在网络条件下，公民可以通过网络直接表达自己的意见，甚至可以通过一些网络自治组织共同表达制定某项政策的意愿。网络媒介作为一种联结公民与政策中枢系统的桥梁，为很多无法直接与政策中枢接触的公民的利益表达开辟了通道，从而扩大了政策输入的渠道。网络的开放性、交互性和平等性使网络突破了传统媒体由于时空间隔造成的信息传输的种种障碍，为民众进行利益表达、输入政治意愿、参与政治决策提供了更加便捷的渠道，大大改善了政治参与的技术手段，使网络成为政治参与的一个重要途径，这是积极的方面。但是同时，我们也要看到其中一些影响政治稳定的隐患的存在。

从网络舆论这一信息输入途径来看，的确存在一些可能影响政治稳定的因素。互联网在增强人类收集和利用信息能力的同时，也使编辑、传播和操纵虚假信息有了更为先进的工具。同时，互联网上的各种舆论交锋，常常是负面舆论多，正面舆论少。其原因在于，首先，负面新闻、负面事件、负面话题具有天然的吸引力，容易诱发民众的好奇本能，引发民众积极探究讨论，而且一般情况下民众发表批评性意见要比发表肯定性意见的动力更强。其次，网络舆论的高度可塑性极易受到误导和操纵。一些别有用心的组织和个人出于种种政治目的在网上制造假新闻，发布假消息，歪曲事实进行宣传，并通过巧妙编辑操纵信息，从而误导政治信息输入，给社会政治稳定造成极大危害。①

从网络参与这一输入途径看，网络化的发展在带来广泛的网络政治参与的同时，也引发了大量的体制外的非组织性的政治参与以及非理性、甚至非法性政治参与的滋生，使国家原有的节制政治参与的基础开始动摇，当政府无法把公民的政治参与节制在一个与政治发展相适应的水平上，使其突破原有政治体系所能容纳的限度时，政治体系的有效性就会受到削弱，继而动摇整个政治体系的稳定。网络参与对政治稳定的负面影响主要包括如下几个方面：

第一，网络政治参与的不平衡性将影响政治稳定。由于参与主体的经济条件、教育程度、个人偏好等方面的差别，使得网络时代政治参与主体分裂成信息富有者和信息贫困者两部分，形成所谓的信息鸿沟。信息富有者（少数知识精英）掌握网络技术知识和管理知识，控制信息输入输出，逐步融入政治体系并按自己的意愿影响政治体系发展；而由于信息鸿沟的存在，信息贫困者（部分参与主体）只能是网络政治参与的旁观者。尽管他们也可以通过传统方式参与政治，但随着网络政治参与越来越发展，他们的政治参与权利无疑将受到严重的影响。当一部分人以网络为工具充分行使政治权利，积极地进行政治参与并主导政治发展方向时，另一部分人却被排斥在主流社会以外，参与权利被剥夺，利益诉求无法表达，使得本来处于弱势的群体利益受到损害，造成新的社会断裂。因此，理论上平等的网络政治参与权利和机会在实际上将呈现出严重的不平衡状态。这种不均衡的政治参与容易使政治发展产生偏差，造成信息穷人和信息富人之间的矛盾和某些范围内的社会冲突，进而危害政治稳定。

第二，网络政治参与的膨胀可能引发政治系统的超载从而威胁政治稳定。网络政治参与由于其自主性和便捷性，将引发大规模的主体参与，从而造成和加剧参与膨胀。尤其对于处于社会转型期的国家，社会矛盾集

① 马振超：“网络对社会政治稳定的影响分析”，《中国人民公安大学学报（社会科学版）》，2009年第5期，第52页。

中、突出，民众的利益意识迅速觉醒，各种利益集团迅速形成，不同利益群体和社会成员为实现自己的利益要求，迫切希望将自己的意志输入政治系统。当政治参与突破政治体系所能容纳的一定限度时，必然引发政治不稳定。这是因为在参与猝然扩展的情况下，民众不断增强的参与意识与政治体系所能提供的合法渠道之间将会形成空前的紧张和冲突。网络政治参与提高了人们的追求和期望，而政治体系满足人们期望的能力增长往往低于网络所激发的期望增长，这个差距就会导致人们普遍的社会挫折感。如果这种社会挫折感得不到适当的缓解，它就会促使人们通过政治参与向政治体系施加更多压力。在缺少适应性和强有力的政治制度的情况下，这种迅速扩大、过度涌入的政治参与，如果应对不当，就会造成政治动乱。[①]正如塞缪尔·亨廷顿（Samuel Huntington）在《变化社会中的政治秩序》中所论证的，在政治制度化程度较低的情况下，如果过分启动公民政治参与进程，会危及社会的政治稳定。

第三，网络政治参与的无序与非理性倾向将威胁政治稳定。传统政治运行过程一般把公民的政治参与限制在政治体系能够承受的范围内，有计划有步骤地推进民主化和制度化进程，对自发的政治参与行为进行严格的控制。然而网络的开放性和虚拟性，使得网络政治参与表现出一定程度的失控性，容易助长公民的绝对自由主义和无政府主义等极端民主化倾向，有可能打乱这种进程的步骤，造成政治参与的无序状态，从而动摇政治体系的稳定。同时，面对互联网中海量信息的不断轰炸，公众如果没有足够的时间和精力去消化这些信息，缺乏驾驭这些信息风暴的能力，将可能致使民众的网络政治参与在人云亦云的盲从中失去理性。因此，如果参与的非理性倾向得不到有效制约，网络政治参与就难以排除其导致社会政治不稳定的潜在威胁。

第四，恶意和敌意的网络政治参与较传统参与具有更大的破坏性。网络政治参与已经成为境内外敌对势力和敌对分子进行颠覆破坏活动的手段和工具。互联网自由开放性和离散性的特点决定了其信息的自由传递和交

---

① 张雷、刘力锐：《网民的力量：网络社会政治动员论析》，沈阳：东北大学出版社，2012年版，第146页。

流，在相当程度上加大了政府管理与控制的难度，为境内外敌对势力和敌对分子进行颠覆破坏活动提供了客观条件和便利。境内外敌对势力和敌对分子利用网络空间制造假信息，散布政治谣言，进行政治煽动、制造混乱、攻击和诋毁政府，并有计划、有目的地侵入国家的政治、经济、军事决策部门和信息中心，窃取机密或者破坏计算机和数据保护系统。[①] 一些社会热点问题也成为进行恶意炒作和煽动、攻击和颠覆政治制度的借口。网络已经成为境内外敌对势力和敌对分子发表公开信、呼吁书，征集签名及发表文章，形成网络舆论，影响和危害政治秩序和政治稳定的主阵地。

三、映射在网络空间的对政治系统的外部环境压力

政治冲突不仅可能来源于政治系统与网络环境的信息能量交换，还可能来自于外部环境对政治系统的压力，比如现实社会矛盾以及网络恐怖主义。网络是现实世界的投影。社会转型时期的特点是各种社会问题突出。公众关心的住房、教育、医疗、腐败、环保等民生问题几乎都在网络媒体引起强烈的反响和激烈的辩论，形成了一个强大的公共舆论压力。这些社会热点问题都是对现实社会矛盾的反映。之所以形成网络舆论，是由于公众在感觉无力改变社会现状的时候，便拿起网络的武器，借此来抒发内心感言，发泄情感愤懑，或者也想通过这种方式引起政府的关注，解决社会矛盾和问题。社会不满情绪在长期积蓄的压力下，最终可能因一个偶发性事件的刺激，形成群体性的心理共鸣，大量非直接利益相关者卷入事件过程，将事件迅速升级，进而在群体行为特定的情境作用下，导致局势的失控而形成群体性事件，威胁政治稳定。[②]

通过网络映射的来自现实社会的压力对政治体系的威胁具有涟漪效应和共振效应。互联网既为民众互动或事件的发生提供了时空分离的载体，同时又是一个无限延伸的时空聚合器，整合和凝聚被区隔的时间和空间。

---

① 马振超："网络对社会政治稳定的影响分析"，《中国人民公安大学学报（社会科学版）》，2009 年第 5 期，第 53 页。

② 何显明：《群体性事件的发生机理及其应急处置——基于典型案例的分析研究》，上海：学林出版社，2010 年版，第 82 页。

这样就可以消弭因时空差异而产生的社会结构差异及生活环境差异，将不同地点和不同时间的网民的观点、思想、情绪与行为在互联网上以近似的或同一时空进行互动，就会产生共振效应。① 网络的交互性，推动事件发生涟漪效应。依托网络的快捷、高效等特点，个体化的意识可以在较短时间内广泛传播，并有可能迅速蔓延拓展成整个群体的认识，继而形成强大的社会影响力，形成对政府决策的现实压力，在一定条件下可能转化为现实的政治运动，从而对国家的政治制度安全和政治稳定产生实质性的影响。

而且，网络社会中，网民呈现出“从话语转变为行动”的行为新特征，使现实社会中的热点和网络空间的热点交叉汇集、共振联动，形成更为持续、强烈的网络舆情。现实社会中的利益冲突使弱势群体始终处于沉默状态，而网络空间畅通的民意表达渠道使他们形成更为强大的力量并聚集起来。当网络上出现相同境遇和状况时，网民在现实空间中的沉默态度被这种共鸣情绪激发为强烈甚至有些暴力的网络舆论。此时的群体极化效应使泄愤的情绪得到了进一步放大，网络空间的仇恨暴力舆论、社会空间的不满愤恨情绪交织在一起，难以控制和平息，造成了社会结构和政治体系的脆弱性和不稳定性。②

网络恐怖主义也是外部环境对政治系统的特殊压力，因为一些民族宗教问题常常以恐怖主义的形式出现。恐怖袭击事件亦称恐怖主义活动，是指某些组织、团体和个人为达到特定的政治意图或者出于反人类、反社会的目的，运用暴力或威胁等极端手段，蓄意制造特定的恐怖气氛和恐慌因素的犯罪活动。③ 美国反恐专家沃尔特·拉克警告说：“宗教动机（特别是邪教）可能会导致‘超级暴力’，出现以世界末日大决战的想象力为动力的‘后现代恐怖主义’。”布鲁斯·霍夫曼也估计：“宗教动机的恐怖分子可能使他们的暴力逐步升级，以制造严重破坏，足以搞垮世界政治体制，

---

① 王金水：《网络政治参与与政治稳定机制研究》，北京：中国社会科学出版社，2013 年版，第 133 页。

② 王国华、曾润喜、方付建编：《解码网络舆情》，武汉：华中科技大学出版社，2011 年版，第 96 页。

③ 宫承波、范松楠、黄晓云、王晶晶：《重大社会安全事件的网络传播》，北京：中国广播电视出版社，2012 年版，第 12 页。

并代之以混乱局面。”[①] 同时，物质文明迅猛发展的过程中，工具理性得到极大的张扬，但价值理性的衰落以及多重社会矛盾的现实，使得人们在信仰上陷入迷失状态。近几十年来，除已有的几大宗教外，名目繁多的各种所谓“新兴”教派及极端组织不断涌现，恐怖主义成为严重威胁。

“网络恐怖主义”一词由美国加州情报与安全研究所资深研究员柏林·科林于1997年首先提出，他认为网络恐怖主义是“网络与恐怖主义相结合的产物”。美国国防部（DOD）给网络恐怖主义下的定义是：利用计算机和电信能力实施的犯罪行为，以造成暴力和对公共设施的毁灭或破坏来制造恐慌和社会不稳定，旨在影响政府或社会并实现其特定的政治、宗教或意识形态目标。[②] 互联网日益成为极端主义分子散播激进思想，招募和培训恐怖分子的工具，而且手法越来越高明。恐怖组织可以通过网络，以独特方式向潜在支持者传递信息，各国政府却很难甚至没有办法实施有效打击；网络的分散性使调查人员很难追踪和阻止恐怖分子在网上发布信息。宗教极端主义正在变成一个更加普遍的、具有很强扩散能力的、当地化趋势明显的潮流。并且，在行动计划、信息交流、确定目标和策划宣传等方面，恐怖分子也正在提高其技术复杂性。恐怖主义正在变成一种“网络主导”的现象。

德国联邦宪法保卫局发现“网络宣传能够超越生活方式和参与动机上的巨大差异，使全球‘圣战’运动的积极分子和同情者融为一体”。宪法保卫局发布报告认为，互联网是“圣战”分子“最重要的联系平台”。由于互联网的出现，招募已经成为一个动态的双向过程，恐怖主义组织及其追随者都能够主动接触对方。欧洲刑警组织的恐怖主义年度报告还明确提到，“宣传‘圣战’运动的手段越来越先进，尤其是对互联网和其他电子媒体的使用促使伊斯兰恐怖分子数量不断增加”。互联网不仅传播“圣战”的决心和意志，还传播作战理论和战术知识。“基地”组织建立了一所成

---

① 宫承波、范松楠、黄晓云、王晶晶：《重大社会安全事件的网络传播》，北京：中国广播电视出版社，2012年版，第40页。

② 郭明飞：《网络发展与我国意识形态安全》，北京：中国社会科学出版社，2009年版，第103页。

功的网上大学，专门进行战略、战术、游击战和恐怖袭击方面的培训。①

网络还推进了恐怖主义的“微型化”，即恐怖组织的规模越来越小，活动成本越来越低。微型恐怖主义从根本上说是为了利用信息不对称的优势，以自身的“小”难以被发现而逃避控制，从而使得这股反人类、反社会的暗流涌动对人类的威胁更为严重。利用网络化通讯提高动员能力的速度，能使成员间有更多的对话机会，这就增强了组织的灵活性，因为战术能够得到更频繁的调整。具有共同纲领和目标的个人可以结成小组，可以在目标地点会合实施恐怖行动，然后结束小组关系，各奔东西。② 恐怖主义在网络时代给社会政治系统施加了很大压力。

四、政治人在网络空间的群体心理

政治人在网络空间的心理状态是孕育网络群体事件乃至政治冲突的心理因素。从个人来看，网络社会同时存在着从众心理和逆反心理。从众性会导致“马太效应”的产生。每当网络突发事件发生后，网上最早出现的评价和意见常常具有很强的导向性，会给以后的讨论及评价定下基调和方向。网民常常倾向于相信这些“先声”，容易认同其价值判断和评价标准，附和这些意见和观点。网络舆论产生的这种从众性和跟风效应尤为明显。网络舆论因此形成了强者愈强、弱者愈弱的“马太效应”。③同时，网络空间的个人还常呈现出挑战权威的逆反心理。网络舆论往往呈现出对正统思想观念、主流意识形态的逆反心理，表现出反传统、反主流、反权威的价值取向。④

网络群体无意识现象是政治人在网络环境中的群体心理表现之一。网络群体无意识现象是个人从众心理的结果。在网络中，人们有时候更容易

---

① 东鸟：《2020，世界网络大战》，长沙：湖南人民出版社，2012 年版，第 336 页。

② 蔡文之：《网络传播革命：权力与规制》，上海：上海人民出版社，2011 年版，第 84—87 页。

③ 王金水：《网络政治参与与政治稳定机制研究》，北京：中国社会科学出版社，2013 年版，第 26—27 页。

④ 王金水：《网络政治参与与政治稳定机制研究》，北京：中国社会科学出版社，2013 年版，第 29 页。

丧失独立思考的能力，对事物形成较为偏执的立场。网络民意的传播速度快、容易失真、情绪化色彩强，传、受双方会轻而易举地完成关于公共事务的集体偏执性想象。而且这种拟态环境下的意见表达，操作成本低，不会对个人带来直接危害，人们更容易以游戏的态度随意地表达意见。同时，根据法国著名的社会学家、心理学家、政治心理学开拓者勒庞的观点，在大众心理形成的过程中，个人丧失了理性，他们更容易受到“暗示”并相互“传染”，进入“无意识状态”，成为一群乌合之众。这样的群体心理一旦形成，就会获得一些暂时的，然而又是十分明确的特征。他们表现出对“暗示”深信不疑而对理性无动于衷。[①] 在这样的群体中，个人表现出明显的从众心理，约束个人和集体的道德和社会机制失去了效力，狂热的大众倾向于将十分复杂的问题转化为口号式的简单观念。

群体极化现象也是网络环境中的另一群体心理表现。互联网加剧了群体极化倾向。所谓“群体极化”现象是指“团体成员一开始即有某些偏向，在商议后，人们朝偏向的方向继续移动，最后形成极端的观点”。通过对60个政治网站的随机研究，凯斯·R. 桑斯坦发现网络上的圈内传播确实容易造成群体意见的极端化倾向，“在网络和新的传播技术的领域里，志同道合的团体会彼此进行沟通讨论，到最后他们的想法和原先一样，只是形式上变得更极端了”。实践证明，网民中的“群体极化”倾向更为突出。有证据显示，在网上发生群体极化倾向的比例，是现实生活中面对面的两倍多。有学者分析了群体极化现象的成因，一方面，信息屏蔽、筛选技术和人为选择的结合，在增强人们的交流和沟通的目的性与效度的同时，不可避免地会强化群体倾向性。另一方面，网络舆论环境的相对宽松，使群体中非理性、易激动的特点在网民中更为严重，导致演说者态度偏激、言辞激烈。在这种传播模式下，网民变得日益狭隘、偏执、迷信、极端。持续暴露于极端的立场中，听取这些人的意见，会让人逐渐相信这个立场。[②] 如果群体极化造成网络舆论向错误方向偏移，甚至一些过于极

① 张雷、刘力锐：《网民的力量：网络社会政治动员论析》，沈阳：东北大学出版社，2012年版，第147页。

② 张燕：《风险社会与网络传播——技术 利益 伦理》，北京：社会科学文献出版社，2014年版，第244—245页。

端化的小团体，借机把他们的主张推向不受理智束缚的边缘，从而使社会失去对他们的控制，就可能危及社会政治稳定与安全。

政治人在网络空间的群体心理还往往受刻板印象与集体记忆所影响。所谓“刻板印象”（stereotype）是指常以高度简单化和概括化的符号对特殊群体和人群所做的社会分类，或隐或现地体现着一系列关乎其行为、个性以及历史的价值判断和假定。刻板印象中往往体现着隐含的权力关系、紧张或者冲突。它们以某些方式将种种人群解释并确认为与总体相似的，即遵从于特定的价值，激动于同样的目标，拥有共同的个性、气质及其他特征的群体。集体记忆和集体假设是刻板印象得以形成的重要因素之一。在日常交往和社会生活中人们逐渐形成对各类行为主体（如官员、富商、富/官二代、农民、下岗工人、）及其行为方式（如官商勾结、贪污腐败、飞扬跋扈、欺行霸市等）的感性认识。起初还是散点的、片状的、案例式的认识在经过多次实践印证后，逐渐形成可以引起共鸣的集体认识，进而成为人们脑海中对某类人或事的刻板印象。[①] 这类集体记忆多以负面内容为主，由于在长期的积累压抑中无法排遣，一旦有引燃因素，就可能发展成重大社会安全事件（尤其是群体性事件），从而影响政治稳定。

网络空间的群体和现实空间的群体一样，存在着冲动、易变和急躁的心理。而对于群体而言，任何一种刺激因素都会对他们产生控制作用。因此群体的反应会随着这种刺激因素的变化及强度的变化不停地发生着变化。随着外界刺激因素的变化，群体的兴奋方式和兴奋程度不断发生着变化，它们会服从种种原始的冲动，诸如豪爽的、残忍的、勇猛的或是懦弱的。所有的这些冲动总是趋于一个极端，表现得极为强烈。群体的情绪是极端情绪化的，他们易于被最为矛盾的情感所激发；但与此同时，他们又总是如同牵线木偶一样，受到当前刺激因素的影响。群体目标很快就会被群体所丢弃，任何一点意外的刺激都会容易地让群体陷入迷失之中。群体还有易受暗示与轻信的特征。因为一旦群体形成，他们就会于急切之后总期待着点什么，无论是什么，只要能够让他们立即行动起来，他们就会欣

① 宫承波、范松楠、黄晓云、王晶晶：《重大社会安全事件的网络传播》，北京：中国广播电视出版社，2012 年版，第 251 页。

然接纳。[①]

群体心理也极易引燃群体事件，并威胁社会政治稳定。根据社会燃烧理论，每一个集群行为的参与者都是一个“燃烧点”，由于集群行为的场景性和集聚性，作为个体的单个燃烧点在群体中发生了聚合、叠加，降低了点火温度，造成群体情绪很容易被点燃。情绪控制最弱的个体“点火温度”最低，最容易被点燃，整个群体的“点火温度”取决于个体的最低点火温度，而不是平均点火温度，因此，由于“短板效应”的作用，群体情绪非常容易被点燃。[②]群体易于爆发出狂暴而极端的感情，也最容易为狂暴而极端的感情所打动。当他们被打动之后，就会汇成一道毁灭性的洪流，摧毁一切阻挡他们的障碍。群体可能会渴望着改朝换代，为这样的变革，他们甚至不惜发动暴力革命，然而革命并非是为了改变深层的东西，只是群体发泄情绪的手段而已。[③]斯坦福大学教授格兰诺维特提出“社会不稳定原理”，该原理被通俗地称为“多米诺效应”，其理论认为社会骚乱往往只需要第一个人发起和参与，然后由于集体行为可能非常敏感地依赖于个体行为，“集体意识”被这第一个人的行动所激活，迅速形成大规模骚乱，甚至升级为“社会动乱”。[④]

综上所述，政治冲突作为国家政治结构的稳定器，通过政治反馈或政治结构的整合来达成政治体系的自我稳定。政治稳定即是通过各种手段将社会冲突控制在一定的秩序范围之内。政治冲突不仅可能来源于政治系统与网络环境的信息能量交换，还可能来自于外部环境对政治系统的压力，比如现实社会矛盾以及网络恐怖主义。同时，互联网不稳定的政治心理和群体极化等现象将加速政治冲突的扩散，催化政治冲突的爆发与能量累积，从而威胁政治稳定。

---

① ［法］古斯塔夫·勒庞著，戴光年译：《乌合之众——大众心理研究》，北京：新世界出版社，2011年第2版，第24—33页。

② 何显明：《群体性事件的发生机理及其应急处置——基于典型案例的分析研究》，上海：学林出版社，2010年版，第110页。

③ ［法］古斯塔夫·勒庞著，戴光年译：《乌合之众——大众心理研究》，北京：新世界出版社，2011年第2版，第62页。

④ 王金水：《网络政治参与与政治稳定机制研究》，北京：中国社会科学出版社，2013年版，第143页。

第二节　社交媒体时代的政治秩序

随着网络技术日新月异的进步，人类已经进入社交媒体时代。移动互联网蓬勃发展，互联网应用更趋社交化。社交媒体（Social Media）并不是一个新鲜产物。百度百科上对社交媒体的定义是：社交媒体也称为社会化媒体、社会性媒体，指允许人们撰写、分享、评价、讨论、相互沟通的网站和技术。社交媒体是大批网民自发贡献、提取、创造新闻资讯，然后传播的过程。根据英文维基百科的定义，社会化媒体是与报纸、电视、电影等传统工业化媒体相对应的概念，是指用于社会交往的媒体。社会化媒体通过互联网和移动互联网技术将传播变为交互式的对话。[①] 社交媒体的产生依赖的是WEB2.0的发展。人数众多和自发传播是构成社交媒体的两大要素。社交媒体的形态很多，比如博客及微博客（如国外的“推特”Twitter，国内的微博、微信等），图片分享博客（如国外的Flickr等），视频分享网站（如国外的“优兔”YouTube、国内的土豆网、优酷网等）以及社交网络（如国外的MySpace、“脸谱”Facebook，国内的人人网、开心网等）和网络社区（如国内的猫扑等）等。由于社交媒体的日益普及，研究其对政治发展的影响也变得日益重要。

一、政治秩序论与政治秩序的实践逻辑

政治秩序是人类的基本需求之一，它对于整个社会秩序的运转起着重要的作用。人可以有秩序而无自由，但不能有自由而无秩序。[②] 所谓政治秩序就是指在政治社会中为调节和约束政治主体（政治实体）的行为而形成的由政治主体（政治实体）、社会规范、政治控制力等多种要素相结合的系统体系，以及这一体系发挥作用使政治主体进行有序活动对规范进行

① http://en.wikipedia.org/wiki/Social_media#cite_note-0.

② ［美］塞缪尔·亨廷顿著，王冠华等译：《变化社会中的政治秩序》，上海：生活·读书·新知三联出版社，1989年版，第7页。

贯彻、实施和维护的动态过程，是静态结构与动态活动相统一的有序的稳定系统。[①] 也有学者根据政治秩序的三要素（政治实体、政治规则和政治控制），将政治秩序界定为“统治阶级为维护或发展有利于自己的经济关系而根据一定的政治理念制定一系列政治规则，并运用这些政治规则来对各政治实体实施政治控制的政治过程及其所呈现的政治状态”。[②]

政治秩序的概念包括以下五个深层含义：[③]（1）政治秩序是一个多要素相结合的系统，它含有：政治主体（政治实体）、社会规范（居主导的政治规范和道德等其他社会规范）、政治控制力（政治权威和政治权力）等基本要素。（2）政治秩序是一个稳定、有序的系统。（3）政治秩序是一个静态结构与动态过程相结合的系统。（4）政治秩序是一个有序与无序辩证统一的系统。（5）政治秩序是一个运转的系统。其运转主要表现在一种安排和控制。如：政治权利安排、政治义务安排、公共事务安排、社会规范安排、政治行为控制。

当代政治秩序论比较有代表性的当数亨廷顿的《政治秩序论》。亨廷顿在《变化社会中的政治秩序》一书的前言中指出，本书标题中所用的“政治秩序”一词，指的乃是一种目标，而非某种现实。政治稳定是亨廷顿政治秩序论的逻辑终点。在亨廷顿看来，政治稳定是处于社会转型期国家的首要的价值目标，相对于自由来说政治秩序具有极端重要的价值与意义。换句话说，在其政治秩序论中，政治秩序被认为是政治发展的优先目标。亨廷顿认为，众多的发展中国家，经济的变革与社会的变革，虽然推动了经济与社会的发展，但是却使国家随之陷入了混乱与动荡，进而政治也随之进入衰退的状态，就是其观点的例证。

亨廷顿认为，政治稳定直接取决于政治参与程度和政治制度化水平，在政治制度化水平不高，不能有效地吸收融合参与力量的情况下，过分的政治动员会导致参与要求远远大于参与满足，从而引发政治动荡。同时，

---

① 胡锐军：“论政治秩序的维护——以政治冲突、政治整合为中心之分析”，《昆明理工大学学报（社会科学版）》，2004 年第 2 期，第 6 页。

② 雷振文：“政治秩序的构成要素分析”，《重庆社会科学》，2006 年第 12 期。

③ 胡锐军：“论政治秩序的维护——以政治冲突、政治整合为中心之分析”，《昆明理工大学学报（社会科学版）》，2004 年第 2 期，第 6 页。

亨廷顿把政治不稳定的根源归于政治制度化水平落后于经济发展，缺乏对现代化的适应能力。他提醒欠发达国家不可片面地追求经济发展与社会现代化而忽视政治制度化的发展。作为上层建筑的政治既根源于经济基础，又必须适应它，片面追求经济发展与社会现代化而忽视政治发展，最终会对经济发展起阻碍作用，以至引发动乱。

政治权威是实现政治秩序的核心，因为政治权威是最典型的政治现象，而且只有围绕着它，通过它的作用的发生，才能建立起“政治性”的秩序。政治权威实际上是由广大民众心理、情感、态度、信仰所表征的对公共权力体系的认可的价值，体现为社会成员对政党、政府、政治制度以及政治过程构成的政治体系的自觉服从、自愿认同，其特点是权威具有很强的整合效应和凝聚效应。政治权威具有两项基本功能：首先，要维持自身的凝聚力的持续存在并保证自身制度变迁的有序性；其次，调节和维持外在于政治体系的社会其他诸系统的稳定。政治权威具有自己独特的实践方式和逻辑，它能通过自己的这种独特社会作用，来调解、协调人类固有的矛盾与冲突，从而实现人类群体生活的秩序状态。

马克思主义也认为，在人类有序的生活中权威是必需的，它对于维持社会生产生活的统一性、有序性是绝对必要的。1873 年 12 月，为了从理论上、思想上反对巴枯宁的“反权威主义”，恩格斯写下了著名的《论权威》一文。权威具有统一杂多的意志、要求大家服从的能力，这正是维持社会有序的需要。在马克思主义看来，权威之所以具有如此的作用与意义，是因为它能协调人们各自的行动，把人们各自冲突、矛盾的行动理由，约束到统一的规范之下。也就是说，在权威存在的地方，人们不是按照自己个人的理由而行动，而是按照权威性的规则、命令行动。[①] 权威从外在统一了人们的行动。

政治秩序的维护的中心则是实施政治整合和控制政治冲突。一种政治秩序一旦形成就具有稳定、有序的特征，但是这种特征又不是绝对的，政治秩序的规范要素并不能保证所有的政治主体都按规范行事，必定有一定

---

① 王欧：《理想的政治秩序如何可能？——对秩序的时间逻辑与价值取向的政治哲学分析》，吉林大学博士学位论文，2005 年 6 月，第 560 页。

程度的失序存在，因而，它是政治有序和政治失序的辩证统一。失序就意味着需要维护。政治失序是指在政治社会中各种政治问题和政治危机不断，以至于政治秩序经常处于失调和不稳的状态，常见的表现有：政治冲突泛起、政治矛盾滋生、政治结构失衡、政治危机重重等。政治失序是政治秩序运行中必然出现的政治现象。政治冲突的控制也因此是维护政治秩序的常态化工作。

政治整合是相对于政治冲突而言的，有政治冲突，就一定会有政治整合，这二者是连为一体的。因此，政治整合就是在政治领域里为了消解或缓和政治矛盾、政治分歧、政治冲突等政治行为，使政治秩序得以稳定维系和有序发展而施行的政治实践。[①] 政治整合是缓和或消解政治冲突的根本手段和机制，是政治有序的保障，一旦放弃政治整合，政治秩序的失序就无法避免。因此，政治整合对于政治秩序的维护同样重要。

二、社交媒体时代的网络权威与政治权威的异质性

前面提到，政治权威是政治现象中的核心概念之一，政治权威也是实现政治秩序的核心。但是关于政治权威的来源却是有争议。一般认为，权威来自于权力。例如，联合国教科文组织赞助的一项术语研究指出，“权威一词的普通用法是得到同意、尊重和承认的合法权力”。[②] 美国学者罗伯特·兰德森（Robert Ladenson）做了更加详细的解释：“政治权威是一种使用强制手段（coercion）的权威。它通过以下事实获得正当性的证明：政治权威的持有者能成功地行使政府权力，并能获得国民的默许。”[③]

但是，事实上，权力并不是唯一来源。权力或许可以赋予权威以有效性，但是权威还应该考虑来源的正当性。卡尔·弗里德里希就明确地认识到这一点，他说：“权威不是权力的一种，而是一种伴有权力的事物；它

---

① 胡锐军：“论政治秩序的维护——以政治冲突、政治整合为中心之分析”，《昆明理工大学学报（社会科学版）》，2004 年第 2 期，第 8 页。

② 转引自［美］乔·萨托利著，冯克利、阎克文译：《民主新论》，北京：东方出版社，1997 年，第 190 页。

③ R. Ladenson, “In Defense of a Hobbesian Conception of the State,” *Philosophy and Public Affairs*, No. 9, 1980, p. 139.

是一种人或事物所具有的、能提升自己权力的特质，它可以创造权力，但本身却不是权力。”① 我国也有学者认为：如果说权力主要是一种物质力量的话，那么权威则主要是一种精神力量。对于国家而言，国家权力主要是以物质条件为基础的强制能力，国家权威则主要是以价值符号为基础的信仰体系；国家权力的实质是一种利益关系，国家权威的实质是一种权利义务关系。②

除了权力和制度，网络时代的权威的正当性还来源于知识和技能，知识和信息成为政治权威的重要资源。在当今社会崇尚自由、权利的语境下，谈论暴力、强制力无疑是令人厌恶的。而在某方面掌握丰富知识和技能的人往往会被认为是该领域的权威，人民对于他在该领域的建议往往会自觉地服从。特别是从工业革命以来，知识和技能对生产力的发展起到了愈发突出的推动作用。信息时代，个人是依据可获得的信息而展开行为选择的。人们是否占有以及占有信息量的多少直接影响其参与国家管理和实现自身利益的程度。创造和传播知识和信息已经成为人们之间最重要的竞争，国家间的竞争也从谋求军事霸权转向科技竞赛。一些曾经只被专家们掌握的医学、法律等方面的专业知识正在被普通公众所接受和掌握。随着知识更新速度和转化为现实生产力速度的加快，知识正在代替土地、资本等成为政治权威的重要资源。

社交媒体时代，国家一元权力中心被解构。网络除了为国家所用，还可以为各种组织和个人所用，因而这些非国家组织和个人也获得了权力资源，成为参与政治秩序的权力主体。网络的发展也使得全球化进程加速，全球化使不同国家之间相互依赖性增大，全球已经联合成为一个紧密的整体，在这个过程中，国家一元权力中心将逐渐演变成分享权力的一个个环节，跨国公司、国际组织、非政府组织、国内公民组织甚至个人作为政治秩序权力主体的作用越来越显著。国内公民组织除了参与处理国内事务，

---

① Carl J. Friedrich, *An Introduction to Political Theory*, 转引自：Clarke E. Cochran, “Authority and Commmunity: The Contributions of Carl Friedrich, Yves R. Simon, and Michael Polanyi,” *The American Political Science Review*, Vol. 71, No. 2, June, 1977, p. 548.

② 时和兴：《关系、限度、制度：政治发展过程中的国家与社会》，北京：北京大学出版社，1996 年，第 195 页。

也进行跨国界的合作，并正在成为政治秩序的重要参与力量。通过网络尤其是社交媒体，有着共同利益、志趣的人们很容易组织起来，公民组织的数量正在急速增加。个体在政治秩序建设中的作用越来越大。随着这些非国家政治秩序参与者力量的壮大，“分权心态正逐渐弥漫于整个社会之中，这是由于数字化世界的年轻公民的影响所致”。[①] 分权和赋权的统一过程既保证权力有序分散，又保证不同主体之间权力的平衡，特别要保障弱势群体的权力。对于弱势群体而言，网络工具尤为重要。

社交媒体时代的网络权威和政治权威存在异质性。在网络时代出现之前，政治权威往往同时控制着社会信息的流动。然而，网络时代政治权威的知识和信息的来源支撑出现分离，政府不再是社会主要的信息来源。网络的去中心化和去权威化使得传统的政治权威受到严峻的挑战，在知识和信息全球流通的网络时代，政府或政党既不是知识的权威，也不是信息的中心。网络成为去权威化的“权威”、去中心化的“中心”，政府和政党组织的权威和中心地位在网络空间变得微不足道。[②] 相反，代表网络权威的意见领袖开始出现。意见领袖的出现使得国家权力主体和公众之间正在形成一个新的权力阶层。相对于传统政治权威的强制性，网络权威的实现则是自动跟随型。这一异质性某种程度上消解着政治权威。

不同人群对网络运用的熟悉程度不同，容易造成不同人群网络话语权的巨大差异，一部分受过良好教育和拥有先进技术和设备的人可以充分利用互联网优势，牢牢把握网络话语权，成为网络舆论意见领袖，并通过网络传媒进而影响其他社会民众，竭力使其所代表的价值观、道德观成为唯一“合法”的“正确观念”，甚至可以使现实政治中的强弱势格局发生根本翻转，对意识形态、政治制度和政治秩序安全等造成实质性影响。意见领袖是西方舆论学中一个重要的概念，是指在人际传播网络中经常为他人提供信息，同时对他人施加影响的“活跃分子”，他们在大众传播效果的形成过程中起着重要中介或过滤的作用。所谓网络意见领袖，是指以互联

---

① ［美］尼葛洛庞蒂著，胡泳、范海燕译：《数字化生存》，海口：海南出版社，1997 年版，第 270 页。

② 程玉红：《网络时代的政治参与和政党变革研究》，北京：知识产权出版社，2013 年版，第 146 页。

网为平台的新型的人际传播网络中，经常为网民提供信息、观点或建议并对网民施加个人影响的人物。[①] 网络意见领袖的网络威望是通过他在网络事件中对蝴蝶效应的推动来发挥作用的，而网络威望也是他在事件中耗费心力和体力的最大收益。

三、社交媒体时代的“重部落化”与社会整合危机

前面提到政治整合是政治秩序维护的重要实践。然而，社交媒体时代的“重部落化”现象却与社会整合相悖，因而也影响政治整合，并最终影响政治秩序。社交媒体时代的“重部落化”不仅来源于网络交往所特有的区位化（nichification）特点和协同过滤所导致的信息的“窄化”，还来源于社交网络中关系的复活。

社交媒体时代“重部落化”趋势中，区隔“部落”的，不再是传统的划分维度：性别、年龄、地域或收入，而越来越取决于共同的兴趣与经验。网际交往的一个值得重视的内在动机是，形成区位化（nichification）的网络亚文化社群。网络所提供的高效率匿名沟通手段以及搜索功能，使“物以类聚，人以群分”的成本大大降低，在网络中迅速地生长出众多志趣各异的亚文化群体：网络将在真实生活的群体中相互隔膜的孤独者联系起来，使他们超越地域限制方便地交流，共享价值和意义，获得某种由团体化所拥有的被社会正视的权利。

网络同时存在协同过滤现象，并导致信息的“窄化”。信息的“窄化”不利于社会整合。虽然，网络中的信息杂乱纷呈，但对大多数人来说，网络降低了与他人不期而遇的机会，人们可能因此眼界窄小，或只沉溺于固有的品位。网络媒体提供了一个可以对信息进行系统性过滤的环境，受众选择性地接触并不断强化接近性的信息，看似个性化的信息受到这种“窄化”机制的制约，所对话、沟通的对象很容易集中于类似的观点。美国当代法哲学家凯斯·桑斯坦将网络媒体的这种信息过滤方式称为“协同过

---

① 党生翠：《网络舆论蝴蝶效应研究——从“微内容”到舆论风暴》，北京：中国人民大学出版社，2013年版，第115页。

滤”，即网站通过信息的同类搜集和网址链接，在提供方便的同时导致了信息的“窄化”。协同过滤的弊端在于，它使得表达主体只能接触某一方面的特定的议题，即只能接触与表达主体本身的“固定成见”相同或相近的意见和言论，而无法接触与其观点相左的意见和言论。“当个人都忽略了公共媒体，而对观点及话题自我设限时，这样的机制其实存在着许多危险。”一旦愈来愈多的人只听到他们自己的回音，这样的整齐划一比众生喧哗更糟糕。信息的“窄化”，使互动产生“回音壁式”效果。[①]

社交媒体中复活的关系和搭建起的关系平台，使人们轻易聚合为“部落化”、“圈子化”的信息共同体和行动共同体。信息飞沫化的背后，酝酿着强烈的关系诉求。在微博等社交媒体已经把“大众”部落化、小团体化的当今时代，“关系”的价值和重要性更加突出。社交媒体构成了一个虚拟的人际沟通网络，每个微博用户有着自己的粉丝，其发言不仅是个人生活的记录，更是对其他用户的倾诉。这意味着当具有情感诉求的事件发生后，在众多分享渠道中，人们有可能选择社交媒体分享引发情感的事件和自己的情感，从而构筑了社交媒体上激发情感的情境，同时也构筑了人际网络。

社交媒体也促发了政治认同危机，从而使政治整合更加困难。社会化媒体时代，现实社会中的贫富差距、官民冲突、社会不公、经济发展不协调、文化产品良莠不齐等结构性问题，都可以从网络事件中寻找到爆破点，并在社交媒体的人际网络中快速传播。社交网络对政治领域的介入和渗透日益广泛，对政治的直接挑战越来越大。社交网络作为触发舆论的先锋，在揭露问题、批判现实、引发社会关注与共鸣的同时，拓宽了政治空间，使政治主体日益多元化、政治参与形式多样化，形成虚拟政治与现实政治之间的联系与冲突。社交网络既可以使参政议政和民意表达走入新境界，也可以成为破坏政治稳定的负能量。社交网络的“坏消息综合征”、“抱怨文化”容易诱使人们心理失衡进而对现存社会秩序不满，导致其对国家政治事务的过度干预，其隐含的利益诉求、价值导向，在主体毫不知

---

① 张燕：《风险社会与网络传播——技术 利益 伦理》，北京：社会科学文献出版社，2014年版，第243—244页。

觉的情况下实现着意识形态功能，成为改变政治秩序，挑战国家政治议程和社会稳定的潜在能量。[1]

随着社交媒体对社会公共事件影响力的不断扩大，政府执政能力也受到考验。通过社交媒体形式的网络问政对于推进公民政治参与、权力监督、政治社会化建设的进程有着积极的意义。社交媒体所造成的大量信息垃圾，在加大舆论管控压力的同时，也使主流价值观边缘化，使得意识形态安全和社会整合面临着更为严峻的挑战。同时，多数社交媒体传播内容的“泛娱乐化”、“低俗化”、“非理性化”，传播方式的“暴力化”、“碎片化”，议题设置的情绪化，煽情新闻和虚假信息的不断出现，也引起不确定的社会风险，对主流意识形态的认同和社会整合构成间接性的销蚀。此外，社交媒体的政治信息具有一定的隐蔽性和欺骗性，一些意见领袖更是借题发挥，尽其所能向公众兜售其政治态度、价值立场。少数别有用心的人还利用微博进行恶意炒作、煽动民情、挟持民意、左右舆论，致使网上舆论错综交织，简单问题复杂化，局部问题全局化，一般问题上升到政治问题。

社交媒体交流的便利性还加剧了“网络民粹主义”，其“碎片化”的传播方式也使社会价值观和社会心理呈现多样化，加大了社会整合和政治整合的难度。社交媒体时代给普通网民提供了前所未有的发言机会，使得政府与个人之间的交流更加便捷和通畅。但是这也很容易使网民形成一种具有民粹主义色彩的假象：即多数现实中难以解决的问题都可以借助于微博等社交媒体得以解决。而这又鼓励了一种对抗权威、对抗政府的情绪。在微博议政的过程中，很多参与者自视为人民的代表，有时提出过于激进的要求却无法得到满足，转而利用互联网表达强烈不满，煽动网络群体性事件，有时甚至转化为现实中的群体性事件。[2] 而微博“碎片化”的传播方式，使社会价值观和社会心理呈现多样化，一定程度上使大众社会正在分崩成为个别化、差异化的小型群体，不仅加大了控制和管理难度，而且

---

① 张合营：“妥善应对微博时代意识形态领域的挑战”，《中州学刊》，2013 年第 2 期，第 173 页。

② 孙光宁：“从微博问政到微博议政：网络民主的扩展与延伸”，《中州学刊》，2013 年第 3 期，第 25 页。

使有组织的“认同”和社会整合也更难实现。

四、社交媒体时代的“社会行动主义”与政治冲突

社交媒体时代的“社会行动主义”使政治冲突发生的可能性大大增加，从而威胁了政治秩序，因为对政治冲突的控制是政治秩序维护的又一重要实践。马尔科姆·格拉德威尔（Malcolm Gladwell）称之为“各种新社交媒体工具已经再造了社会行动主义”。[①] 2011 年 1 月，美国《外交事务》（Foreign Affairs）刊登题为《社会化媒体的政治力量》（The Political Power of Social Media）的文章，作者指出，社会化媒体已经成为现今世界上几乎所有政治运动的协调工具。虽然从长期来看，社会化媒体能够强化市民社会和公共空间，但对于短期目标而言，由于变数太多，可能失败并导致严重的后果。

社交媒体时代的“社会行动主义”首先来源于社交媒体对于政治参与的促进。在政治日益世俗化和社会化的变迁中，越来越多的人走出了政治冷漠，开始关注政治。人们从过去迷信权威，崇拜权威发展到开始用合乎理性的目光评价政治现实，并形成不同的判断。而社交媒体的使用便捷性和扩张式的发展使社交媒体对社会的影响力和控制力也越来越强。社交网站已成白领的一种潮流。以中国为例，国内大中型城市的 15 至 30 岁的网民中，有 95% 以上会注册一个或几个社交网站。社交媒体促进正当政治参与的同时，也使网络乌合之众的数量增多。网络对于许多人而言，是极端主义的温床。甚至一些恐怖组织利用社交网站进行思想渗透和组织动员。国际犹太人权组织西蒙威森索中心 2009 年 5 月的报告指出，“脸谱”、Myspace 等日渐成为恐怖组织实施思想宣传、招募新人的场所，仅 2009 年，社交网站上“有问题”的群组增加了四分之一，内容涉及恐怖主义、种族暴力、反犹太主义等。[②]

社交媒体时代的“社会行动主义”还在于“微动员”的特点。社交媒

---

① ［美］马尔科姆·格拉德威尔：“小革命——社交媒体推不出一个新世界”，《纽约客》，2010 年 10 月 4 日。转引自 http：//www. douban. com/group/topic/16174129/。

② 东鸟：《中国输不起的网络战争》，长沙：湖南人民出版社，2010 年版，第 190 页。

体的低门槛和弱监管性促成了网络舆论动员的可能性和自主性。而其较强的时效性和现场感增强了网络动员的真实性和说服力。例如，微博可以说是一种“随时、随地、随性”的媒体。无论处于何时、何地，用户的手机、电脑客户端都能成为内容发送的端口。在没有网络的地方，使用手机也可以即时更新自己的内容，利用各种手段在微博上发表出来，具有实时性、现场感及快捷性。现场直播的“无时间的时间”机制消灭现实的空间，事件空间直接转化为和时间同步的“流动的空间”。同时“微动员”中的信息传播是叠套在社会关系网的多级传播，这种内嵌于社会关系网络上的多级传播强化了“微动员”的聚合力和生命力。①

其次，社交媒体时代的“社会行动主义”来源于社交网站黏合度的提高。社交网站的信息多为朋友提供，从而强化了用户对于社交网站的使用黏合度。②这种黏合度来自于信任度。社交网络建立的是信任度相对较高的网络，它所依赖的 Web2.0 技术正是借助六度空间理论的信任传递而建立一张可以信赖的网络。社交网络逐渐成为现实生活中的人际关系在网络上的一个延伸。社交媒体中的人际传播也一改往日虚拟的印象，向现实化逐渐回归。每个人都可以将自己在不同的网络活动空间里的身份和行为整合起来，在虚拟空间里投射一个完整的自我，实现虚拟生活的现实化。社交网络能够营造一种真实性的氛围，网络用户与现实中的人能够直接对应，从而使网络人际交往揭去了神秘的面纱而变得更加真实可感。社交媒体同时兼具较强的认知型信任和情感型信任。认知型信任是指由于根据所收集到的信息能够对对方的可信性做出推断，从而给予的信任。情感型信任是指由于双方之间建立了密切的情感联系，因而相信对方的行为不会伤害自己的利益，从而给予的信任。③

再次，社交媒体时代的“社会行动主义”来源于社交媒体的自组织能力。社交媒体时代的社会动员挑战来自于社会化媒体强大的自组织能力。

---

① 张雷、刘力锐：《网民的力量：网络社会政治动员论析》，沈阳：东北大学出版社，2012年版，第73页。

② 汪波：《中国网络监督与政府治理创新（1994—2012）——“四维制衡”视角透析》，北京：北京师范大学出版社，2013年版，第69页。

③ 张燕：《风险社会与网络传播——技术 利益 伦理》，北京：社会科学文献出版社，2014年版，第149页。

例如，微博通过“粉丝—关注”关系建立起社会链接，把一盘散沙的个体连接成能够彼此呼应、统一行动的整体。微博的标签机制，使去中心化、匿名化的社会运动成为可能。通过采用统一的头像或者标签，使网民可以轻松地发现同类，从而建立社会链接，发起社会行动，挑战现存的社会秩序。微博的爆炸式扩散又大大提高了社会动员的效率，压缩了政府进行调控的时间和空间。[①] 社交网站在网上形成以个人“人际圈”和集体“群组”形式的小团体，较一般的网络社区、群组范围更小、隐蔽性更强，群体内部具有更紧密联系和更高的信任度，具有更强的组织动员功能。社交网站在格鲁吉亚、埃及、冰岛的抗议示威活动都起到推波助澜的作用。而发生在摩尔多瓦、伊朗、也门、突尼斯、埃及、利比亚、巴林、叙利亚等国的社会动荡之中，社会化媒体更成为公众关注的焦点，有媒体甚至提出了“脸谱革命”（Facebook revolution）、“推特革命”（Twitter revolution）等概念。

此外，社交媒体时代的“社会行动主义”还受益于手机移动网络与社交媒体的结合。手机不像因特网具有社会逃避的作用，它的传播是基于现实的人际互动网络，每一个人际互动网络相互勾连，相互交叉，把本来看来陌生的整个世界瞬间连接、整合为一个巨型的人际传播网络。短信令使用者在他们的社会网络中保持直接的、连续的和无中介的传播。手机是一种头脑改变和社会改变的技术，它可以在没有钟表和大众传媒时协调行动，手机还能填补行为和社会化的空沟，把任何场所变为客厅一样的地方，人们在其中在任何时候和朋友以及熟人相遇、互动并保持联系。手机协调实现了“时刻表软化”，容许人们进行中途协调和行进式协调，这种协调可以颠倒任务的先后顺序，促进适时甚至同步决策，增加决策的灵活性。[②]社交媒体时代，人们已经习惯用手机交换对公共利益关注的意见，用手机传播组织压力以及协调公共行动。我们无法低估手机推动人们进行大规模政治变革从而影响政治秩序的能力。

综上所述，社交媒体中的网络权威与政治权威的异质性、社交媒体时

---

① 李凌凌：“微博时代：舆情挑战与政府应对”，《中州学刊》，2012 年第 5 期，第 205 页。

② 胡春阳：《手机传播与人机互动》，上海：上海三联书店，2012 年 7 月版，第 195 页。

代的“重部落化”引发的社会整合危机以及社交媒体时代的“社会行动主义”使政治冲突的可能性加大，对社交媒体时代的政治秩序安全形成了挑战。

第三节　案例分析——从伊朗总统选举到美国草根运动的新媒体之罪

社交网络等新媒体越来越成为群体性事件酝酿和形成的重要渠道，其组织动员能力不断增强。现实社会的群体性事件与网络社会的群体事件的边界越来越模糊，网上网下的互动和串联，已成为了网络时代群体性事件发生的新特点。近几年来国内外的一些热点事件都是通过脸谱（Facebook）、微博等社交网络推动的。比如伦敦骚乱、华尔街运动等，充分显示了新媒体强大的动员能力和影响力。本节重点选取了三个案例对新媒体的作用进行分析，分别是伊朗总统选举危机、缅甸民主化进程以及美国的草根运动。在这三个案例中，以社交媒体为代表的新媒体是重要的推动力量，并对政治安全与发展形成了压力。

一、骚乱的助推——“推特”（Twitter）与伊朗总统选举危机

2009 年 6 月 12 日，伊朗举行了第十届总统选举。保守派候选人、总统内贾德和改革派候选人、前总理穆萨维被外界普遍认为是最有竞争力的两名候选人。由于此次选举结果对伊朗的未来将产生重要的影响，伊朗民众对选举展示出了空前高涨的政治热情。但谁也无法料想，伴随着 6 月 13 日伊朗内政部宣布艾哈迈迪·内贾德以压倒性优势取胜，伊朗保守派与改革派之间就选举是否公开、公平、公正的争议越来越大，抗议活动愈演愈烈，来自伊朗内部和外部的大量信息开始在网上传播，并引发了世界瞩目的伊朗选举危机。

这场大规模抗议和骚乱中，互联网成为示威者传递信息、发泄不满和积聚外界同情的重要渠道。个人博客、“推特”（Twitter）、“脸谱”（Facebook）等成为示威者交流的重要方式；“优兔”、Flickr 等成为向国际媒体反映德黑兰街头实景的首选载体；黑客技术被堂而皇之用来攻击政敌的网站。哈佛大学柏克曼互联网与社会研究中心教授罗伯·费里斯称：“我们从来没有看到过在伊朗这样的国家，这么多网络工具聚合起来成为反对者彼此协调、举行抗议活动的载体。”①6 月 15 日晚，“推特”上以“伊朗大选”为标签的信息几乎每分钟就增加 30 篇。②

6 月 20 日傍晚，身处荷兰的伊朗人哈梅德接到朋友从德黑兰打来的紧急电话：“一个女孩刚刚被杀，就在我身边。”片刻后，一段手机视频发送到哈梅德的邮箱，5 分钟后，这段手机视频被上传了“优兔”等网站，随即传播到世界每个地方，引发轰动。“妮达，不要害怕！妮达，别离开我。妮达，别离开我！”手机视频画面中，一名跪在妮达身旁的男子哭着喊道。另一位男子恳求路人用汽车把中弹的妮达送去抢救……视频片段此时戛然而止。遇害女孩妮达，是一名年仅 27 岁的学生。时长 40 秒的视频上传到“优兔”后数小时内点击上万，引发了新一轮示威活动。③

在近两个月的政治危机中，社交媒体（“脸谱”、“优兔”、“推特”）等在推动伊朗的国内社会运动形势方面大显身手，尤其是网站设在美国的“推特”首当其冲，发挥了重要作用。尽管伊朗政府屏蔽了“推特”网站以阻止民众通过“推特”获取与发布消息。但“推特”与传统的基于网站访问的互联网信息传播模式有很大的不同，“推特”的开放的应用数据接口（API）使它有着成千上万的第三方网站或其他客户端。“推特”用户完全不必一定需要登录“推特”网站才能阅读与发布“推特”消息，而这些消息又能最后汇总到“推特”的总数据库，为全球的“推特”用户所共享。④ 所以，伊朗反对派在政府对外国媒体和互联网实施管制的情况下，仍然能够相互串联，继续抗议向政府施压，并且西方媒体（CNN、BBC）等也借助“推特”上的短信和“优兔”上被上传的视频制造国际舆论，里

① 东鸟：《中国输不起的网络战争》，长沙：湖南人民出版社，2010 年版，第 61 页。

② 应吉庆：“从伊朗大选看网络博弈”，《新闻爱好者》2010（1）下半月。

③ 东鸟：《2020，世界网络大战》，长沙：湖南人民出版社，2012 年版，第 104 页。

④ 赵民、张军锋：“社会运动中的 Twitter 现象——兼论 Twitter 的性质与发展方向”，《新闻大学》，2009 年第 4 期，第 38 页。

应外合，支持伊朗的游行示威者。由于“推特”在伊朗政治危机中所发挥的巨大作用，反对派的行动也被冠以“推特革命”的头衔。①

反对派还通过使用社会性网站将集体影响力转化为政治武器。大选结束后，有关选举舞弊的消息通过互联网在世界迅速传播。一个名为“谁动了我的选票”（where is my vote）的组织建立网站，并在“脸谱”建立空间，发布示威活动的时间、地点、张贴示威的照片及视频。截至6月22日，超过1万名用户加入该组织。②

除了抗议者利用社交媒体来搜集和交换信息之外，世界上关注伊朗事态的人士也利用这些社交媒体来了解伊朗正在发生的事情。由于伊朗政府对外国媒体的审查，社交媒体网络成了信息、视频和证明抗议的主要来源。一些主要国际媒体如CNN与BBC新闻主要依赖收集和选择“推特”上的断言片语以及“优兔”上被上传的视频来编播新闻。社交网络成为伊朗反对派与世界联系的重要通道。

西方各国还向反对派提供“技术支持”，“脸谱”、翻墙软件“自由门”不约而同地增加了波斯语服务，一些人还游说美国政府向技术研发组织拨款以帮助伊朗人突破伊朗政府的网络封堵。其实，伊朗政府通讯及信息科技部门在大选前20天就屏蔽了“推特”、“脸谱”网站；在抗议活动期间，伊朗革命卫队则通过网上内容过滤、IP地址追踪、屏蔽代理服务器等技术手段对互联网实行管制，要求伊朗国内网站和博客作者删去及不再刊登“制造紧张局面”的内容；而在手机服务方面，伊朗还一度中断手机通信、短信收发，并且对特定手机实施监听。面对政府封锁互联网，伊朗网民可以使用匿名代理服务器来实现对已被屏蔽网站的访问，如“优兔”、“推特”等；当伊朗政府一旦监测到这些代理服务器又将其增加到屏蔽黑名单上时，网民还可以容易地找到新的代理服务器而继续绕开政府的监控。显然，这是一场“魔高一尺，道高一丈”的循环。可见，除非下决心彻底中断互联网接入服务，政府只能做到阻碍或延缓本国网民对外国网站

---

① 任孟山、朱振明：“试论伊朗‘Twitter革命’中社交媒体的政治传播功能”，《传播学研究》，2009年第9期，第25页。

② 东鸟：《中国输不起的网络战争》，长沙：湖南人民出版社，2010年版，第63页。

的访问，而不能彻底阻绝。①

社交网络也提供了西方国家插手其中的契机。法国24电视台报道的新闻《华盛顿希望“推特”延迟关闭》中说，“美国国务院一位负责人透露，华盛顿要求延迟维修工作，因为这会中断伊朗反对派的使用。这位要求不透露姓名的负责人说，美国外交部在周末与该网站的负责人进行接触，告诉他们‘对我们或伊朗，这都是一个重要交流工具’，‘他们宣布停止网络系统来进行维修。我们告诉他们不要这样做’。27岁的国务院官员杰瑞德·科恩（Jared Cohen）用电子邮件向“推特”网站提出了一个不同寻常要求推迟贵网站既定的全球网络维护活动，因为这可能在伊朗正利用“推特”收集和发送有关伊朗抗议信息并与外界保持联系时中断服务。”② 2009年6月18日，美国国防部部长罗伯特·盖茨在一场新闻发布会上直言，“推特”等社交媒体网络是美国“极为重要的战略资产”，因为“这些新科技让独裁政府难以控制信息”。③

在上述案例中，我们看到社交媒体（如“脸谱”、“优兔”、MySpace、“推特”等）在社会动员与力量组织方面产生了巨大的集体效应。社交媒体把民众的视角聚焦于某一事件或危机之上，吸引更多民众参与，吸引国际媒体的注意，促使这些事件在国际主流媒体的报道中被放大，进一步推动事件的发展。而且，社交媒体的发展还使政府对网络的监控处于力不从心的境地，面对发展中的新媒体，政府已经无法完全控制信息传播。一方面是管控成本无限放大，全面封锁成为了不可能完成的任务，另一方面，技术突破加速发展，封锁技术无法长时间超越甚至是短时间控制打开封锁的技术功能。④社交媒体不仅成了政治传播的有效途径，还被作为一种对抗政府的工具。

---

① 赵民、张军锋：“社会运动中的Twitter现象——兼论Twitter的性质与发展方向”，《新闻大学》，2009年第4期，第38页。

② Mark Landler and Brian Stelter, “*Washington Taps Into a Potent new Force in Diplomacy*”, http://www.nytimes.com/2009/06/17/world/middleeast/17media.html? ref = weekinreview

③ 东鸟：《中国输不起的网络战争》，长沙：湖南人民出版社，2010年版，第64页。

④ 任孟山、朱振明：“试论伊朗‘Twitter革命’中社会媒体的政治传播功能”，《传播学研究》，2009年第9期，第26页。

二、抗争的动力——缅甸的“藏红花革命”“Glite之变”

“藏红花革命”是缅甸自1988年以来规模最大的一次社会民主运动。起因是在2007年8月15日，缅甸军政府在没有预先声明的情况下，取消了燃油补贴，宣布汽油价格上涨2/3，柴油上涨一倍，桶装液态瓦斯上涨5倍，结果引发全国物价的飞涨。涨价最先影响到了穷人的生活，包括仰光、瓦城等多个都市都出现零星抗议示威，甚至小规模流血事件。

缅甸是一个佛教国家，僧侣具有很大号召力，他们以念经巡游方式，呼吁和平，受到信仰佛教的国民支持。寺院的僧侣注意到缅甸民众不仅不能向寺院布施他们所需的日常生活资料，反而由于生活贫困而将自家的孩子送到寺院，求寺院帮他们抚养。就是在这种背景下，缅甸的僧侣开始走上街头，展开对政府的抗议活动。9月22日，数千名僧侣走上仰光街头进行和平抗议，一些年轻人和学生在僧侣游行的队伍两侧手拉手形成人墙来保护他们。9月23日，在上千名和尚和尼姑的带领下，缅甸当时的首都仰光10万民众走上街头。9月24日，游行人数暴增至50万人，抗议示威民众将象征僧袍的深红色带子别在衣服上表达对僧侣的支持。由于声势浩大，外国人权组织称之为“番红花革命”或“藏红花革命”（Saffron Revolution），[①] 也被称作“袈裟革命”。[②]9月26日，军政府开始对示威游行者进行镇压，并且冲入各大寺院搜捕僧侣。在镇压过程中，一名日本摄影记者被军方枪杀。事后据军政府统计，在这次“藏红花革命”中有13人死亡，但是据联合国人权委员会统计，死亡人数为31人。[③]

社交网络对缅甸游行示威的组织行动起到关键作用。这次游行活动从一开始就能快速动员，而且规模持续扩大，展现出高度的组织性，究其原因，主要是网络在发挥作用。从9月23日起，缅甸僧侣就通过互联网等秘密进行串联，在仰光发起2万僧侣大游行。游行一开始，有关消息和片段

---

① 东鸟：《中国输不起的网络战争》，长沙：湖南人民出版社，2010年版，第66页。

② 东鸟：《2020，世界网络大战》，长沙：湖南人民出版社，2012年版，第308页。

③ 张建中：“抗争的动力：新媒体与缅甸的民主化”，《东南亚研究》，2012年第3期，第17页。

就通过互联网传遍世界。在新媒体的帮助下，抗议活动的图片和影像源源不绝地从这个国家内部传送出来，民众取代记者，随时提供最新有关信息，照片和录影通过博客传送到网上及新闻机构和媒体组织。在博客网站上，参加了佛教僧侣领导的一系列抗议活动的博客作者呼吁联合国进行干预。

缅甸政府面对来自互联网的策动和扩散顿时束手无策，不得不切断国内网和国际互联网的连接。作为缅甸军政府的一个分支的国内最大的 ISP 供应商，将其解释为水底光缆的技术故障问题。9 月 26 日，缅甸军政府封锁了博客网站，但是缅甸网民利用缅甸应用最广泛的“翻墙”工具依然能够进入被封锁的网站，因此有人将这场以网络为主导的运动称为“Glite 革命”。以报道缅甸相关新闻为主的网站 Irawaddy. com，点阅次数达到 3000 万，是平时流量的 3 倍；世界各地网民纷纷涌入 Aung Zaw 网站，观看上千张有关冲突的图像；缅甸民众还通过各种途径争取对抗议活动的支持，包括由 Res Publica 设立的 www. avaaz. or 和由美国境内一些维权人士设立的 MoveOn. org 等网站进行的签名活动。①

在“藏红花革命”中，通过互联网、博客和手机传递信息的公民记者起了非常重要的作用。由于缅甸军政府完全控制国内传统媒体，并且严禁外国记者入境，外界有关缅甸国内社会抗议运动的消息主要是一些普通公民将所见的一切用手机拍摄下来传到网上，或者是一些公民用博客记录下国内所发生的一切，还有就是一些境外媒体组织（如“缅甸民主之声”）的记者冒着生命危险记录下抗议运动，然后再将这些影像资料带到国外。一些传统新闻媒体，如美联社、路透社、CNN、BBC 也主要依靠这些公民记者提供的视频与图像进行报道。这次社会抗议运动如果不被这些公民记者记录传播，极有可能被军政府偷偷镇压。正是由于公民记者通过新媒体的记录和报道，“藏红花革命”才被置于世界舞台的中心，在整个世界都在看的背景下，缅甸军政府才不敢像 1988 年那样残酷镇压这次社会抗议运动。

“藏红花革命”凸显了新媒体对威权政府所造成的巨大压力，这主要

---

① 东鸟：《中国输不起的网络战争》，长沙：湖南人民出版社，2010 年版，第 67 页。

是源于新媒体对普通公民的赋权作用，它能让普通公民制作新闻，然后通过互联网传遍全球。新媒体在2008年5月缅甸所遭受的“纳吉斯”台风以及2010年大选年中也发挥了巨大作用。2007年之后，缅甸政府加强了对互联网的监控，但是缅甸依然有比较活跃的博客圈子。正是这些博客记者（或称公民记者）以个人身份监视选举活动，并利用电话采访投票现场的公民，通过即时通信工具或“推特”将获得的信息传播出去，从而推进缅甸的社会政治改革。① 在缅甸大选一周后，全国民主联盟领袖昂山素季就被释放了。总体来讲，一方面，新媒体为缅甸的社会政治变革创造了新的政治机遇，另一方面，新媒体也对威权政府形成了巨大压力。

三、草根的培育——发端互联网的美国草根运动

茶党和咖啡党，是美国近年新兴的草根政治组织。这两党与过去美国所有政党都不同，完全是靠互联网发起和组织起来的。这两个新兴政治组织的创立方式突破了西方政治和政党发展的传统，使政治运动迈入一个崭新境界，同时展现出互联网在社会运动中的巨大潜力。②

“草根”一词意译自英文grassroots，最初是农业区、基层和基础的意思，后来引申为普通民众的代名词。一棵草就像一个普通的人，其力量极其有限，但无数的草连成一片就具有令人生畏的力量。人们把普通民众动员起来的强大力量比作草根，就是强调民众联合的重要性。作为一种政治运动，草根运动起源于19世纪美国的“淘金热”时期，在19世纪末20世纪初一度演化成波澜壮阔的进步主义运动，形形色色的利益集团动员起无数的普通民众，对美国政治的多元化趋势产生了重大而深远的影响。“茶党”一词可追溯到美国独立战争时期。1773年冬，为反抗英国殖民者的苛捐杂税，一群打扮成印第安人模样的“波士顿茶党”将英国东印度公司的342箱茶叶全部倒入波士顿港，拉开了美国独立战争的序幕。“茶党”一词从此便与抗议政府高税收联系在一起。此外，Tea（茶叶）一词也是

---

① 张建中：“抗争的动力：新媒体与缅甸的民主化”，《东南亚研究》，2012年第3期，第17—18页。

② 东鸟：《中国输不起的网络战争》，长沙：湖南人民出版社，2010年版，第107页。

“Tax Enough Already（税已经征够了）”的英文缩写，与共和党右翼对奥巴马政府的批评颇为契合。

茶党和咖啡党的草根网络运动，是一种依靠现代信息传播手段动员起来致力于实现特定政治理念的社会运动。政治基础不再是地域性的组织机构，而是全国性的社会运动；政治诉求不是赢得选举和影响政策，而只是表达政治理念和实现政治理想；动员手段不是依赖政党认同或者意识形态，而是依赖信息网络，特别是网络 2.0 技术动员起来的社会议题网络。与以往与地方党部、行政社区和学区划线的老草根运动不同，它以脱地域、跨区域和跨领域的形式出现，不是以政党和意识形态划线，而是以某一政治主张为核心，更多以网络动员、媒体动员、议题动员等多种方式，掀起覆盖全国的政治运动，进而左右选举，影响政策，越来越成为美国政治中不容忽视的重要力量。①

茶党运动是一场完全由人们自发的、经由互联网组织的运动。茶党运动有效利用金融危机之后美国的经济困境以及互联网的力量，使其成为美国历史上规模最大的一次政治运动。所谓“新茶党”，就是一个以反对大政府、反政府赤字和扩大开支为核心主张的草根行动组织。2009 年 4 月 15 日，是美国个税申报截止日，茶党成员在全美数百城市同时发起反奥巴马政治议程示威游行活动，表达对政府税收政策以及奥巴马巨额财政预算计划的不满。抗议者使用“推特”、Myspace、“脸谱”和博客等网络手段相互联络并策划抗议活动。全美 300 个城市大约有 5000 场游行，参加民众超过百万，而这些如火如荼的游行完全是通过互联网组织起来的。② 一些茶党专门网站（如 Chicago Tea Party. com）也专门成立，同时茶党的主张也在“脸谱”等社交网站广泛传播。在一年多时间里，茶党在美国各地举行抗议活动，有的抗议甚至“在线”举行，以表达对政府干预经济的不满，对天文财政赤字的担忧，以及对政府主导医疗改革的惶恐。

伴随茶党运动的兴起，另一草根运动咖啡党运动也于 2010 年 2 月应运而生，以表达对茶党的不满。咖啡党与茶党类似，也是在网站上发通知，

---

① 赵可金：“‘新草根运动’撕裂美国政治版图”，《世界知识》，2010 年第 8 期，第 38 页。

② 东鸟：《中国输不起的网络战争》，长沙：湖南人民出版社，2010 年版，第 108 页。

用微博、电子邮件及社交网站联络。咖啡党的发起人是9岁就移民到美国的韩裔记录片制片人安娜贝尔·朴。朴有一天在自己的“脸谱”主页上写道：“茶党不能代表多数美国人的政治和社会观点。让我们组建一个咖啡党，一边喝着卡布奇诺，一边来场真正的政治对话。”没想到即兴之言竟然引起众网友附议，一个“加入咖啡党运动”的“脸谱”粉丝页面和网站迅速建立扩展，不久就出现了“全国咖啡日”活动。[①] 很快，咖啡党开始在美国迅速扩张，咖啡党网站一周之内就吸引了17万访客和60万浏览量。这个标榜“百分之百草根运动”的咖啡党从网络正式走向现实，再发展到引起举国关注，仅仅用了两个月时间。短短的时间内，咖啡党在“脸谱”上就拥有“好友”超过16万人，在44个州拥有370个组织，1200多个联络点，成员4万多人。咖啡党还拥有大批海外支持者，连意大利、日本和印度尼西亚都有粉丝根据地。[②]

茶党运动把美国保守主义推向极端，某种程度上使极端保守主义重新成为主导美国政治的意识形态，[③] 茶党运动的快速发展实际上已经自下而上地对美国政治生态产生了巨大影响。茶党势力在2010年中期选举中异军突起，民主党失守联邦众议院，从此改变了美国政坛格局。茶党代表人物进入美国国会后，在很大程度上改变了国会行为方式，其主要指标之一是国会通过的议案大幅减少。在政府运转、主权信用、金融稳定这些重大问题上，茶党的兴风作浪已使得两党妥协余地越来越小，美国政坛已坠入某种“危机驱动”模式。茶党已成为美国政坛中一股不可小觑的裂变力量。茶党在掀起一时喧嚣后，并没有只在美国政治史上留下一个匆匆而过的背影，而是以不断强硬的立场在美国政坛中屡掀波澜。2011年4月以来，美国曾四次面临减少联邦政府开支、债务上限、“财政悬崖”和政府部分关门等危机，每每都有茶党推波助澜，使得美国政坛呈持续极化现象。[④]

---

① 东鸟：《中国输不起的网络战争》，长沙：湖南人民出版社，2010年版，第109页。

② 东鸟：《中国输不起的网络战争》，第110页。

③ 刘永涛：“茶党运动与重铸美国极端保守主义”，《教学与研究》，2013年第9期，第60页。

④ 温宪：“茶党加速美国政坛裂变”，《人民日报》，2013年10月29日，第21版。

新媒体推动的美国草根运动的崛起，撕裂了长期以来美国政治两党对峙的版图。在“新茶党”和“咖啡党”的政治博弈棋局中，已经突破了传统意义上的两极化格局，对美国两党政治制度形成巨大冲击，并可能成为美国民众及各种特定利益团体今后组织运动的效仿对象，从而影响到今后美国政治生态的演变方向。[①]

综上所述，在这些案例中，虽然事情的发生有各种各样的社会、经济或政治方面的原因，但无论是在伊朗总统选举中对骚乱的助推、缅甸“藏红花革命”中对社会抗争所提供的动力，还是在美国茶党、咖啡党等草根运动中草根的培育，新媒体都发挥了异常重要的作用。这也同时意味着新媒体在助推社会动乱、组织抗议活动以及网上政治集会和政治结社方面的政治安全威胁。

---

① 廖坚：“茶党运动兴起及其对美国政治的影响”，《国际资料信息》，2011 年第 2 期，第 10 页。

第三部分

网络背景下的政治治理：理论与实践

这一部分为网络背景下的政治治理理论与实践，从宏观角度分析网络时代政治治理的相关理论，前三节重点分析了网络民意与政府回应、网络突发事件与政府网络危机管理、网络政治监督与网络舆情治理创新。第四节则是对网络环境下政治发展建设的思考。

第七章
网络时代政治治理的理论与实践

第一节　网络民意的政治意蕴与政府回应

传播学者马歇尔·麦克卢汉（M. Mcluhan）在《人的延伸媒介通论》一书中预言：随着信息运动的增加，政治变化的趋向是逐渐偏离选民代表政治，走向全民立即卷入中央决策行为的政治。[①]网络时代，公众不再是单纯接受信息的“受众”，而具有了一定的信息选择权、主导权，甚至是发布权。他们从被动走向主动，并且拥有更广泛的话语使用权和信息生产权，网络民意开始逐步影响政府决策。

一、网络民意的成长与政治意蕴

何谓“网络民意”？网络民意是互联网时代民意表达的新形式，是指依托于互联网技术基础，以网络为平台，通过互联网上论坛和社区、博客等手段自由发表评论和意见，聚合某种愿望和诉求，从而形成的一种新兴民意。[②] 在英文中，民意与舆论是同一个词，即 public opinion。然而细究起来，民意与舆论是有所不同的。从外延上看，舆论大于民意；从规模上

---

① ［加］马歇尔·麦克卢汉著，何道宽译：《人的延伸：媒介通论》，成都：四川人民出版社，1992 年版，第 234 页。

② 汪波：《中国网络监督与政府治理创新（1994—2012）——“四维制衡”视角透析》，北京：北京师范大学出版社，2013 年版，第 229 页。

舆论的范围可大可小，民意则是范围较大的民心倾向；从存在形态上看，舆论是能直接被感知，是显性的，民意则有时未必能察觉，因此才会有领导者要善于“体察民情”、“倾听民意”的劝告。当然，民意与舆论在一定条件下是可以互相转化的，当沉默的民意被激发，又有适当的表达环境，民意就会转化成一种公开的舆论表达。①因此，网络民意就是人们借助互联网对某一社会公共事务自由发表评论和意见，聚合某种愿望与诉求而形成的公开的民意表达，是现实生活中民众对某一公共事务或某一观点的看法、意见和建议的综合反映。

网络“公众”都会具有某种内在的共同性，形成一种相对稳定或流动的网络社会结构。其主要特征表现为：（1）整体性，公众不是单一的群体，而是与现实和网络社会结构、社会关系密切相关。（2）共同性，他们并不是一盘散沙，而是具有某种内在共同性的群体。他们的聚集总是和某一特定的利益点联系在一起，利益点的性质决定着公众的性质。（3）相关性，公众的共同点往往不是抽象的而是具体的，与特定的社会事件、舆情特征有关。（4）多样性，公众的存在方式复杂多样，包括各种各样的个人关系、群体关系、阶层关系等。（5）变化性，公众不是封闭僵化、一成不变的对象，他们的能动性也处于不断变化发展的过程中。总之，网络公众最重要的特征就是它造就了网络舆论及网络民意，并且不断地移动或强化其发声位置。②

网络民意借助互联网的通信手段，将其影响力伸到了个人生活以及工作的每一个场所，渗透到每一个最遥远角落的地区和家庭，并将人们的意识吸附到网络民意的框架结构中。网络民意借助网络的“放大”和聚合的作用，使得民意表达有了前所未有的影响力度、影响深度和影响广度。而互联网与手机网络的相互连接，更加扩展了网络民意的影响范围。手机上网的快速普及，一方面推动了移动互联网领域的持续发展，以智能手机为主流的智能移动终端成为一种全新的互联网环境和使用习惯，另一方面，

① 朱丽峰：《网络民意与政府回应问题研究》，北京：中国社会科学出版社，2013 年版，第 78—79 页。

② 张春华：《网络舆情—社会学的阐释》，北京：社会科学文献出版社，2012 年版，第 102 页。

手机上网的发展降低了网络使用的门槛，为偏远地区居民、农村进城务工人员、低学历低收入者等群体使用互联网提供了可能。手机终端使信息传播更为便捷，人们可以通过手机直接登录微博，随时随地发布自己的所见所闻和所思所感，可以针对一句话、一个人、一个话题、一个事件进行评论、转载。同时，更加多样化的文字、图片、视频的信息发布方式和界面分布模式更加方便用户连接和转发，提高了信息传递的快速性和广泛性，也使网络民意的社会影响力更加巨大。

网络民意有聚合放大效应与多米诺效应。网络传播的广泛性、时效性、互动性以及网络的联动效应和链接效应使其在极短时间内实现最大范围的传播，引发网民的热议，调动整个社会各方面的反应，迅速形成难以估量的社会反响，产生了前所未有的“放大效应”。多米诺效应则是指在一个相互关联的系统内部，一个很小的初始能量，能够产生环环相扣的一连串的连锁反应，即一个很微小的力量也能够引起翻天覆地的变化。网络对社会问题的传播呈现出加速传递的多米诺效应，其影响力的增长也呈现出多米诺效应。草根网民的一段文字、一个帖子，都有可能把一个起初不起眼的事件从地方层次向上转移到国家层次，乃至世界层次，产生更大的社会舆论。原本是一个“小道消息”，经过网络的报道，经由网民的跟帖、定制、转帖、热论、搜索等网络行为的推动，将可能成为舆论的热点、争论的焦点，从而形成民意的阵地。最终让决策层在这种不断增强的舆论力量面前“退缩”、“让步”。

网络民意考验政府的治理能力。首先，网络民意考验政府的民意吸纳能力。所谓民意吸纳能力，是指政府通过参照民众的意志、需求和正确建议来提供公共产品和公共服务的能力。单个网民的力量是微不足道的，一群网民的力量也是有限的，然而成群结队的网民的力量确实是不能小觑的。其次，网络民意考验政府的社会控制能力。社会控制能力是指政府有效化解社会矛盾、维护社会治安、打击违法犯罪、处理公共突发事件和维护社会和谐稳定的本领和力量，主要包括矛盾处理能力、维护社会治安能力、危机管理能力等。网络民意的兴起，使隐藏着的社会问题和已经激化的社会矛盾都一股脑地呈现在政府和社会公众的面前，挑战着政府社会控制的极限。再次，网络民意考验政府的社会协调能力。社会协调能力是指政府社会系统中不同的因素或部分结合成一个协调统一的社会整体、凝聚成一种合力的本领和力量，其目的是使各种社会组织、社会群体及社会力量以全社会共同的价值目标为基础，分工合作、和谐共处，形成社会发展和进步的合力。网络民意的兴起使得多样性的利益诉求得以表达，政府必须对这些利益诉求做出及时准确地回应，并避免因为网络民意的强烈关注而忽略对其他网民未能关注的利益诉求的及时处理从而破坏社会和谐的情况。[①]

民意在不同的历史阶段和不同的技术条件下，有着不同的承载方式和渠道，古代的民谣、近代的传播媒体以及群众的集会、游行、联名上书等行为都是人们表达民意的方式与渠道。网络技术的产生与发展为民意的表达提供了一个恰当的环境与平台。网络民意的承载形式主要有如下几种：

1. 网络论坛。网络论坛为网民们提供一个表达和辩论的平台，实现各种观点的正面交锋。网上论坛具有以下三大特点：一是新闻的集散地，国际和国内的一些突发新闻和重要新闻都能看到；二是观点集散地，各种各样的观点都有，既有系统的阐述，又有大胆的设想；三是民声集散地，网民的地域分布、行业分布乃至阶层分布都很广，论坛中能够听到各种声音。纵观我国的各类网络论坛，视其性质不同可分为三种类型：第一类是由政府下属的网络传媒机构主办的政治性站点，如人民网的强国论坛、新华网的发展论坛等；第二类是由商业门户网站主办的附属讨论群，如网易论坛、搜狐论坛等，在这一类论坛上，网民可以自由选择话题，设立讨论区；第三类是专门的社区门户站，如天涯社区、猫扑网以及各类高校的BBS等。[②]

2. 新闻跟帖、贴吧。新闻跟帖就是新闻下的用户评论，是基于新闻的评论系统，让网民在看完新闻后能够在新闻下方发表自己的观点或者浏览别人的观点。尤其是网民可以针对某些新出台的政策进行评论。贴吧是一种基于关键词的主题交流社区，它与搜索紧密结合，用户输入的关键词将

① 朱丽峰：《网络民意与政府回应问题研究》，北京：中国社会科学出版社，2013年版，第151—155页。

② 李永强：《我们的防火墙：网络时代的表达与监督》，桂林：广西师范大学出版社，2009年版，第50页。

自动生成讨论区，使用户能立即参与交流，发布自己所感兴趣话题的信息和想法。这意味着，如果有用户对某个主题感兴趣，那么他立刻可以在贴吧上建立相应的讨论区。网民可以在贴吧中表达自己的意见以获得其他网民的同情与支持。新闻跟帖功能实现的网络民意形成比网络论坛讨论更快捷、更集中，但大多数跟帖内容存在过于简单的缺陷。

3. 个人博客、播客。播客与博客（BLOG）相类似，都是网民个人通过互联网发布信息的方式，一般都需要借助于博客/播客发布程序（通常为第三方提供的博客托管服务，也可以是独立的个人博客/播客网站）进行信息发布和管理。个人博客尤其是政治博客，是网络民意产生和发展的核心阵地。博客将个人主页的个体特征、BBS 的分享性和公共性特征结合在一起，具有开放性与互动性强、使用门槛低、议题集中、更新便捷等特点。调查显示，博客涉及的领域已几乎涵盖了人们日常生活的所有领域，包括文化、军事、经济、旅游、生活等，因而博客也成为人们获取信息的重要通道。① 而政治博客又以个体对公共事件的预测、评论、曝光等方式嵌入政治生活中，成为人们表达政治见解、反映公民意志、监督政治过程、影响公共决策的开放平台，成为网络民意的核心阵地。政治博客按照作者的不同可以分为三种类型：由普通网民写的“草根”政治博客；由政府官员、政党领袖等写的政治精英博客；由具有共同政治诉求的一群人共写的群组政治博客，如“小丫跑两会”、“柴静两会观察”、“小撒探会”等。②

4. 聊天群、聊天室，它们往往建立在即时通讯软件（如 MSN Messenger、QQ IM Talk）、P2P 软件等基础上，交流的手段不局限于文本，更包括语音、视频。即时通信工具的网络应用，突破了地域的界限，加快信息流动的及时性，而且能打破层级界限，带来点对点沟通的便利性。即时通讯不仅可以满足网民之间就某一问题开展深度讨论的需要，而且网民还可以通过变更签名、更换头像等方式表明自己对某一公共事件的看法和态度，

---

① 中国互联网络信息中心（CNNIC）：《2007 年中国博客调查报告》，http：//www. cnnic. net. cn。

② 倪明胜：“政治博客的现状、作用、困境及走向”，《济南日报》，2009 年 5 月 13 日，第 10 版。

也可以通过转发网络传单的方式来实现网络民意的汇聚。聊天群和聊天室还兼具私密功能，即只有经过管理员允许才能进入聊天室，所以有可能成为影响政治稳定的一个潜在因素。除了即时通讯软件外，电子邮件系统的群组功能也提供了类似的私密的点对点交流平台。

5. 网上调查。网上调查尽管不具有统计学的科学性，但由于反馈快捷、广大网民可以直接参与表态等优势，几乎所有的网站都会使用这一手段，尤其是在重大新闻事件发生或社会热点问题形成后，网站都会及时推出相应的调查。这类调查通常仅三四道问题选项，以了解网民对一事件的态度。近年来，有的网站为了从多方面了解民意，有的网络调查已设置多组问题项，或设置十数道问题选项。凡是重大新闻或热点问题的网络调查，网民参与踊跃，这些网络调查无疑也反映出相当的民意。

6. 网络签名。网络签名主要是指网民们在网络上用签名的形式来表达自己对某一政策或事件的态度，有时表现为一种投票，是网民在网络空间中的一种民意表达方式。网络签名包括两种方式：一指网民在论坛 BBS、聊天工具（QQ、飞信、MSN、微信等）后面为展示个人爱好倾向的个性签名；二指网民在网络中为响应某一号召性活动而表示支持的举动，在网络舆情热点事件中，由于签名发起者的情绪和观点契合了许多网民对于网络事件的看法和态度倾向，网民在发起人的引导下以签名方式寻求观点的认同和情感的归属。[①] 网上签名可以视为网上舆论的一种升级行动，近年来网上签名这种形式已十分常见。

诚然，网络民意的承载方式是多种多样的，互联网的多样性造就了互联网信息的多元化。除了上述几类常见分类外，各类民间网站也是不同群体网上发声的号角和扩音器，尤其是弱势群体和边缘群体。网络民意的公开表达、汇聚和整合已经促成了网络民意的巨大“舆论场”。

二、网络民意的表面强度与真实强度

网络媒介本身的构成特点和网民意见表达的特殊方式使得网络民意与

---

① 王国华、曾润喜、方付建编：《解码网络舆情》，武汉：华中科技大学出版社，2011 年版，第 64 页。

真实民意之间会形成一定的差异，对政府决策产生影响力的强度也是不同的。网络民意的强度可分成两种：在互联网这个虚拟环境中体现出来的强度即表面强度，以及在真实环境中体现出来的强度即真实强度。[①]

网络民意的表面强度主要通过以下几个方面得以体现：

一是网络民意表达主体的多元性。互联网的开放性格局使信息与意见的发布不再是某种特权，在网上每个用户都可以充分行使“话语权”，形成了与哈贝马斯所称的“公共领域”相类似的交往空间。这是一个可以无视社会等级差别，允许质疑、批评公众事务并具有相当包容性的公共空间。普通民众不再需要通过社会精英作为“代言人”在传统大众媒体上间接表达意见，而是直接参与公共事务的讨论。网络民意主体的多元性特征可以摒除官僚主义、形式主义的限制，表达原生意见更能直接反映社情民意；多元性派生出来的私人化、个性化特征可以进一步调动网民参与公共事务的积极性并反映深层社会问题；网络的相对匿名性特征可以使网民解除现实生活中刚性权力的制约，畅所欲言、开诚布公地表达意见，互动性特征可以实现即时反馈，在充分讨论后达成对公共事务的共识性意见，充分体现民主。总之，主体的多元性是网络民意产生强大影响力的先决条件。

二是网络民意关注议题的公共性与多样性。议题是网络民意形成的物质条件。网络民意有别于单纯的网络舆论，是网民对具体公共事务的看法和观点的综合。网络中不仅网站可以设置议题，网民同样也可以自主设立议题，这就使得议题更具有广泛性和全面性。互联网的即时性、互动性还克服了传统大众传媒的议题设置的时滞问题，可以使议题效果即时显现，从而进一步调动网民持续参与的积极性。信息的全球化传播、地球村的形成，使网民选择议题的空间大大拓展，如世界风云、天下大事、国计民生、奇闻怪事无所不包，网民耳闻目睹的社会百态也同样可以成为公共讨论的热门话题。除了发表对公共事务的意见、参政议政外，还增加了贴近性、反常性、趣味性、娱乐性等议题。议题的这种广泛性可以使网络相当

---

① 马慧茹：“试析网络民意的表面强度与真实强度”，《山东视听（山东省广播电视学校学报）》，2005 年第 8 期，第 18 页。

全面和充分地反映社会生活的面貌，凸显已经形成的和潜在的社会问题，表达民众的真实呼声，是网络民意产生巨大强度的物质基础。[①]

三是网络民意表达内容的批判性和建设性。网络民意的言论表达往往尖锐、坦率。传统媒体表达民意时通常要考虑整体策略、社会协调等各方面因素，因而相对比较谨慎、严肃，话语表达也更讲究策略。网络的拟态环境和匿名性特征则使民意表达能够使用更直接而非委婉的方式，针对某一议题的讨论常常是唇枪舌剑、立场鲜明。网络民意是现实民意在网络空间的反映。网络事件是现实社会事件在网络空间受到关注并引发热议形成的；网民评判公共事件的标准依然是现实社会中业已存在的价值观、风俗习惯、道德与法律标准；网络民意的诉求也是现实社会中公众普遍的呼声。网络民意本质上就是一种客观存在的民意。[②] 在很多情况下，网络民意已成为富有批判性和建设性的第三方声音。网络民意表达的自由性和包容性正好为民众的情绪宣泄提供了平台。人们在网络表达的过程中，在通过网络公共领域与他人的辩论中，逐渐缓解情绪、沉淀心情、理性诉求，从而有效减少了现实中群体性事件发生的概率。因此，网络民意是社会情绪的宣泄口、社会心理的“调节器”、社会矛盾的“缓冲阀”，[③] 同时也是社会问题的“预警系统”和“传感器”。[④]

四是网络民意影响程度的广泛性与深入性。互联网的即时性、互动性、连通性特征，不仅可以使一则信息瞬间便实现全球发布，也可以使某种民意瞬间广为人知。地区性的意见通常会得到世界性的关注并迅速得到反馈，使得与议题有关的权力机构置身于更大的舆论压力之下不得不采取相应的措施解决问题。根据沉默的螺旋理论，大众传播的三个特质是它的累积性、普遍性和共鸣性，三者综合在一起可以产生对民意的巨大效果。

---

① 马慧茹：“试析网络民意的表面强度与真实强度”，《山东视听（山东省广播电视学校学报）》，2005 年第 8 期，第 19 页。

② 刘力锐：“我国网络民意的成长、政治意蕴及政府回应”，《广东行政学院学报》，2009 年第 5 期，第 23 页。

③ 朱丽峰：《网络民意与政府回应问题研究》，北京：中国社会科学出版社，2013 年版，第 167 页。

④ 汪波：《中国网络监督与政府治理创新（1994—2012）——“四维制衡”视角透析》，北京：北京师范大学出版社，2013 年版，第 229 页。

网络的连通性使网民以个体身份参与讨论，并能看到自己观点的反馈。而这种反馈又会激发更多人积极地参与进来，进一步强化相关观点并促使其向更大范围扩散从而凝聚人气和舆论声势，进而更加深入广泛地影响政府决策。

然而，在网络传播特性的影响下，网络民意本身也有其局限性，它可能是一部分人的民意，也可能是当时的民意，“网络民意”并不完全等同于“社会民意”，用网络民意替代传统的真正意义的民意，这就忽视了现实社会中不上网群体的利益，[①] 同时，网络民意也具有无序性和非理性等特征。网络民意只是真实民意的一部分，不能单纯依靠网络民意来进行公共决策。网络民意与现实社会中的真实民意之所以存在相当的距离，主要是由于以下一些具体原因造成的：

一是网民结构对网络民意的稀释。“数字鸿沟”是当今世界各国都普遍存在的现实问题，是指当代信息技术领域中，人们在信息技术的掌握、拥有、控制、使用能力和实力上存在的差距。根据中国互联网络信息中心的调查，目前中国网民的分布是以年轻、高知、城市人口为主，而老年人、弱势阶层和农村人口仍然在很大程度上被排除于网络之外，网络上体现出的主流民意有时可能只是较多地体现了那些网络普及程度较高的地区的民意。网民代表着社会阶层中的一部分，而在网络中发表意见的又只是网民的一部分，相当多网民属于“沉默的大多数”。此外，以青少年为主的网民结构在使网络意见的传播更具活力、创新精神和时代特征的同时，这个群体知识结构的不完善、世界观的不成熟、社会行为能力的不确定，及由其为主体所形成的网络民意在关注领域上的局限性也使网络民意显然不是民意的全部。

二是网络中的虚假言论可能误导民意。网络扩展了人们自由表达的同时，也给利用互联网散布虚假消息、模糊事情真相的不法分子创造了机会。网络公共空间充斥着很多虚假言论、歪曲事实的谣言。在这些虚假信息的传播者中，既有不负责任的无事生非者，也有怀有目的谣言故意制造

---

① 张春华：《网络舆情 社会学的阐释》，北京：社会科学文献出版社，2012 年版，第 209—210 页。

者，更有不明真相的以讹传讹者。虚假信息在网络空间出现后，往往能够先入为主，得到网民们的广泛关注，催生出一种恶性的网络舆论，影响着公众对正确资讯的选择和判断。一些西方敌对势力通过网络发布的一些虚假信息，在一些别有用心的人的四处散播下，都可能成为部分公众做出判断的依据。[①] 网络上充斥着流言、妄言、断言以及其他形态的虚假信息，并且这些流言或虚假信息可能被更多网民认同或传播，在传播中进一步变异，从而导致网络民意的失真。同时，网络上呈现的可能只是事件某几个断面或几个链条的信息，而其他断面或链条的信息则被遗漏或过滤，缺乏对整个事件来龙去脉、各方因素、发生过程等的全面认知，网民可能断裂化或选择性地发布信息。网民基于不完备的信息做出判断，导致网络民意片面、零散。

三是网络的心理认知可能盲导民意。真实民意产生的前提通常应包括：人民大众对于自己何去何从应当充分地表示出意见而不是一味听命于人；这些意见必须真正出自他们的心声而不是经由宣传、误导、非理性的恐惧产生的；这些意见所反映的应该是他们经过一定的思考所产生的想法和愿望而不是在资讯不足和本能反应下的偏见。然而在网络群体中，网民的态度常呈现一种或者赞成或者反对的“一元化”的压倒性态势，从而造成“群体极化”现象。一些“毫无主见”的网民则会受“群体压力”的影响而表现出盲从的特征。“群体极化”有时还不可避免地带来了“多数暴政”的可能性，侵犯了个人或少数派的利益，压制了少数派意见的表达。与此同时，网民的年轻化、情绪化也使互联网中的从众现象更加突出。网络的信息过载现象也使得网民没有时间、精力和热情去求证原始信息，多元信息或群体压力使网民丧失主体性；网络虚拟环境下的匿名性使民意表达带有功利性、随意性和游戏性，也使得不负责任、主观臆断的言论频频出现。民意形成的过程是建立在理性交往的基础上的。而网络民意的虚拟特征削弱了社会规则对言辞内容的真实、言辞行动的正当、言辞者意向的真诚的制约。

四是“网络推手”可能操控民意。真实的网络民意要摆脱商业化、市

---

① 周葆华：“网络承载不了中国的主流民意”，《环球时报》，2010 年 9 月 8 日。

场化的价值取向。然而，在商业化的网络空间中，知识和信息的商品化导致意见的商品化和网络推手的诞生。真实的民意可能会被无所不在的商业利益和个人私利所侵蚀和封杀。某些突发事件也在相应经历及知识丰富的特殊人员推动下，借助感性演化或理性推论所形成的一些舆情得到网民“热捧”。德国学者埃利亚斯·卡内提在《群众与权力》一书中从人类学、生物学、社会学方面来研究群众，认为群众具有永远增长、追求绝对平等、喜欢紧密聚在一起、需要导向四个方面的特征。这些特征在网络中也以独特的表象体现出来。网络群众较之现实群众不同之处在于以符号形态出现，并且这种符号不是一成不变的而是随时可以消亡或新生的，也就是说网络个体可以扮演多重角色。某些议题的讨论表面上看起来可以声势浩大，点击量与跟帖数引人注目，好像关注此议题的群众越来越多，而实际上有可能只是其中少数人通过变换多个网名故意造势，形成群众增加和舆情“喷涌”的假象，而这可能进一步主导或左右了更多网民对事件的解读和判断，造成网络民意的偏离和放大。

五是网络的协同过滤功能可能导致“狭隘民意”。网络具有类聚效应，网络为志同道合者的沟通提供了便利，但缘于网络时代个人信息的量身定制和网络空间信息海量性的悖论，导致网络中的民意往往出现自发性的“局部民意”和“狭隘民意”。随着网络的发展，网络的协同过滤功能使网民可自我设定网站链接，而网民由于偏好作用，一般只链接与自己价值取向一致的网站，从而强化单面信息。舆论领袖引爆舆论，普通网民则以点击率、回帖数量等形式强化这一舆论。正如桑斯坦所言，某个政治信念坚定者在网站上找到更多持相同看法的作者，并且被鼓励去阅读其他相同的见解，从而强化他既有的判断。在网络上，网民通过信息同类搜集和网址链接，会强化信息同质性，在信息时代中形成了大众传媒的覆盖面一方面变得越来越大，另一方面又变得越来越小的传播悖论。[①] 协同过滤使网民只是选择性吸纳或传播某方面的信息，并据此形成自我态度和行为模式，导致网络民意的片面和偏执。

---

① 王国华、曾润喜、方付建：《解码网络舆情》，武汉：华中科技大学出版社，2011 年版，第 35 页。

所以，互联网的虚拟环境一方面为人们对公共事务开诚布公地发表独立见解提供了空间，构成了网络民意的表面强度；另一方面，网民的结构性问题、虚假言论问题、心理认知问题、网络推手以及协同过滤现象也构成了表面化的网络民意与社会真实民意的差别，即网络民意表面强度与实际强度的差异。

三、政府对网络民意的认知与回应

政府务实回应网络民意是引领积极性网络社会政治动员的发展方向。回应型政府是对政府的职能、态度和能力的一种界定和表述。政府的基本职能，应当是为社会和公众提供公共产品和公共服务；在实现这种职能的过程中，政府应当始终关注网络民意所表现出的社会和公众的需求，并且以一种有力的、敏感的、负责任的态度去回应社会公共需求。[①] 政府能否和民众形成良性互动，直接关系到网上舆论的走向。一个回应型政府同样也关注秩序和安定，但在追求秩序和安定的道路上，传统堵、盖、封的方法显然已经不符合时代潮流，因势利导、疏堵结合，在互联网上搭建一条政策与民意互动的通道是当前政府应有的做法。政府在适当情况下应表达对网络民意的理解和包容，同时也应真诚地与民众进行沟通，表达政府的想法与期望，从而进一步培育理性的网民素养和网络民意，并促进政治安全与稳定。

政府对网络民意的恰当回应取决于正确的认知。一方面，政府应该对网络民意的重要性予以足够的重视，对网络民意的真实强度有所认识。威尔逊认为，公共舆论对于精英的冒险行为可以起到一个刹车的作用，使政策制定者由于害怕失去大众支持而不去走极端。[②] 在现实中，网络民意的刹车作用和回应与否对于政府的自身建设也很重要。另一方面，也要避免

---

① 张雷、刘力锐：《网民的力量：网络社会政治动员论析》，沈阳：东北大学出版社，2012年版，第225页。

② 刘力锐："我国网络民意的成长、政治意蕴及政府回应"，《广东行政学院学报》，2009年第5期，第24页。

对网络民意的消极认知。[①] 例如有人认为网络民意不具有代表性而不给以足够重视。事实上，任何代表在人群中的比例都不可能是完全均衡的，民意的代表性是相对而言的。网民的构成是广泛的而不是单一的，没有固定的限制条件，从这个角度来说，网民的代表性还是相对广泛的。再者，即使不能代表别人也并不表示不能代表自己，只要个体的利益诉求是合理的，那便是应该受到政府和社会的关注和重视。更有消极认知因为网络民意比在任何传统媒体上的民意要来得凶猛，也要比传统媒体的民意表达更情绪化、更加狂热和非理性而将网络民意视作“洪水猛兽”，畏惧网络民意，害怕网络表达，不愿意接受网络舆论的监督。这些都是要避免的消极认知。

政府回应网络民意的背后存在着政府和网民之间的博弈，博弈的关键在力量。卢梭认为，一切自由的行为都是由两种原因的结合而产生的：一种是精神的力量，亦即决定这种行动的意志；另外一种是物理的原因，亦即执行这种行动的力量。[②] 按照卢梭的分析思路，政府意志、政府力量、网民意愿、网民力量是影响政府与网络民意博弈的两组因素，它们的不同组合决定政府对网络民意回应水平和程度。[③] 所以，在网络民意诉求弱的情况下，不管政府是否吸纳或排斥网络民意，回应都不会发生。对于政府排斥网络民意的情况，只有网络民意诉求足够强烈，并且所形成的舆论压力和集体行动能力足以对政府行为形成有效的压力和钳制时，政府回应才会发生。也就是说，网络民意诉求强烈，如果网民对政府的压力达不到足够强度，政府依然可以对其置之不理。而对于愿意吸纳网络民意的政府，只要网络民意有足够强度的诉求，网民群体即便力量弱小，也依然可以参与政府过程。

政府决策行为可以视为政府与民意互动的缩影。政府与民意的相互关系十分复杂，有学者归纳为四种模型：（1）政府无态度，即政府决策与民

---

① 朱丽峰：《网络民意与政府回应问题研究》，北京：中国社会科学出版社，2013 年版，第 155—158 页。

② ［法］卢梭著，何兆武译：《社会契约论》，北京：红旗出版社，1997 年版，第 101 页。

③ 刘力锐：“我国网络民意的成长、政治意蕴及政府回应”，《广东行政学院学报》，2009 年第 5 期，第 25 页。

意无相关性；（2）政府操纵民意，即政府政策与民意的一致性不是政策顺从民意达成的，而是政府塑造民意使其与政策一致而达成的；（3）政府无回应，民意无影响力，或者政策与民意偏好不一致，政府决策时考虑了民意，但政府还有其他考虑使得政策制定与民意期望出现偏离；（4）政府响应，政府决策受民意影响或者二者偏好达成了一致。

其实，根据政府与民意的事实相关性、公众对政府回应的感受和政府回应的主动性三个标准，上述政府对网络民意的不同回应又可以简单概括为无回应、被动回应、主动回应三种类型。[①] 一是政府对网络民意无回应。这是指政府没有关注到或漠视民意，或者政府偏好与网民偏好不一致，政府对网络民意不表态不解释不反驳；或者表面与网民开展对话，实际上民意对政府行为没有产生实际影响。二是网络民意压力迫使政府被动回应。这是指随着网络民意力量的壮大，政府改变起初不回应网民的策略，做出与网民要求与期待相向的调整，使政府偏好和网民偏好达到部分或者全部一致。三是政府主动征询或回应网络民意。这是指政府意识到网络民意是实际存在的，它是网络时代政府的一个重要制约，也可能是一个社会支持来源。政府主动征询民意，通过了解民意诉求、听取民意，或者对民意进行引导与塑造的方式来减少政府偏好与民意偏好的差距或增大二者之间的一致性。

政府对网络民意的回应要避免几种消极作为，即强权压制、截堵过滤、避重就轻、表面敷衍的情况。[②]前两者是将网络民意当作社会控制的翻版。事实上，防民之口，胜于防川。所以，网络舆情建设最重要的是人心的建设，而不是限制言论自由。网络舆情建设也不是要用主流舆论压倒非主流舆论，而是在坚持社会思想多元的基础上，在保证法律框架内的言论自由的基础上，倡导以主流舆论引导非主流舆论，但不是压制，更不是替代。[③] 网络舆情的产生更多的是现实社会的“断裂”的反映，是现实社会

---

① 刘力锐：“我国网络民意的成长、政治意蕴及政府回应”，《广东行政学院学报》，2009 年第 5 期，第 24 页。

② 朱丽峰：《网络民意与政府回应问题研究》，北京：中国社会科学出版社，2013 年版，第 158—163 页。

③ 张春华：《网络舆情 社会学的阐释》，北京：社会科学文献出版社，2012 年版，第 180—182 页。

中各种矛盾和利益冲突在网络社会的延伸，政府对于网络民意也不应该避重就轻或表面敷衍，而应该从现实社会中寻找原因并恰当回应。

政府对于网络民意可以从被动走向主动，即加强民意引导。一方面，政府可以通过传统大众传媒主办的网站（如人民网、新华网等）来充分发挥“议程设置”功能。“议程设置”功能是大众传媒所具有的一种为公众设置“议事日程”的功能，指的是传媒的新闻报道和信息传达活动以赋予各种“议程”不同程度的方式，影响人们对社会事件的判断。传统大众媒体的专业素质和业务能力要通过网络媒体实现更大的价值，使整个社会的信息资源利用网络技术进行调整和重组，而网络媒体的发展也离不开传统大众媒体这个“母体”，两者有效结合才能实现传播媒体和社会信息资源合理分配的目标。另一方面，政府还可以充分发挥“意见领袖”功能。“意见领袖”是指在传播活动中表现活跃的一小部分人，他们对某方面的事态发展比较关心，比较了解，他们能向身边那些广大的公众群体提供这方面的有关信息，并对此做出相应的解释。除了知识面、责任感、人际交往能力等个人因素外，“意见领袖”在大众传媒的“二级传播”者身份，也使他们在一般受众中有较强的活动力和影响力。[①]此外，政府也应以更加具有感召力和吸引力的方式参与到与网络民意的互动中，对自己的政治理念进行必要的普及，并推进积极、健康的网络文化。

随着网络的社会影响力的上升，我国政府越来越重视网络民意，特别在政府换届或政策活动高峰期，现实生活中已经有了如下显著表现：(1) 党政领导回应网络民意的示范效应不断扩大。上至国家元首、政府首脑下至省级党政领导都主动与网民在线交流，其示范意义和导向意义是不可低估的。(2) 各级政府在具体运作中主动采纳网络民意，并纷纷进行网络民调。例如2007年国家法定节假日调整方案的全国网络民调，以及在地方层面不少城市纷纷对一些出台的法规和政策进行的网络民调等。(3) 各级网络问政平台建设力度不断加大。网民“E两会”、政府网的开通、人民网“地方领导留言板”等都体现了政府与网民的互动以及政府对网络民

① 郭明飞：《网络发展与我国意识形态安全》，北京：中国社会科学出版社，2009年版，第276—277页。

意的重视。各地政府对网络问政的探索也各具特色。[①] 许多地方政府也纷纷建立相应的政府与网络民意的互动机制，开通了很多“市长热线”、“市长信箱”、“市长论坛”等。也有的地方开始运用“在线访谈”的形式，直接与网民面对面。

但是从整体上看，我国网络民意仍在体制门外徘徊，不回应、被动回应的比较多，主动回应的尝试则刚刚起步。政府回应与网民参与需求尚存在差距，网络民意尚未得到充足或适度的回应。此外，许多地方政府的网络问政形式也是建立在传统“对上负责”模式下的互动制度，与为民服务、接受监督、回应民意的“对下负责”的要求无疑产生了矛盾。因此，在“对下负责”机制尚未完善的条件下，很多政府部门和官员很难把这种互动制度当成是真正解民忧、解民愁、解民惑的沟通渠道，反而成为一个应付上级政府检查评估的“政绩工程”和维护政府形象的“面子工程”。所以，政府主动回应的自觉和网民力量的理性成长都还需要时间。

综上所述，尽管网络民意的表面强度和真实强度可能导致政府对网络民意的消极认知并从而导致其消极应对，网络民意已经成为各国社会议程的重要推动者、设置者，传统的政治生态和游戏规则正在被打破。网络的崛起，给了每一个公民一个可以向社会表达的“麦克风”，而网络聚合与放大的力量又使昔日“一盘散沙”式的民意得以集中表达。网络民意这一政治力量借助网络的崛起，是政治生态中最重要的改变，政府对网络民意的恰当回应是网络时代政府自身建设的重要方面。

第二节　网络突发事件与政府网络危机管理

随着网络应用向纵深发展以及经济社会转型期社会问题的凸显，近年来各种网络群体性事件时有发生，重大社会安全事件也开始以网络形式同步呈现。这些突发网络危机事件往往超出人们的心理预期和社会常态秩

---

① 刘力锐：“我国网络民意的成长、政治意蕴及政府回应”，《广东行政学院学报》，2009 年第 5 期，第 25 页。

序，而且发展比较迅速，具有一定的轰动效应，不利于社会的和谐稳定。因此如何应对网络突发事件并进行危机管理是很重要的研究课题。

一、风险社会中网络集体行动权与象征政治

“网络集体行动权”是网络主体在网络公共空间将网络集体意志诉诸集体行动的权力。在经济社会结构从封闭逐步走向开放的过程中，社会公民与组织利益表达如果不能充分通过制度化渠道实现，从而溢出体制边界，使网络集体行动频发。网络集体行动既可能是局限于网络空间的虚拟集体行动，也可能是虚拟与现实之间融合的集体行动。一类是虚拟集体行动，指公共事件发展过程局限于网络空间展开。网民针对特定议题，在微博、BBS、论坛、聊天室竞相发帖和跟帖，表达观点、宣泄情感、形成网络舆论。另一类是虚拟与现实融合之集体行动。虚拟与现实融合的集体行动是指网络事件的发展过程由网络集体讨论，逐渐转化成为现实集体行为。虚拟与现实融合的集体行动通过线上讨论组织，在现实中形成集体行动，甚至导致警民暴力冲突的群体性事件。① 伴随着网络空间能量扩展，虚拟与现实融合的集体行为的频率正逐渐增加，形成了社会稳定与政府治理的外部压力。

网络集体行动是网络行动的一个层次，其最终目标往往是为了影响政府行为。因此尽管网络集体行动的议题不一定是政治，但却有着政治意义，可以认为是“象征政治”的范畴。网络行动可分为微观、中观和宏观三个层次，分别对应于个人网络行动、网络集体行动和网络运动。从社会学角度看，个人网络行动是人们在网络社会生活得以建构的初始要素，是人们进行情感交流、信息获取和知识创造的过程。从政治学角度看，个人网络行动则是获取政治信息的过程。如果这种权利无法体现，那么网络中各种负面的、道听途说的，甚至煽动性的信息便会迅速填补这个信息沟

① 汪波：《中国网络监督与政府治理创新（1994—2012）——“四维制衡”视角透析》，北京：北京师范大学出版社，2013 年版，第 240 页。

鏊，因为在互联网时代，“没有政治秘密可言”。[①]

在上述微观互动层面的政治参与中，以事件驱动的、以议题取向的网络行动走向了中观层面即网络集体行动。这一层面的网络行动变成了某种社会情绪的宣泄和文化价值的动员，变成了各种理念和观点的碰撞与交融。成员间的影响与被影响、关注和被关注上升到对事件的共同关注上，由此生成的信息流动聚焦成对事件走向有影响力的舆论压力，从而改变事件的发展方向，乃至影响政府的行为和政策。这种网络行动吻合了卡斯特所说的“象征政治”范畴，它们使人们心中与生活中对公共事务的关注重获正当性。[②] 例如，2003 年 8 月，中国网民为反对京沪高速铁路使用日本新干线技术，发起了万人网上签名活动，结果这种强大的民意阻力，在政府部门的最终决策中受到重视。宏观层面的网络运动尚不多见。一般来说，随着近年来网民素质的提高，以及政府权力观的改变，在社会行动发生的前端就会被妥善吸纳。至于个别的以政治颠覆为目的的社会运动则表现为一种组织严密的操纵和被操纵的关系。网络运动往往伴随着政治干预。

象征政治是使用象征符号以达到政治目的的实践活动。象征政治不仅被政治家和精英们用来获得大众支持和维护其政治权力的合法性，[③] 象征政治也有时被民众用来为人们心中与生活中对公共事务的关注重获正当性。马瑞·艾德尔曼（Murray Edelman）认为除了追求实体利益的“斗争政治”之外，还存在以利益正当化为目标，以象征为媒介的“秩序政治”。他提出象征除了能起提示作用之外，还具有一种“聚合能力”（condensational capacity），即它能激发与环境相关的情感。象征政治为大众和政治现实之间实现了“政治沟通”（political communication），即使大众没有真正从事政治活动。查尔斯·埃尔德（Charles Elder）和罗格·考布（Roger Cobb）认为：“象征为个人和更大的政治秩序之间建立联系、协调不同个

---

① 蔡文之：《网络传播革命：权力与规制》，上海：上海人民出版社，2011 年版，第 88—91 页。

② ［美］曼纽尔·卡斯特著，黄铸九、黄丽玲等译：《认同的力量》，北京：社会科学文献出版社，2003 年版，第 404 页。

③ 李明明：“论欧洲一体化进程中的象征政治”，《国际论坛》，2009 年第 4 期，第 6 页。

体之间不同的动机而服务，从而使集体行动成为可能。为此，象征对于政治体系的运作是非常重要的。”①

从微观的个人网络行动走向中观的网络集体行动往往与议题的象征性相关。一个微小的信息能否发展为轰轰烈烈的网络事件，议题性质是重要的初始影响因素。调查发现，易进入网络舆论视野的主要有八大类议题：涉“官”与涉“腐”的问题，涉及社会“公平”与“正义”的事件，涉及百姓切身利益的话题，涉及公共安全、重大事故、自然灾害、环境污染等事件，涉及伦理道德的事件，涉“富”或贫富差距的话题，涉及民族主义和宗教信仰、中外关系的话题，涉及公众人物及知名企业、敏感地域的新闻。这些议题某种程度上都具有与政治相关的象征度，可能是政治制度，可能是政治主体，也可能是政治治理能力或者政治协调能力。

进一步分析，这八类事件都具备以下几个要素：一是议题的公共性。能够成为社会热点的网络舆情必然内涵着公共性的价值取向，例如涉及公民权利保护、公共权力监督、公共秩序维护和公共道德伸张等社会公共问题。在网络空间不需要付出很大成本就可以支持和参与有利于公共利益、公共道德的行动，而且能够获得“高尚感”的精神满足，因此网民在公共利益、公共道德议题最容易达成共识，形成强大舆论声势。二是事件的相关度。与网民的切身利益相关度越高，越容易引起大众的关注和同情，所谓感同身受。三是事件的负面度。越是与刻板印象中负面因素符合，越容易成为敏感因素，越能引起网友的关注。② 越是负面的公共议题，越能激发网友的心理共鸣；越具有冲突性的主题，越能进入网络意见领袖的视野，发挥舆论的动员作用，实施权力救济。四是事件的模糊性。事件还处于发展之中，网络舆论参与其中能够左右现实时，往往更能引起网络舆论的热潮。如果事件已经尘埃落定，则会失去很多吸引力。

网络集体行动是网络时代与风险社会结合的必然产物。风险的状态既有事件性的表现，也有非事件性的存在。事件性的风险属于集中爆发的类

---

① Charles Elder and Roger Cobb, *The Political Uses of Symbols*, New York: Longman, 1983, p. 1.

② 党生翠：《网络舆论蝴蝶效应研究——从“微内容”到舆论风暴》，北京：中国人民大学出版社，2013 年版，第 84—85 页。

型，容易引起舆论在短时间内统一关注，形成焦点并推动集体行动的产生。非事件性案例中，社会风险并不通过某一具体的事件表现出来，而是在潜移默化地渗透到人们的生活中或者在某一事件中作为个别的关注点得到体现。对这些非事件性社会风险的解构，主要依靠互联网技术的超文本、超链接的数字化传播和供给知识完成，其应对风险的主要实现方式包括建立专门的科普网站、问答网站和门户网站中的科普信息，以及搜索引擎的信息引导等。

事件性的风险案例，也就是在短时间内得到广泛关注的，具有事件性呈现的风险案例，多表现为突发事件、公共事件和群体性事件。它们根据最终发展结果可以分为事前化解型和事后补救型。事前化解型根据公众介入事件的节点的不同，又可细分为自主引发型和被动触发型两类。在自主引发型中，面对即将产生的社会风险，利益受损群体通过手机、网络等方式主动联合起来，自主地向有关部门表达反对意见，并组织规模不等的游行、集会等活动对当地政府施压。其网络阵地主要是社区论坛和为事件而建的网络社群。被动触发型同样是面对即将发生的社会风险，利益相关的公众由于不知情等原因并未采取行动，而由知情的专家、公共知识分子等直接揭露事件、呼吁市民行动，利益受损群体在意见领袖的触发下相对被动地参加到事件进程中来。事后补救型案例指的是某种长期存在威胁甚至已经发生但却不为公众所知的风险，被引爆形成事件后，最终该风险在多方控制下得到削弱或彻底消除的事件。①

网络集体行动多体现为上述风险社会的利益诉求型事件，但也有时体现为泄愤型事件。社会泄愤事件是“那些在相对自发的、无组织的和不稳定的群体情境中，由成员之间的相互暗示、激发和促进而发生的社会行为”。② 泄愤型群体性事件的大部分参与者并无具体的行动目标和利益诉求，通常以发泄情绪为主，群体性的非理性冲动表现得非常突出，事态的发展也因此瞬息万变，并较容易被敌对势力和不法分子利用，一些别有用

---

① 张燕：《风险社会与网络传播——技术 利益 伦理》，北京：社会科学文献出版社，2014年版，第54—58页。

② 何显明：《群体性事件的发生机理及其应急处置——基于典型案例的分析研究》，上海：学林出版社，2010年版，第5页。

心的人也可能利用社会负面情绪编造和散播谣言，甚至导致严重的社会危机出现。泄愤型事件往往借助突发事件而生。突发事件具有聚众性的特点，而网络则成为煽动聚集的重要平台。突发事件引发的网络舆论一般极具煽动性和传染性，而且会产生放大效应，容易引发社会情绪的波动，刺激非理性情绪的蔓延。从公共参与的角度看，突发事件不仅迎合了一些人的猎奇和围观心态，同时因为任何一个突发事件往往涉及一部分人的利益，因而也为一些存有消极不满情绪的人提供了发泄情绪的渠道，因此突发事件引发的群体聚集往往具有非理性特征。

在网络集体行动中，一方面，网络体现了技术工具的理性主义的特征，揭露并提示社会风险，允许每一种声音的存在，提振社会信心，因为综合考虑多方利益诉求才能得出最符合现实的科学决策。另一方面，网络又体现了非理性的破坏性特征。同一般的社会行动相比，网络集体行动有一个“即时效应”问题。移动互联网使得共同关注和即时互动成为现实，其中“象征政治”的非政治动员成了影响事件走向的关键要素。[①] 当舆论事件形成压力时，几乎所有的参与者与围观者都处于情绪亢奋的状态，对于信息的辨析、对真理价值的判断都处于一种理性和非理性混杂的焦灼状态。此时，视事件的性质，视相关权威部门的表态，都可能使这些行动朝不同的方向和结果发展，最极端的就是触发自发性的抗议甚至政治冲突。政治冲突具有高度的传染性，互联网上的不稳定的政治心理将加速政治冲突的扩散。而网络所具有的放大效应和规模效应更加剧了网络集体行动的政治安全威胁。

二、突发性网络群体事件与社会危机的网络传播

网络相关危机有两种类型：一种是突发性网络群体事件，也就是表现在网络空间的各种网络集群行为或网络集体行动，[②] 它可能会引发现实社

---

① 蔡文之：《网络传播革命：权力与规制》，上海：上海人民出版社，2011 年版，第 88—91 页。

② 网络集体行为和网络群体事件具有内容实质的统一性，但一般将网络集体行为理解为中性或积极性描述，而将网络群体事件理解为贬义的对社会稳定有威胁的网络行动。

会行动，也可能只限制在网络空间的舆论危机。还有一种是现实社会危机在网络空间的传播，因为网络的放大效应可能加重现实社会危机对社会政治安全的威胁。事实上，这两种类型有相通性，因为突发性网络集群行为的发生原因不可能脱离社会现实，它可能是现实社会日常风险的累积的自主引发，但更多的情况可能是现实社会的刺激因素的被动引发，或者是对现实社会危机的网络映射。同时，现实社会危机也可以充当刺激因素。

网络群体性事件是指某一利益群体因某种共同利益关系在网络空间聚集起来，以各种方式反映利益群体的共同愿望，以期引起政府和社会的关注，从而获得或保障其共同利益的事件。① 网络群体性事件是网络社会政府经常遭遇的一种危机。如果处置失当，可能形成现实社会中的群体性事件，给政府和社会带来冲击。网络群体性事件演化要素构成包括如下方面：刺激性公共事件、网民共同经验、活跃的关键人物以及大众传播媒介。

刺激性公共事件的发生是网络群体性事件的导火索。一旦刺激性公共事件引发网民的强烈共鸣，就能迅速在海量信息中“脱颖而出”，并聚集众多“粉丝”，围绕这一公共事件积极展开讨论。作为网络群体性事件导火索的刺激性公共事件一般具备以下特征：事件出乎意料，超出网民的期望；事件触发大多数人的价值观念；事件能够提炼刺激性的标签。网络时代信息呈现爆炸式增长，信息消费方式也逐渐“快餐化”，刺激性的标签能够聚合更多的注意力资源。②

网民共同经验是网民产生共鸣的前提条件，也是网络群体性事件生成和演化的基本要素。网民共同经验可能是现实的经验的共享，但也可能是一种“内隐社会认知”的潜在印象。“内隐社会认知”的概念是由美国心理学家格林沃德提出的，是指在社会认知过程中虽然个体不能回忆某一过去的经验，但这一经验对个体的行为和判断具有潜在影响的认知现象。内隐社会认知理论认为，内隐社会认知过程由内隐社会知觉、内隐社会印象

① 王扩建：“网络群体性事件：一种新型危机形态的考量”，《天津行政学院学报》，2010 年第 2 期，第 29 页。

② 王国华、曾润喜、方付建编：《解码网络舆情》，武汉：华中科技大学出版社，2011 年版，第 88 页。

和内隐社会思维等三个阶段组成。在内隐社会知觉阶段，个体通过感官对社会客体属性进行直接的、整体的感知。内隐社会印象是指留在长时间记忆中的社会刺激物的形象，是在内隐社会知觉基础上形成的，受主体情感因素以及已有经验的影响。在内隐社会印象的形成过程中，如果内隐社会知觉材料不全面或是材料模糊，往往会导致内隐社会印象的偏差，这种偏差与主体情绪存在一种正反馈的关系。内隐社会思维包括内隐社会推理和内隐社会判断两个方面，它是在内隐社会印象的基础上对社会刺激的无意识推理和直觉判断。例如，在信息不全的情况下，主体根据零散的内隐社会知觉初步形成“警察随意打人”的社会现象，那么这个社会印象会唤起主体的愤怒情绪，而主体的这种情绪会反过来重组这个印象。而针对“警察”和“有人被打”，主体内隐思维的结果可能就是“警察打人”，而绝不会是“警察被人打”或者“有人被人打了，警察过来处理”。[①]

活跃的关键人物是网络群体性事件的扩散器。在网络群体性事件发生和演化过程中，新闻“线人”（或称公民报道者）往往是幕后推手的重要一环。新闻“线人”往往为自由职业者或兼职人员，他们不仅是各大网络论坛的常客，而且在各大网站设置“博客”，不时“报料”。他们通过各种渠道搜集信息，深入挖掘事件背后的各种细节，并提供给感兴趣的网民。网络群体中还存在意见领袖。他们善于从表象信息中剖析比较深层的价值内涵和意义，并能对问题予以深刻的解析，形成自己的观点并加以表达，最终在网络上达到一呼百应的效果。为了提高点击量，一些论坛版主也起了重要的推手作用，他们一般会选择性地主动推荐一些消息到网络页面醒目位置或加“热”“酷”等标志。更加值得注意的趋势是媒体人的“结盟”趋势渐显。除新闻“线人”与网络编辑的努力外，传统媒体记者的介入往往使热点事件“火上浇油”，越烧越旺并发展成“网络风暴”。而即时通信工具的广泛使用，使这三类群体可以通过 QQ 群、MSN 群、微信群等互通信息，轻松“结盟”。[②]

大众传播媒介是网络群体性事件的催化剂。媒体化已是公共危机的重

---

① 何显明：《群体性事件的发生机理及其应急处置——基于典型案例的分析研究》，上海：学林出版社，2010 年版，第 103 页。

② 陈阳波：“谁是‘网络风暴’幕后推手”，《人民论坛》，2010 年 5 月上，第 19 页。

要特征之一。克兰特利明确指出，危机的特征决定于媒体带来的极度的集体压力（collective stress），而不是事件的致命性后果（fatal casualties）和重大物质损失（significant physical damage）。[①] 网络空间这种特殊场域的一些特性很容易引发网络群体性事件的发生。互联网的及时性、高效性和交互性，为刺激性公共事件发生后短时间内的网络舆论爆发提供了可能。网络空间结构下的新媒体与自媒体的信息沟通，将无数个体在短时间内迅速黏合，形成网络集体行动与现实集体行动的联动。网络技术的发展使得信息的传播速度日益加快，在时间和空间两个维度实现了信息整合的快捷性。网络技术兼具文字、图片、音像等效果，打破了传统媒体传播的限制性，通过全天候的信息传播和滚动式的信息更新，实现了同步传播和即时传播，在时间维度实现了快速性。网民通过不同的上网渠道，随时随地表达个人的意见和态度，并通过各种形式进行无障碍的交换意见，开展讨论，舆情从全国乃至世界各地汇集于网络之上，实现了空间维度的快捷性。

网络空间的传播特性还可能导致信息偏差和结果放大，推动网络群体性事件的发展。网络的隐藏功能使得网民的意见常常没有诸多顾虑，部分网民由于知识的缺乏、信息的不全，常常带有非理性的攻击和情绪化的宣泄或恐慌心理的渲染。加上一些缺乏社会责任感的网民将互联网作为发泄情绪的天然平台，在遭遇突发性公共事件的时候，强烈表达自己的不满，网络舆情就此出现了非理性的偏差，“情绪化”大于“理性化”，“传染性”大于“真理性”。[②] 而网络的协同过滤功能则可能使一些信息和意见在流动过程中再次筛选、过滤、渲染和发酵，结果被放大甚至被扭曲，从而推动网络群体性事件的情绪化发展。同时，新闻媒体可以通过提升受众的恐惧感来延伸自身的使用。一旦社会发生不安全，公众都希望通过大众传媒获得安全信息，这就给了大众传媒利用公众恐慌谋取经济利益的机会，

---

① E. L. Quarantelli, “The Future Is Not the Past Repeated: Projecting Disasters in the 21st Century From Current Trends,” *Journal of Contingencies and Crisis Management*, Vol. 4, 1996, pp. 228— 240.

② 陈宇：“论突发性公共事件中网络舆情的有效监管”，《福州党校学报》，2010 年第 1 期，第 27—28 页。

触发媒介的恐慌经济。①

现实社会的安全事件或危机事件有时也可充当网络群体事件的刺激源。社会安全事件按事件性质可以分为恐怖袭击事件、民族宗教事件、群体性事件、刑事案件等类型。② 这些危机事件的信息具有强吸引性、恐慌性和模糊性等特征，更能激发网络空间的舆论风暴。危机事件的发生具有突发性、危害性、紧急性等特点，能给人的心理以极大冲击，强烈吸引人们的关注。恐慌性则是指突发危机事件不仅给当地造成人员的伤亡、组织的消失、财产的损失和环境的破坏，而且还会对信息接收者造成心理上的恐慌与破坏，如担心自己的利益是否会受到损害、自己的生活是否会受到影响。网络通过海量存储的文字、图片、视频等资料以及便捷的信息共享，让风险近乎完全地呈现在受众面前，造成灾难仿佛发生在自家隔壁一般的"虚拟现实"效果，极大地增加了人们对风险的敏感性和恐慌心理。模糊性不仅指因事件突发人们并没有相应的心理与信息准备，而且指危机事件的动态状况以及媒体信息的不一致性，不同时间、从不同媒体、不同途径所接收的信息都可能不一样。③ 而这些都可能促发网络空间的舆论风暴，并进一步推动网络群体性事件。

社会安全事件之所以容易激发网络风暴，并同步引发网络群体事件，是因为网络中参与人群的不同心理与行为。借助社会安全事件，网络汇聚了借助网络造势的直接利益者、发泄不满情绪的感同身受者、后现代式娱乐思维下看热闹的反叛者以及蓄意炒作破坏的混乱制造者。重大社会安全事件是现实中各种利益矛盾的激化，因此事件相关的直接利害人和关系人是重大社会安全事件在网络上传播的一大来源，因为网络给予了他们曝光和炒作的机会。部分民众对现实生活境况的不满、无奈与怨愤的情绪得不到表达，或者因为温饱、就业、住房、治安、医疗卫生等个人福利待遇暂时无法实现而形成的，这部分网民能够与社会安全事件的"受害者"在心

---

① 张燕：《风险社会与网络传播——技术 利益 伦理》，北京：社会科学文献出版社，2014年版，第117页。

② 宫承波、范松楠、黄晓云、王晶晶：《重大社会安全事件的网络传播》，北京：中国广播电视出版社，2012年版，第12页。

③ 郭子贤："社会危机事件中的媒体管理——从北非中东动乱说起"，《文史博览（理论）》，2011年7月，第41页。

理上对接，在遭遇重大社会安全事件时往往会以互联网作为宣泄出口，网络由于它的相对隐匿性而成为人们尽情宣泄的场所。而年轻人思想中的反叛、娱乐精神往往使危机事件变成了一个靶子，将网络作为试验场，把现实生活中所积聚的压力，以破坏性、“解构性”的方式释放，并以各种调侃的戏谑的歌谣、文章、图片、视频等方式表达对权力阶层的不满和嘲弄。[①] 此外，社会安全事件网络传播的参与者中还不乏一些用心险恶的人，他们在网络上设置特殊议题，使事件发生变质甚至混淆事实真相，激发民众的某些非理性情绪，故意制造混乱。

三、网络时代的政府危机公关与网络危机管理

网络时代的政府危机公关和网络危机管理可以遵循如下原则：

第一，态度真诚原则。危机时刻，最重要的就是信任，尤其是公众对于政府的信任，而这个信任又来源于政府面对危机的真诚态度。政府相关部门应当直面问题而不是回避问题，勇于承担责任而不是推卸责任。特别对于社会转型国家，一方面由于政治体制改革相对滞后，政府回应能力存在着一定程度上的不足，公信力也不是很高；另一方面，由于转型时期利益多元化，政府也难以同时满足全部利益诉求。政府应该理性认识舆论本质，以积极的态度回应民意的要求。网络舆论作为民情最活跃的表达，无论其形式如何，其实都承载着公众对政府的要求与期望。舆论无论是褒是贬，都表达了公众对政府自觉承担责任的期望。政府如果不能勇于承担责任，甚至采取回避的态度或者文过饰非，就会使媒体和公众都觉得有必要将事件真相调查清楚。

第二，信息公开原则。对于公众而言，信息公开是危机事件发生时能够有效降低他们自身不安全感的方式。网络危机出现之时，政府唯一的选择只有真诚公布信息，满足并维护公众的知情权。危机事件爆发的瞬间释放出大量的信息，而事件本身的敏感性、重要性和破坏性又快速地调动起

---

① 宫承波、范松楠、黄晓云、王晶晶：《重大社会安全事件的网络传播》，北京：中国广播电视出版社，2012 年版，第 234 页。

公众的求知欲以及其他寻求安全保障的应激反应，这个时刻公众最需要的就是来自政府部门和权威媒体的公开信息以调整他们各自的行为决策。[①]封锁消息的做法不仅是愚蠢的，其结果也往往是事与愿违。为了防止网络以讹传讹现象的扩展，防止小道消息四处流传，及早化解公众不满情绪，政府在事件之初就应当公开信息，将事件的真相、历史渊源、处理办法及早公之于众，及早缓解舆论的压力，为争取重新设置议题、引导舆论的发展方向、化解危机创造良好的条件。官方信息公开越及时越充分，就越能遏制谣言的滋生和流传，就越有助于形成健康积极的舆论环境，从而越能保证应急决策的实施效率。

第三，对话协商原则。处理危机就是要建立与公众对话的机制与通路。面对网络群体事件，比较明智的选择就是重构政府与公众、媒体对话的新机制，通过真诚的对话以获取共识，重建媒体与公众的理解与认同。网络信息传播的群体极化效应的解决只有通过真诚的对话，使不同的意见与建议都能得到平等的表达，通过主体间互动的真诚的协商，不同经验之间互相分享，这样才能使事件的真相被公众所了解，才可能在公众之间达成对事件的共识并将舆论引向有利于化解危机的方向发展。

第四，化被动为主动原则。面对网络危机，政府应该积极争夺话语权，重新设置舆论议题，这对于网络危机的解决至关重要。当舆论危机爆发之时，负面舆论大多具有非理性的特点，而且媒体的报道有时也只是为了吸引读者的眼球而对事件进行片面的放大。事实上整个舆论就被设定了方向，快速朝着危险的方向发展。如果只是对其做出回应，而不能重新设置议题，化解危机的所有工作都会处于被动之中。当政府完全被舆论牵着鼻子走，事情就无法得到解决。化被动为主动的唯一办法就是积极争夺舆论的话语权，重新设置议题，从而使一边倒的舆论得到适当的平衡，推动舆论方向朝积极的一面发展。[②]

第五，日常预警原则。网络危机虽然具有突发性，但这并非说日常预

---

① 宫承波、范松楠、黄晓云、王晶晶：《重大社会安全事件的网络传播》，北京：中国广播电视出版社，2012 年版，第 166 页。

② 谢金林："网络空间政府舆论危机及其治理原则"，《社会科学》，2008 年第 11 期，第 34—35 页。

警没有任何意义。预警意味着在社会顺境状态下，对社会负变量检测和评估的基础上，发现、采集、传播危机可能发生的信息，并及时向公众与有关部门预警，以期化解危机或使其造成的损失降低到最低程度的行为，其实质是对社会安全运行的稳定性程度的评判，其目的和作用是识警防患，超前预控。① 冰冻三尺，非一日之寒。只有未雨绸缪，在危机没有爆发之时，及时全面掌握各种舆论动向，并疏导负面舆论，强化正面舆论，才能防患于未然。

在上述几个原则的基础上，针对网络群体性事件和社会安全事件的网络传播的不同发展阶段，可以采取一些针对性措施。

第一阶段为危机潜伏期，可采取网络预警机制，对关键事件、关键地点进行严密监控，对敏感事件进行特别监控，对关键情绪实时掌握，通过日常沟通渠道化解风险。尽管网络时代的危机的产生有一定的爆炸性和不可预期性，但是仍然可以从日常的网络环境和社会生活中找到蛛丝马迹。一些微小的风险征兆，只要正确引导和培育，经过一段时间的孕育，将能显现良性效应，避免与化解社会冲突和网络危机。要建立覆盖全社会的网络舆情的监测、收集、分析、研判、预警，做到早发现、早应对、早化解。时刻关注网络舆情变化，及时发现舆论焦点、热点，第一时间了解和掌握问题，敢于主动接触矛盾，及时正确引导，理顺网民情绪，对各种网络舆论及时、迅捷地做出反应和反馈，搭起政府与群众之间的信任桥，建立“政府—意见领袖—网民”间的日常沟通渠道，并通过三者间的互动和制衡，实现良性的网络文化氛围。

第二个阶段为危机爆发期，可采取相应的处理机制，其核心为快速应对与信息公开。一旦发生群体性事件，便要迅速行动，组织力量进行相应活动，在谣言流传开来之前占领信息传播通道。切忌反应迟钝，任由事态发展。事件突发后，首次应对如果不当，往往会导致事态迅速扩大，舆论转向，花大力气难以补救。面对突发事件的爆发，要迅速核实情况，搞清事件性质、波及范围、舆论强度、可能造成的影响等，主动应对质疑和猜

① 张燕：《风险社会与网络传播——技术 利益 伦理》，北京：社会科学文献出版社，2014年版，第210页。

测，第一时间发布公告，先讲事实、慎说原因；先上网、后见报；先简报、再细说；边处置、边发布；竭力抢占舆论制高点，掌握话语权、主动权，挤占负面舆论传播空间，不给小道消息“满天飞”提供可乘之机，达到“减轻恐惧心理，缩小谣言衍生的空间，确立权威信源形象”。[①] 发布信息的态度、方法很重要，可以先由主流媒体发布，后全面覆盖；可以先发布简要消息，后推进详细资料。同时，政府面对危机所做的任何反应，应当保证前后所提供的信息一致，而且要求政府部门不同信息源提供的信息保持一致。英国危机公关专家杰斯特提出政府危机处理3T原则：Tell your own tale（以我为主提供情况）；Tell it fast（尽快提供情况）；Tell all（提供全部情况）。[②] 这其实就是指信息公开的重要性和方式方法。

第三阶段为危机蔓延期，可进行进一步舆论引导与纠正。由于网络热点事件在网络上引起的网络意见的啸聚来得太迅速和凶猛，蔓延期和爆发期的界限和分野不像传统媒体环境下那么清晰，这一阶段和爆发期之间像“接力棒”模式一样蔓延。在此阶段，政府应推进信息公开的广度和深度，运用综合手段消解谣言和引导舆论。真相是最好的稳定剂，政府不能编造“善意的谎言”，应分阶段、有策略地公布真实信息。例如通过主流网站发布详细观点，组织专家学者进行分析并发表意见，同时依靠“意见领袖”引导舆论。在突发公共事件中，应尽可能由医生、专家等专业技术人员直接参与消息发布，以增加公众的信任度和稳定公众情绪。[③] 第二、第三阶段有时也会出现反复，尤其在网络崛起的新媒体环境下，信息渠道的多元和不完全可控性，使得事件相关的新议题不断以“爆料”等形式出现，引起网络热点事件的传播不断出现反复。

第四阶段为危机恢复期，可进行反思与教育。也有学者将这一阶段进一步分为缓解期和长尾期。在缓解期，迫于网络民意的压力，政府力量或其他社会力量的介入后，事件开始得到解决，民众的好奇度、兴趣点和不

---

① 汪波：《中国网络监督与政府治理创新（1994—2012）——“四维制衡”视角透析》，北京：北京师范大学出版社，2013年版，第313页。

② 汪波：《中国网络监督与政府治理创新（1994—2012）——“四维制衡”视角透析》，北京：北京师范大学出版社，2013年版，第275页。

③ 张维平：“英国媒体在突发公共事件中的有效传播”，《中国广播电视学刊》，2006年第2期，第37页。

满情绪开始转移，网络关注开始消退。随着对话题的兴趣衰减和新的兴趣点的出现，网民的关注度会下降，但由于网民的多元和利益诉求的不同，网民对网络热点事件的关注一般不会终止，虽然事件得到了一定程度的解决，但还会存在一个很长的消弭期，这一时期通常比较漫长，就像一条长长的尾巴，这一阶段又被称为长尾期。①

在危机恢复期，要利用时间构思网络传播的危机管控的长效机制，例如构建重大社会安全事件的网络立法体系，集成各种体制内与体制外资源与要素，形成网络治理的合力，并形成治理流程。完善网络舆论的技术引导措施，强化重点新闻网站和主流门户网站建设，发挥舆论“风向标”作用。同时，“及时修好第一扇被打破的玻璃”并有效化解“破窗现象”。诚然，长远的方式在于治理好网络文化的大环境，建构网络的核心价值认同。从政府角度来看，应加强决策的网络吸纳功能，注重收集网络舆情与民意，稳妥地将决策匡正在符合民意的范围，汇聚社会各种利益要求和利益表达，协调社会利益关系，使行政决策呈现出开放性与参与性，强化政府系统的合法性。群体利益在现实体制内无法得到满足的，就会向网络寻求支持。当前网络群体性事件频发的主要原因之一，就是由于利益群体在现实社会中很难寻求合法的途径来维护自身的利益，合理的诉求无法得到有效的伸张。② 网络危机发生的本质原因还在于制度供给不足，如公民参与制度不健全、行政制度不完善、监督制度不完备或协商机制缺失。因此，政府的风险责任首要地体现在提供合乎正义的制度架构来保障公共安全。

综上所述，网络危机和网络群体性事件并非只是孤立的事件，而是互动的系统；也并非只是事件，更是一个过程，是一个从社会风险到公共危机逐步演化的动态过程。对发展中国家而言，这可能表现得更为复杂，既有现代性获得过程中的利益冲突，又有现代性本身所制造的各种风险与危

---

① 李彪：《舆情 山雨欲来 网络热点事件传播的空间结构和时间结构》，北京：人民日报出版社，2011 年版，第 163 页。

② 王扩建：“网络群体性事件：一种新型危机形态的考量”，《天津行政学院学报》，2010 年第 2 期，第 32 页。

机。[1] 某种意义上，网络群体性事件是网络时代不可避免的现象，政府应该从多角度多层面进行网络危机公关与危机管理。网络危机事件往往是引发政府公信力危机的“催化剂”。政府部门需动态把握网络危机发展规律，强化与提升网络危机治理能力。

第三节　网络政治监督与网络舆情治理创新

网络监督是网络政治的重要功能，本质上属于舆论监督，是舆论监督的一种新形式。网络监督以其优势，在各国政治生活中发挥了积极作用。孟德斯鸠曾指出：“一切有权力的人都容易滥用权力，这是万古不变的一条经验。有权力的人们使用权力一直到遇有界限的地方才休止。”[2]网络赋予了网民更多的“政治接近权”，给普通民众提供了一个有效的政治参与平台和网络政治监督平台。

一、网络监督的“鲶鱼效应”和“共景监狱”作用

网络监督是指社会公众利用互联网的舆论表达方式，对国家事务、社会现象以及一切社会成员的行为所实施的检查评定和督促。[3] 网络监督是传统监督方式在网络信息化条件下的拓展，它以互联网为平台，通过网络技术如电子数据库、电子课件等和各种网络形式如网页、电子邮箱、网站、网络论坛、聊天室、博客以及各种社交媒体等，对国家政治、经济、法律、文化、教育、行政等方面进行褒贬与评价，从而对掌握一定社会公共权力者行使权力的行为进行监督的行为。[4]

---

① 童星、张海波：“群体性突发事件及其治理：社会风险与公共危机综合分析框架下的再考量”，《学术界》，2008 年第 2 期，第 39 页。

② ［法］孟德斯鸠著，张雁深译：《论法的精神》（上册），北京：商务印书馆，1961 年版，第 154 页。

③ 刘召成：“网络舆论监督的异化与人格权保护”，《信息网络安全》，2008 年第 7 期，第 64 页。

④ 姜岭君：“对完善网络舆论监督的理性探讨”，《青年记者》，2008 年版第 23 期。

网络监督是政治监督的一种形式。政治监督可以分为体制内监督和体制外监督，体制内监督主要依靠民主宪政的制度安排来实现，体制外监督主要依靠相对独立的公共舆论和市民社会来实现。公共权力的特征使其极易发生腐败、滥用、低效、不作为等变异，因此社会监督是必须的。网络形成了一种天然的监督机制和纠错机制，网络监督实现了权力监督迅速及时、全面直接、成本低廉的要求。网络监督的对象一般都是现实政治生活中的公共事务、公共机构和公共人物，网络监督的形式多种多样，既可对公共机构具体的规章制度、公共政策提出不同看法或者修改建议，又可对公共机构和公共人物的办事流程与工作作风提出批评和建议，还可对现实政治生活中各种丑恶、不公的事件直抒胸臆，大胆揭露和公开抨击。

网络监督之于公共权力的作用可以用“鲶鱼效应”来形容。“鲶鱼效应”是指这样一种效应：船长在装满沙丁鱼的鱼槽里放进了一条以鱼为主要食物的鲶鱼。鲶鱼进入鱼槽后，由于环境陌生，便四处游动。沙丁鱼见了鲶鱼十分紧张，左冲右突，四处躲避，加速游动。这样沙丁鱼中途缺氧而死的问题就迎刃而解，一条条沙丁鱼欢蹦乱跳地回到了渔港。“鲶鱼效应”产生了一种链式反应：刺激—调整—适应—强刺激—联动。网络监督的“鲶鱼效应”既是对政治体系和公共权力的挑战，也是制度激活的契机与动力。① 据 2009 年 1 月初《人民日报》与人民网联合进行的网上调查显示，参与调查的网民有 87.9% 非常关注网络监督，并认为网络监督已经成为畅达民意、维护权益、鞭挞腐败的便捷而有效的手段。②

网络监督是社会运行中对政府的“共景监狱”。“共景监狱”的概念是相对“全景监狱”而言的，都是针对人类社会控制方式的隐喻。“全景式监狱”是法国哲学家福柯用来分析全社会控制系统的概念，他借用了古罗马人所发明的金字塔形的监狱来形容当时社会的权力与控制：监视室内的监督人员可以看到所有犯人，但犯人们看不到他，并且犯人们之间的相互沟通和传递信息的渠道也被打断了。这样就可以对犯人们形成一种心理暗示，即不论自己看不看得见，监督者都是存在的。这种心理会演化成一种

---

① 汪波：《中国网络监督与政府治理创新（1994—2012）——“四维制衡”视角透析》，北京：北京师范大学出版社，2013 年版，第 268 页。

② 蔡向阳：“党的建设信息化的创新与发展”，《信息化建设》，2009 年第 12 期，第 38 页。

自我监控的制度习惯，无论管理者到位或者缺位。在传统社会，社会管理者由上而下、通过信息不对称的方式来实现低成本、高效率的社会治理的情况，就如"全景式监狱"一样。而互联网技术发展成熟后出现了从"全景监狱"到"共景监狱"的变化。① 通过互联网民众也有可能实现对政府的全景式监督，互联网就如同无数双"电子眼"，监视着政府在整个权力运行过程中的一举一动。以往我们常说大众传媒是社会的"守夜人"，但互联网所带来的新媒体时代则将这份义务推广到了每个人身上，所有的网民在社会的各个角落共同行使着网络监督的义务。

互联网的这种监督和传统媒体的监督相比，具有以下两个特征：一方面，互联网的监督是非中心化的。传统媒体的监督，是一个以传统媒体为中心、逐层向外辐射的监督体系。而互联网的监督体系是非中心化的，监控者散布在社会的各个角落，是一种全方位全过程的监控。互联网是一个公共的空间，不同层次、不同身份、不同观点的人都可以在这里各抒己见，相互交流。以网络论坛、博客、聊天室为代表的网络平台，为普通民众的民意表达提供了一个相对宽松和自由的平台，公众可以针对自己所关心的话题，包括突发事件、社会热点问题等等，自由地传播信息、表达观点和交流意见。另一方面，互联网的监督不是事后监督而是实时监督。这种实时性首先体现在网络技术上信息处理的实时性，其次体现在由于这种全景监督带来的被监控者的道德意识上的"监控意识内在化"，即不论自己看不看得见，监督者都是存在的，也就是说被监控者会随时保持被监控的状态，从而在道德上形成一种自觉的自律，同时在心理上演化成一种自我监控的制度习惯。② 正是因为网络监督的虚拟性、自由性、广泛性、时效性，使其无时无刻不在对政治生活和社会生活产生深刻影响。

具体而言，网络监督有如下政治功能：第一，网络监督有助于推动信息公开，增加政府工作的透明度。网络时代是信息透明的时代，事情一旦发生，就会有大量网民参与其中。网民们会广泛搜集证据，并迅速在网络

---

① 张燕：《风险社会与网络传播——技术 利益 伦理》，北京：社会科学文献出版社，2014年版，第230页。

② 张燕：《风险社会与网络传播——技术 利益 伦理》，北京：社会科学文献出版社，2014年版，第127页。

上发布和传播，如果不及时处理，各种猜测、遐想、谣言就会肆意蔓延。网络舆论监督克服了以往通过传统媒介监督的中介性因素的干扰和阻挠，是一种相对直接的监督形式。“公民不仅成为权力的看客，而且也成为政府（或权力）的监督者和监听者。存在一种不断被人们论及的视觉自反性（visual reflexivity），人们越来越期望公共权力的职能履行能够公开化和透明化。”① 在网络监督的压力下，政府应及时发布权威信息，向公众介绍重大方针、政策情况，阐明政府及相关部门对重大热点问题的观点，全面客观地介绍自然灾害、公共卫生和一些社会突发事件的进展情况。让真实的信息走在谣言前面，敢于让群众知情、让群众监督，方能取得群众信任，大大增强政府工作的透明度和政府的公信力。②

第二，网络监督对公权力的纠错功能有助于遏止腐败和权力滥用。网络监督的客体将整个国家事务和社会事务都纳入自己的监督视野：国家机关的各级工作人员，涉及公共事务和公共利益的组织和个人，不适应社会生产力发展要求的体制和机制，社会官员的违法乱纪、贪污腐败以及一些不良社会道德现象等，均涵盖于监督的范围。网络监督助推网络反腐，对预防腐败行为、矫正官员不良言行起了积极作用。网民希望借助网络，向社会披露贪腐官员的蛛丝马迹，揭露腐败现象的真相和黑幕。从客观角度来看，网络的匿名性使人们可以在虚拟的环境里畅所欲言，避免现实举报遭遇打击报复等诸多顾忌。这使得网上的许多意见都比现实语境来得更真实、准确，从而也具有更可靠、便利的参考价值。通过网络这个途径，腐败线索的提供不再是传统直线式的，而是点对点式的，举报者可以和办案机关进行互动交流，减少了很多不必要的中间环节，因而降低了反腐成本。网络监督已经成为畅达民意、维护权益、鞭挞腐败的便捷而有效的手段。

第三，网络监督有助于促进政府决策的科学化和民主化。决策科学化的主要标志是在决策过程中把先进的科学思想、理论、技术与广泛征求到的各种合理化意见和建议，吸纳和融合到决策中，按照事物发展的客观规

---

① Michel Foucault, *Discipline and Punish*: *The Birth of the Prison*, London: Penguin, 1994; Joshua Meyrowitz, *No Sense of Place*, New York: Oxford University Press, 1985.

② 魏伊含：“浅析网络政治中的网络监督”，《青年科学》，2010 年第 2 期，第 109 页。

律做出正确的决策。决策精英们的知识和经验都是有限的，只有充分利用网络广泛吸纳和集中民智，才能做到决策的科学化。而决策民主化既有助于输入民意，改善决策者所面临的信息缺失和信息不对称问题，也有助于增强决策的可接受性，降低决策制定和实施的成本。决策的民主化，可以更好地服务于决策的科学化。因此要借助网络监督完善深入了解民情、充分反映民意、广泛集中民智、切实珍惜民力的决策机制，推进决策科学化民主化。在某种程度上，互联网代替了国外民意调查公司的作用，尤其在政治领域。①

第四，网络监督有助于保障公民权利，推动民主政治建设。网络监督的主体就是观点的表达者和信息的提供者，而网络让社会各阶层、团体、组织和个人均可参与网络舆论的传播，网络媒体几乎为所有主体都提供了发言的机会。网络监督最主要的主体是公民，公民通过互联网了解国家事务，广泛、充分地交流和发表意见、建议，对国家政治、经济、法律、文化等事务进行评价，公民的知情权、参与权、表达权和监督权在网络监督过程中得到很大程度的实现。通过网络监督，群众能更好地了解政治生活，更好地知政、参政、议政，丰富了民主形式、拓宽了民主渠道，推动了民主政治建设。② 公民实现网络监督的主要方式之一是表达观点，包括批评和建议；方式之二是提供信息，包括披露事实。

二、网络监督的困境与局限性

网络监督作为客观存在的社会现象，在实际社会政治生活中起了巨大的推动作用。人们在越来越重视网络监督作用的同时，发现它也像其他监督渠道一样，存在着一些缺陷。例如，田群兰（2009 年）认为网络舆论监督存在四个问题：网络舆论监督的事实依据不够客观真实；监督主体情绪化问题；监督方式时有“暴力”侵权倾向；网络舆论监督观点的散乱性问题。李克亚（2010 年）认为：网络监督法制化有待平衡；网络真实性和权

① 欧阳斌：“互联网冲击中国社会形态”，《凤凰周刊》，2004 年 5 月 25 日。
② 魏伊含：“浅析网络政治中的网络监督”，《青年科学》，2010 年第 2 期，第 109 页。

威性有待加强；网民素质参差不齐，网络理性不足；网民结构比例失调，网络舆论的代表性不充分。徐秀勇（2010年）认为：网络舆论具有可操作性和欺骗性；网络舆论具有非理性；网络监督具有民意背离性。网络监督具有新闻性和时效性。[①] 本书认为，网络监督的不足重点在于以下几个方面：

第一，网络监督的事实依据真假难辨。在网络信息获取阶段，网民区分真实或虚假、情绪或理智的信息的能力不足。网络在提供真实有效信息的同时，不可避免地会掺杂许多无效、虚假甚至谣言或恶意诽谤的信息，其准确性根本无法核实。由于网络的传播速度极快，极有可能导致大范围的对舆论的误解。而且，由于网络具有无限链接的特殊功能，使网上信息能够无限地链接下去，变得浩如烟海，从而进一步增加了信息选择的难度。人们在解读信息时，往往会依据不全面的信息和自己的偏好，得出带有成见的结论。这也同时使得网络监督具有可操作性甚至欺骗性。网民意见只能代表部分民意且不等于现实需要的民意，可能只是少数幕后推手的意愿。不理智的舆论信息和不规范的政治参与会影响到社会的有序状态，一旦被敌对势力或别有用心的人利用，将威胁政治安全。

第二，网络监督主体情绪化问题突出。网络监督中的网民素质参差不齐，网络理性不足。网络的隐匿性、开放性对于一些在现实生活中积累了心理压力又无处释放的人提供了一个绝佳的释放口，他们将其作为发泄情绪的场所，充斥着各种偏激言论、谩骂甚至是人身攻击。又由于一部分网民个人素质不高盲目跟从，导致一些网上所发帖子缺乏理性，感性化和情绪化色彩浓重。英国著名政治家柏克否定卢梭对舆论无原则的赞美，他认为，挣脱了理智和秩序之网，舆论将不再是正义的呼声，以“舆论”的名义行事，将使民众丧失理性和羞耻感，将会助纣为虐。假如网络的追索功能成为一些人以私利为目的的报复工具，网民无形中就成了别人的帮凶。典型的表现就是时下流行的“人肉搜索”，可能被个别人利用，从而演变成网络暴力，侵犯当事人的隐私权和其他权利。

---

① 汪波：《中国网络监督与政府治理创新（1994—2012）——“四维制衡”视角透析》，北京：北京师范大学出版社，2013年版，第31页。

第三，网络监督法制化有待健全。尽管网络舆论的力量很强大，但在现实生活中却很难充分发挥作用。对网络监督的界定仍然存在较大争议，国家尚没有一部权威的法律对网络监督的认定、程序、方式等做出明确的规定；在如何界定网民的知情权、如何保障被监督人的隐私权以及如何界定社会监督与造谣诽谤、言论自由与人身攻击等方面还没有明确的法律法规，从而使得民意和相关处理部门都处于一种尴尬、两难的境地甚至面临网络监督与司法审查的冲突。而对于某些网络舆论监督，相关部门既不敢忽视，又不能过于重视。此外，网络舆论过于人性化的主张，有时可能干扰司法审判，反而导致司法有失公正。① 网络监督若想得到认可，首先要确保其有相关法律法规做保障，并能够与现行制度相对接。在如何界定知情权与隐私权、社会监督与造谣诽谤、言论自由与人身攻击等方面，还没有明确的法规，有关网络监督的法律法规尚待健全，相关法律法规有待制定和完善，以从源头上保障网络监督的可靠与完备，给网络监督一个法律支撑点，让网络监督在制度许可的范围内活动，使其走上制度化、常态化的轨道。

基于这些不足，我们不能因此就无限夸大网络监督的功能，必须把网络监督放在宏观的社会关系网络中进行考察，在网络监督过程中应处理好网络监督与网络谣言、网络暴力、媒体审判以及传统媒体监督的关系。

第一是网络监督与网络谣言的关系。网络谣言在一定程度上是对网络监督的干扰和否定。在网络监督的过程中，要努力抵制网络谣言，并和其进行“赛跑”。网络监督的过程往往伴随着谣言的泛滥。谣言作为一种舆论现象在社会上早已有之，大部分的日常社交谈话总包含着谣言。一般来说，事件越是和人们的利益密切相关，信息越是模糊，谣言传播的范围也就越发广泛。人们对信息的“饥渴”和信息供给不足之间的矛盾，为谣言的广泛传播提供了动力。谣言的威胁很大，严重影响网络监督的质量并威胁政治生活的稳定，因此必须强化对网络政治谣言的检测。利用必要的技术支持对网上政治谣言进行跟踪，也是警示造谣者的有效方式。美国

① 杨永慧、熊代春：“我国网络监督参与民主政治建设的困境和出路”，《领导科学》，2009年9月中，第4—5页。

Agence Virtuelle公司推出了一款叫作Rumor Bot（谣言机器人）的软件，该软件可通过搜索引擎和数据库在互联网上跟踪谣言，分析并确定谣言的出处。虚拟机器人可以在互联网上扮演网络警察，实时跟踪和分析在线新闻组、聊天室。① 当然，对于网络政治谣言，更多的还应该是从法律规范层面进行社会控制。

第二是网络监督与网络暴力的关系。网络暴力是一种网络侵权，是一种集体非理性行为，是对网络监督的一种反动。网络监督的过程往往伴随着网络暴民和网络暴力。所谓的网络暴力，是指一定规模的有组织或者相互结合的网民，在道德、正义等"正当性"的支撑下，利用网络平台向特定对象发起的群体性的、非理性的、大规模的、持续性的舆论攻击，以造成对攻击对象人身、名誉、财产等权益损害的行为。在网络监督的过程中，人们能经常看到群体极化或集体无意识的众生乱象以及网络暴力等各种非理性行为。从某种程度上说，网络暴力是社会暴力现象在互联网场域的再现和延伸。从表面上看，网络暴力似乎具有某种道德上的正义性，它是网民利用互联网作为斗争舞台，对各种有违法律和社会公德的现象进行的口诛笔伐。但网络暴力的发展最终也是对道德底线的挑战。实质上网络暴力是一种网络侵权，是一种"多数人的暴政"。"道德审判"、"网络通缉令"、各种"口水战"以及"人肉搜索"等都是网络暴力最基本的表现。② 当信息自由与隐私权发生冲突时，道德准则应促使当事人从尊重他人的人格权出发，有限度地使用信息自由，对他人的隐私手下留情。所以，美国《信息自由法》中免除了对个人隐私构成"明显不正当侵犯"的披露。

第三是网络监督与媒体审判的关系。网络监督有时会发展为媒体审判。媒体审判是对媒体监督权的滥用，会危及司法独立，尽管媒体监督和司法独立的基本理念是一致的，即保障社会公平。"媒体审判"概念最早来源于美国，它是指"新闻报道干预、影响审判独立和公正的现象"，"其主要特征是超越司法程序抢先对案情做出判断，对涉案人员做出定性、定

---

① 张雷、刘力锐：《网民的力量：网络社会政治动员论析》，沈阳：东北大学出版社，2012年版，第197页。

② 徐祖迎："网络监督中应处理好的四对关系"，《中州学刊》，2011年第4期，第253页。

罪、定量刑以及胜诉或败诉等结论”。[①] 媒体审判是媒体职能的错位和越位。虽然意见表达和民主监督是媒体的重要功能，但媒体监督并不等同于媒体审判，媒体作为“批判的武器”并不能代替“武器的批判”。司法独立是国际上通行的准则，司法领域体现的主要是专业主义和理性主义倾向。媒体对司法的监督，并不是要代行司法的职权，而是要监督法院按照“自由心证”原则，独立行使审判权，从而保证司法公平。[②] 因此，如何平衡网络监督和司法理性的关系应该引起人们的思考。

第四是网络监督与传统媒体监督的关系。尽管网络舆论监督日益受到政府和公众的重视，其地位也不断得以提升，相比之下，传统媒体的作用似乎正逐渐被淡化，但大量事实表明，在强化网络监督的同时，也不能否定或轻视传统媒体在权力监督中的作用。网络舆论监督力量的充分发挥，依然有赖于传统媒体的声援和跟进，只有加强二者的合作，才能使政治监督得到长足发展。[③] 互联网作为新兴的第四媒体正以其独特的监督优势获得人们的青睐，大有后来居上之势。网络聚集的强大而广泛的民意弥补了传统时代“民意不足”的弊端。但多数情况下，正是由于传统媒体的介入进一步推进了网络监督的深度和广度。同时，网络监督过程中存在的网络谣言、网络暴力等非理性行为，会影响其监督的质量。因此，网络监督不仅不能取代传统媒体监督，还必须借助传统媒体的监督，才能强化网络监督的积极作用。

三、基于善治理论的网络舆情治理创新

网络监督本质上属于舆论监督，是舆论监督的一种新形式。因此，对网络舆论和舆情的治理是提高网络监督质量的核心要点，同时也是政治发展的需要。在善治的理论基础上，网络舆情治理模式创新主要体现在如下

① 魏永征：《新闻传播法教程》，北京：中国人民大学出版社，2002 年，第 113—114 页。

② 徐祖迎：“网络监督中应处理好的四对关系”，《中州学刊》，2011 年第 4 期，第 254 页。

③ 杨永慧、熊代春：“我国网络监督参与民主政治建设的困境和出路”，《领导科学》，2009 年 9 月中，第 5 页。

几个方面：[1]

第一，从单一主体向多元主体转变的治理主体创新。网络理性是交往理性在网络公共空间的体现与运用，是尽可能把各种不同意见、不同主体纳入到协商体系，主体与主体之间平等地相互倾听，互相学习，培养宽容、理解、尊重、探索真理的价值观。[2] 联合国全球治理委员会认为，治理是各种公共的或私人机构管理其共同事务的诸多方式的总和。它是使相互冲突的或不同的利益集团得以协调并且采取联合行动的持续过程。这既包括有权迫使人们服从的正式制度和规则，也包括各种人们同意或认为符合其利益的非正式制度安排。[3] 所以，治理指的是一种由共同的目标支持的活动，这些管理活动的主体未必是政府，也无须依靠国家的强制力量来实现。[4] 为了减少政府"硬控制"的负面效应，确保互联网安全和健康成长，政府必须鼓励各种与网络舆论治理有关的民间社会组织的发展，并与它们以及私人部门保持密切合作，通过治理主体创新，构建协商合作的多中心治理模式，激发民众的积极性和社会的创新活力，形成优势互补、良性互动的治理格局。所以，网络舆情的治理主要偏重于作为社会—控制体系的治理，它指的是政府与民间、公共部门与私人部门之间的合作与互动，是一种多利益攸关方的治理模式。

第二，从舆论控制向舆情引导转变的治理理念创新。以控制视角"干预"网络舆论，首先是对网络舆论的消极判断，认为其更多是不正确的、极端的乃至失当的，其后果是负面的，是需要修正的，甚至是需要强力手段控制的。刘易斯·科塞（Lewis Coser）指出，过于严格的控制一方面固然可以避免或者消除社会冲突，但另一方面可能会导致公民个体的不良情绪得不到释放而累积起来，在突发事件的刺激下引发更大规模的政治和社

① 虞崇胜、舒刚："社会转型期网络舆情治理创新——基于政治安全的视角"，《行政论坛》，2012 年第 5 期，第 5 页。

② 汪波：《中国网络监督与政府治理创新（1994—2012）——"四维制衡"视角透析》，北京：北京师范大学出版社，2013 年版，第 246 页。

③ 全球治理委员会：《我们的全球伙伴关系》，天津：天津大学出版社，1995 年版，第 23 期。

④ 俞可平：《治理与善治》，北京：社会科学文献出版社，2000 年版，第 2 期。

会冲突。[①]“舆论控制”与控制公众的言论自由相联系，容易导致社会抵抗情绪的出现。舆论控制的力度越强，说明社会的气氛越紧张，社会压力越大，社会慢慢失去活力，这不利于健康社会的发展。舆论控制更多强调的是一种消极应对过程，是一种单向的、外在力量的强加和制约。舆论控制话语下的舆情建设，不仅不会缓解社会矛盾，反而会激化矛盾的扩散，在一定程度上会激化舆情态势的蔓延。而且，“舆论控制”思维已经不能适应网络社会舆论的特点，传统的技术、法律和道德等舆论控制手段在网络社会中都遭遇到了挑战。[②] 所以，新时代的治理不能一味采取硬性删除、封堵、追究传播者法律责任等传统惯性思维对网络舆论进行管制，而应该以适当约束和引导同步进行。一方面，鼓励培育宽松健康自由的网络舆情环境，拓宽网民利益诉求表达的渠道，发挥主流媒体的网络舆情引导功能。另一方面，充分重视网络意见领袖（包括公共知识分子）的作用，发挥其引导网络舆情的积极作用，因为网络意见领袖在与网民的长期互动中比较了解网民心理，往往可以通过对关注的热点问题进行研判，发表自己的看法或提供建议，或者通过引导论坛议题的方式来主导话题，改变网民的态度和情绪，从而影响其行为。

第三，从注重短期效应向建立长效机制转变的治理机制创新。前面一节我们重点分析了网络突发事件和群体事件的危机应对，这固然很重要。但是任何事件的发生都能在社会政治生活中寻根溯源。一方面，在突发群体事件的恢复期和长尾期要做好反思总结和提高的工作。另一方面，更重要的是，在事件发生之前就进行预警工作，未雨绸缪，在危机没有爆发之时，及时全面掌握各种舆论动向，并疏导负面舆论，强化正面舆论。同时从技术和制度等多个层面建立网络舆情治理的长效机制，争取把网络舆情危机的消极影响降到最低。首先，网络舆情的形成是源于网络技术的发展，只有对网络舆情传播的技术有足够的认识和理解，并依托网络技术和物质的保障，建立健全完整的网络舆情监测和预警机制，才能有针对性地

---

① 王金水：《网络政治参与与政治稳定机制研究》，北京：中国社会科学出版社，2013 年 4 月出版，第 162 页。

② 张春华：《网络舆情 社会学的阐释》，北京：社会科学文献出版社，2012 年版，第 231—232 页。

对其进行有效的治理。目前网络舆论管理最常见的技术手段是对网络舆论进行分级与过滤。例如，英国科波拉软件公司开发过一套舆论分析软件，1秒钟能阅读10篇文章，能够自动分析网站、报纸等新闻媒介发表文章所持的基本观点，可以帮助政府和一些大公司全面了解公众舆论观点。① 其次，完善制度建设是促使网络舆情治理科学化、常规化和系统化的有益途径。权威的信息发布平台的建立，有利于遏制网络谣言的传播，避免造成民众的恐慌、愤怒情绪的蔓延；规范化的网络舆情危机快速反应机制和危机引导机制是制度建设的核心，可以有效减轻消极的社会影响和可能的社会冲突，控制舆情危机的发展动态；另外，建立有效的网络舆情治理主体之间的协作联动机制可以充分发挥社会各方力量，争取社会认同和理解的过程也将大大消解网络舆情危机的不利影响。②

第四，从重视化解消极作用向关注其积极作用转变的治理向度创新。对于网络舆情的治理，既要考虑化解其对社会稳定带来的消极作用，更要重视发挥网络舆情的积极作用。除了发挥民主法治社会发展所必需的社会监督功能之外，网络舆情还起到了社会安全阀的作用。任何社会都存在冲突。冲突并不都是社会的"病态"现象，一定的冲突是社会良性运行的必要条件。在社会内部成员基本利益、基本原则一致的情况下，冲突的存在不但不会破坏而且还会促进社会的统一和稳定。如果把任何冲突都看作坏事，简单地压制或否定冲突，只能使冲突潜入表层之下，在那里酝酿和累积，最终以更激烈的形式爆发出来。所以，社会学家科塞在《社会冲突的功能》一书中形象地提出了"安全阀"的概念，指出社会主体的不满情绪如果长期得不到释放，经过长期堆积，便会产生许多社会问题。因此，应建立一个经常化的、制度化的安全阀制度。网络舆情正好提供了这么一个社会安全阀机制，能为社会或群体的成员提供某些正当渠道，将平时蓄积的敌对、不满情绪及个人间的怨恨予以宣泄和消除。③ 社会安全阀机制作

---

① 燕道成："网络舆论管理：网络技术出的一个棘手难题"，2005年06月15日，http://news.xinhuanet.com/newmedia/2005-06/15/content_30890431.htm。

② 虞崇胜、舒刚："社会转型期网络舆情治理创新——基于政治安全的视角"，《行政论坛》，2012年第5期，第6页。

③ 张春华：《网络舆情 社会学的阐释》，北京：社会科学文献出版社，2012年版，第223—224页。

为社会矛盾和社会情绪的缓释机制，可以维持社会的良性运行、和谐健康发展。

第五是从刚性威权管制到柔性良法善治的治理手段创新。以往的舆论控制从根本意义上说还是一种“维稳”的思维，中心在于消减、防止社会风险，维护社会稳定，实质属于运用威权力量对社会成员的行为和思想实施约束的社会控制过程。虽然成绩斐然，但是总体来看其模式仍然沿袭的是传统行政管理的套路，即以政府为主体、以业务许可制为基础、以运动式的管制为抓手、自上而下的行政化管理模式。在面对严峻、层出不穷的互联网安全威胁时，只能通过不断收紧行政审批和加强网络监管来维系，由此带来的是行政成本和社会博弈的不断增加。为适应互联网发展和社会转型的趋势，网络治理应从刚性威权管制跨入到柔性良法善治的阶段。善治强调的是引导与内生并存的积极建设。以往对网络舆情的管理是一种消极的、单一的问题控制模式，强调的是外在的力量的强加和制约。而善治理念下的网络舆情建设则强调积极的良性引导，实现由内而外的规范建设。从政治学角度讲，善治是一种最好的治理方式，其本质特征就是政府与公民对公共生活的合作管理，它是政治国家与公民社会的一种新型关系，是两者的最佳状态，是使公共利益最大化的社会管理过程。善治是以法律为根本、以社会多元主体共同治理为基础、以事中和事后监管为重点的互动合作式的治理模式。①应综合运用法律的、行政的、制度的和技术的等多位一体的治理手段，加快网络公共信息公开，畅通公民网络政治参与渠道；加强互联网行业组织的自律意识；建立互联网企业的信用评价体系；规范商业网站的逐利行为和个人隐私及社会公共利益的关系；强调广大网民的道德自律和网络伦理意识；同时，政府应放低姿态保持同草根意见领袖的互动，利用其网络影响力发挥正面的引导作用，从而推进网络文明建设。②

总而言之，在事件层面上，给予网络舆论的网络监督有助于纠正社会中存在的不公平现象和公权力的滥用，疏导社会不公造成的压力，形成政

---

① 惠志斌：“中国互联网的法治之路”，《社会观察》，2013 年第 2 期，第 33 页。

② 虞崇胜、舒刚：“社会转型期网络舆情治理创新——基于政治安全的视角”，《行政论坛》，2012 年第 5 期，第 7 页。

府决策与执行的一个外部力量或外部环境，保障社会长期稳定。从长远来看，这也有助于推进民主政治建设进程，对提升公民的权利意识、树立公共部门的公仆意识都将发挥一定作用。但面对网络监督的迅猛发展，我们既不能盲目乐观，过分夸大网络监督的作用，也不能因为目前的网络监督还存在缺陷而因噎废食，一概加以排斥。在其发挥积极作用的同时，更要注意对其消极影响的引导和治理，使其能够更好地为社会发展服务。

网络舆情治理创新是规范网络监督的核心要点，也是国家政治安全的根本保障。当前网民的数量急剧上升，网民和公民的双重身份叠加效应愈加突出，利益表达的通道不断向网络空间挤压，而基于网络传播的交互性特征使得网络利益表达更具影响力和冲击力，特别是在此基础上形成的非理性的消极的网络舆论对传统的利益整合机制形成了挑战，影响了社会政治稳定。为了保障国家政治安全，网络舆论的治理模式亟须不断加以创新，可以从主体、理念、机制、向度和手段上增强政府治理的适应性和有效性，提升网络舆情治理能力，实现对网络利益表达的有效治理和整合。

第四节　网络环境下政治发展建设的思考

网络环境下政治发展建设首先要认清政府的地位和角色。政府在网络政治空间同时承担着多重角色，不仅是网络动员的重要发起者、网络互动的重要参与者、网络信息的重要提供者、网民意见的重要聆听者，还是网络舆论的重要引导者、网络危机处置的掌舵者、网络主体利益的协调者和网络空间活动的规范者。在政府的角色认知基础上，网络环境下政治发展建设应采取政治功能平衡与政治文化凝聚的双轨安全机制和国家与社会关系均衡的治理方略。

一、政府在网络政治空间的多重角色认知

政府是网络动员的重要发起者。政府动员的实质就是政府通过官方网站或权威媒体在互联网空间里传播具有诱导性或鼓动性的动员信息，鼓励

社会公众积极参与政治活动，争取网络舆论认同和共识，进而扩大现实社会动员效果。在面对重大突发事件时，政府能发挥其集中各方面力量和资源的统一协调作用，以其独特的社会功能开展卓有成效的动员。政府网络动员是政府整合社会资源的一种重要方式，增强社会凝聚力的一个重要途径，应对各种危机事件的一种重要手段。政府网络动员还可以营造积极参与政治的社会风气，让政治参与内化为公民自身的需要，并最终推动政治社会化进程。

政府是网络互动的重要参与者。网络舆论传播存在交互性，例如网民之间的互动、网民与政府的互动、网民与媒体之间的互动。政府应建立健全信息反馈机制，对公众关心的问题予以反馈，形成政府与公民良好的网络互动。政府只有学会在网络空间中与网民进行平等交流的技巧，才能实现对网络舆论的沟通和引导、对网络公众政治心理的塑造，以及对网络政治认同的引导，从而促进网络政治诉求与政治参与的良性发展，推动政治认同水平与政治认同程度的提高。

政府是网络信息的重要提供者。政府是信息资源的最大拥有者，在政府就相关事件发布全面、真实的信息时，这种信息往往具有权威性。政府作为社会的管理者，代表人民掌握公共权力，其公信力一般都超过社会其他组织和个人。政府应实行信息公开制度，特别是在危机时刻，政府的声音依然是网络空间的最强音，政府应在第一时间提供权威、真实、全面的信息，不断提升政府的可信度和权威性。长期以来，政府垄断信息，且并未做好信息公开工作，极大地限制了公民的知情权。这一方面加剧了政府与人民群众之间的不信任，另一方面使政府的公信力降低，公民的政治认同感较低。为防止此类情况发生，政府应推进信息公开机制，保障公民的知情权，使人民群众及时了解政府决策的全过程。

政府是网民意见的重要聆听者。政府科学行政离不开对网络民意的了解与把握，所以，政府应该保持网络民意表达渠道的畅通，使公民网络民意表达的方式更加多样化。如网络征集议案，开辟政务微博，或者开设网络政治论坛专区，引导公众围绕当前社会热点展开讨论，为网络舆论监督提供便利。最为重要的是，政府应搜集和整合网络民意，吸收具有建设性的民众意见，并且将通过网络了解社情民意制度化，将现代化造就的各种社会意识吸收到政治体制建设中，从而建构具有吸纳能力的政治体系。

政府是网络舆论的重要引导者。政府应该扮演一个更加积极、主动的角色，如培养一批“意见领袖”，及时跟帖，主动引导，使主流观点在与其他各种观点的交锋碰撞中主导网络舆论，让主流声音压倒噪音和杂音。政府应打通官方和民间两个网络舆论场，掌握话语主导权。针对一些网络热点问题，政府可以顺势而为，可通过自己的门户网站针对相关事件发布信息，如披露事实真相、进行权威评论以及公布处理结果等，并从正确的认识角度对焦点事件加以合理舆论引导，从而消除民众的误读误解。政府还可以组织一些相应的网下主题讨论会，并适当提供一些合法抒发的规范途径。

政府是网络危机处置的掌舵者。危机事件是现实社会事件在虚拟空间的映射，可能成为现实危机的导火索。危机环境下，动员者的牵引力、网民诉求的自驱力、网络信息的催化力、网络环境的支持力汹涌澎湃，政府要做谨慎的观察员，及时采取措施实施管理和纠偏。政府应在澄清事实、还原真相的基础上使持有不同意见的利益群体进行及时、充分、广泛和深入的对话，使民众在交流沟通和意见互动中认清事实本质，推进矛盾和问题的解决，平息网络危机。在“网络暴政”中，要做“公正的中立者”，面对网络空间各种反面的“人肉搜索”、道德批判，政府要站在客观的立场，突出理性的声音。

政府是网络主体利益的协调者。只有协调社会多元的利益，才能最终寻找到社会发展的平衡点。利益协调包括三方面的内容：一是利益结构的均衡，即社会中等富裕者或中产阶层应占绝大多数；二是利益分配要公正；三是利益诉求的机会要平等。这就要求政府要尽最大努力破除不合理的政策安排，使网络公民的合法诉求有平等的机会去实现。政府的利益协调还包括对弱势群体的保护。政府应加强对青少年的保护和教育，不仅要引导青少年主动上网，也要采用技术手段严防青少年受到不良网络内容的侵害。政府还应积极构建对外交流平台，保障网络政治传播主体之间的国际交流渠道，使网民正常的、合理的对外交流需求得到满足，并促进国内外网络主体之间的交流与合作。

政府还是网络空间活动的规范者。法律既是现实生活中人们的行为准则，同时也是用来规范网络环境下行为的重要工具。现有的法律难以规范形形色色的网络政治参与行为，致使无序参与、极端参与和暴力参与等现象层出不穷。互联网世界是一个培育公民精神和参政能力的公共场域，同时更是一个滋生极端个人自由主义和无政府主义的场所，如果任其无节制地发展，事实上将会贬损网络政治参与的价值，从而也会影响民主政治发展的进程。因此，规范网络政治参与行为便成为我国政府的必然选择。当前，我国政府应首先加强网络行政法规的建设，通过制定融合网络技术特性与政治参与特点的相关政策法规，对网络政治参与规则、网络资源管理和网络功能利用等方面做出明确规定，在保证公民参政议政权利的基础上，规范网络政治参与行为。经过累积性的网络法规建设，创建与现有法律体系相匹配的网络法制法规，将网络政治参与纳入法制化轨道，以形成有序参与的政治格局。

二、政治功能平衡与政治文化凝聚的双轨安全机制

网络时代的政治发展机制应该从两个方面着手：一类是政治功能平衡机制，如权力制衡机制、必要的控制机制、协调机制等等；另一类是政治文化凝聚机制，如意识形态安全机制、政治文化体系的动员机制、政治认同机制等。前者强调问题的控制和解决，而后者则重在积极引导。

政治功能平衡机制其实也是一种稳定机制，主要涵盖四个方面的内容：一是控制机制，即政治体系运用法律、政策、纪律和权威性政治文化等力量和手段，使所有的政治主体遵循统一的政治规范以维持政治发展的有序化。二是疏导机制，即政治体系通过舆论导向、有效政治参与和利益表达疏通信息渠道，化解社会矛盾，达到政治稳定。三是缓冲机制，即政治体系化解社会冲突、缓和社会矛盾、吸附社会混乱因素的机制。四是协调机制，即政治体系通过自我调整，协调社会发展过程中各阶级、阶层及集团的利益关系，使得可能产生的矛盾控制在可调和限度内。[①] 对于网络

① 王金水：《网络政治参与与政治稳定机制研究》，北京：中国社会科学出版社，2013 年版，第 187 页。

空间而言，前三者的相关性更强，其中疏导机制和缓冲机制主要都是通过网络舆情来实现的。

适当的政治控制对于政治体系的有效运作是必要的，发展中国家尤其如此，亨廷顿在《变化社会中的政治秩序》一书中，曾经论证过后发展国家必须把政治参与控制在系统能够承受的范围内，当政治制度还不够成熟时，失去控制的政治参与必然导致政治动乱的来临。[①] 例如，对破坏性网络社会政治动员进行反制是治理这类问题的最直接且有效的手段。未来的网络社会政治动员就是一个政治操纵数据和信息的政治行为。像“法轮功”之类的邪教组织或者其他敌对势力的网络动员日益趋向操纵网络信息、对网民进行政治鼓动和诱导，政府必须采取有力措施系统地进行控制，并阻断破坏性网络社会政治动员向现实政治行动的转化。一旦发生破坏性网络社会政治动员事件政府要有应对预案，建立网络冲突事件预警机制，通过采取果断、适当、适度的措施，把发生在网络社会的破坏性政治动员事件及时消灭在萌芽状态中，阻断其通往现实社会空间的通道，从而维护社会政治稳定。而且由于网络突发事件发生、发展和后果的高度不确定性，需要建立的政治稳定和控制机制也具有更大的弹性、柔性和机动性。

疏导机制也可以用“安全阀”机制来形容。一个经常化的、制度化的安全阀制度非常重要，它作为社会矛盾和社会情绪的缓释机制，能为社会或群体的成员提供某些正当渠道，将平时蓄积的敌对、不满情绪及个人间的怨恨予以宣泄和消除。网络舆情的“安全阀”机制，应当包括两个部分：一部分是网络舆情的预警机制，其作用是网络舆情的预测、反馈及其对策咨询，需要通过建立信息公开、反馈和沟通机制，对网络舆情进行及时科学的分析；另一部分是网络舆情疏导、宣泄机制，包括某些制度化政策措施和中介性社会服务，通过舆论互动和协调机制作用的发挥，搭建与网民良性互动的网络平台。进一步完善政府网站建设，使其成为公众与政府良性互动的平台。广大网民可以通过其把自己心中的不满释放出来，从

---

① 赵瑞琦：《网络爱国主义：源流、利弊与策论》，北京：中国传媒大学出版社，2012 年版，第 86 页。

而有利于发挥为社会减压的功能，同时为政府提供了聆听民意、汇集民智的新渠道，有利于政治文明的建设。当然，“安全阀”机制也不能过度使用。美国政治学者戴维·伊斯顿认为，任何政治系统在特定的时间内只能接受有关诉求的一定量信息，不可能接受和考虑无限量的诉求。从系统外进入到系统内的信息需要有限度，才能维持系统的稳定和平衡，如果超过了限度系统就会面临崩溃的危险。①

政治文化凝聚机制是政治发展建设的另一重要方面。它强调的是以软实力方面的自愿追随从而促进政治认同和政治发展。方法之一是以核心价值观引领网络文化建设。通过弘扬核心价值观，有助于引导网络环境文化建设，使网络环境风清气正，在全社会范围内弘扬正能量。一方面要把握正确的舆论导向，主动进行议程设置，掌握舆论引导权，引导网络媒体明晰自身的责任和定位，将社会主义核心价值体系的要求贯彻到日常的网络新闻工作中。另一方面要加强网络文化建设，注重传播先进文化，打造具有中国特色、品味高雅且能够体现时代精神的网络文化品牌，建设健康、安全、有序的网络文明新秩序，营造积极向上的网络文化氛围，营造共建共享的精神家园。在社会转型期，中国共产党应当继续以马克思主义为指导，认真地研究转型期出现的各种新情况和新问题，处理好意识形态坚持与创新的关系，既要与时俱进，及时调整意识形态，防止意识形态僵化，又要注意与传统的联系。

网络环境下社会主义核心价值体系建设有几个原则：② 一是主动出击的原则，即意识形态建设各部门及相关人员要主动上网，未雨绸缪，因势利导，在互联网上主动开展工作，主动地将社会主义价值体系的宣传教育延伸至网上，让网络成为意识形态教育工作的“观察室”和“晴雨表”。二是包容引导的原则，即在坚持马克思主义一元主导地位的基础上，对一些非主流意识形态加以正确引导，做到既大度包容又正确引导，既不简单排斥又不纵容迎合，在包容性的基础上正确引导，防止主流意识形态整合

---

① 王国华、曾润喜、方付建编：《解码网络舆情》，武汉：华中科技大学出版社，2011年版，第231页。

② 张晓丽：“论网络环境下社会主义意识形态建设的基本原则”，《中共云南省党委党校学报》，2011年9月，第12卷第5期，第43页。

功能的消解。三是渗透融合的原则，是指把社会主义意识形态的内容渗透于现实生活中，用事实说话；融入优秀的精神文化产品和有益的娱乐活动中，潜移默化地使人们形成正确的价值观念。四是疏堵相伴的原则，即意识形态工作者要对不同的观点、意见不压制、不阻塞，以情感人、以理服人；同时，对于一些明显的错误信息和反动言论则要加以堵塞。五是刚柔并济的原则，即社会主义意识形态传播中不仅要有强制性的技术控制和立法管理，即硬性控制，还要加强网络文化、网络道德建设，即软性约束。

政治文化凝聚功能的加强还应该从其他方面跟进。我们不仅应该重视政治认同的思想基础即意识形态和核心价值观对政治文化的引领，还要重视政治认同的物质基础、社会基础和制度基础。重塑经济发展的支撑力可以强化执政合法性的物质基础。经济发达程度高的社会在生活满足感、政治满足感、人际信任感方面水准更高，人民对政治体系的忠诚也就随之产生，政治体系也就能获得合法性、稳定性等特征群。在执政合法性的所有基础中，绩效是一种最为常见的执政合法性基础，它主要衡量的是政治统治的效果和成就，涵盖了政治、经济、文化等多个方面，在政治上保障人民权益和社会公平正义，在经济上提高人民群众的物质生活水平，在文化上丰富民众的社会文化生活。但其中最根本的是经济的不断增长和人民生活水平的提高。此外，还应提升政府提供公共服务的能力。重塑利益结构的整合力可以强化执政合法性的社会基础。美国政治学家亨廷顿说过："如果政府制度只代表利益集团的利益，只代表社会组织的利益，那么政府行为就只有局部的合法性，而不可能有普遍的合法性。"① 因此，政府应利用宏观调控、法律法规、社会保障等手段，健全和完善社会利益关系的协调机制，进而缩小贫富差距和促进利益获得途径的相对公平，同时要有效治理贪腐，规范政府行为。无论是发达国家还是发展中国家，腐败的蔓延都被视为导致公众信任下降最重要的政治因素之一。制度建设和制度执行力可以强化执政合法性的制度基础。制度建设可以在一定程度上弥补执政绩效的功利性与不确定性，将执政绩效获得的合法性资源制度化、稳固

① [美] 塞缪尔·亨廷顿著，罗荣渠译：《现代化：理论与历史的经验再探讨》，上海：上海译文出版社，1993年版，第26页。

化、长期化。因此，我们要高度重视制度建设，大力促进政治权威向法理型权威转型，从而为党执政提供程序上和体制上的合法性。

三、网络时代国家与社会关系的均衡治理方略

前面提到，网络时代国家和社会的关系正在发生嬗变，网络社会已经孕育了国家与社会关系失衡产生的条件。“强国家—弱社会”的关系格局也不利于风险的控制和预防，而社会主义市场经济体制的建设，正是试图终结这种国家与社会失衡发展的危机，重构国家与社会关系的力量对比格局。换言之，只有国家与社会关系得到均衡发展，才是可持续的治理方向。网络时代国家和社会关系的均衡治理方略主要包括下面几个要点。

首先，改善现实中国家与社会关系，推进政治和谐。政治和谐是指不同政治群体之间认同一定的政治理念、规范和秩序，并且其行为符合这种理念、规范和秩序的相对稳定的政治关系平衡状态。政治和谐几乎是所有社会形态中统治阶级和政治思想家们努力追求的理想政治关系状态。[①]

为了改善现实中国家与社会的关系，应打造责任政府，实现政府角色回归。责任政府应成为中国政府改革的基本目标。责任政府是指一种需要通过其赖以存在的立法机关向全体选民解释其所做的决策并证明这些决策是正确合理的行政机构。在现代政治生活中，政府应当承担多重责任，而网络政治参与背景下的政府责任则更多地体现为公共服务的责任。对我国政府而言，网络政治参与尽管指向多重目标，但能否有效而又公平地提供诸如教育、医疗、社会保障、就业和收入分配等方面的公共服务，则是网络政治参与的聚焦点。近年来，政府公共服务问题成为网络论坛的热门话题，同时也是政府受到网络批评的主要原因。这就需要政府在个体、群体和集体层面上担负其责任，合理使用公共权力和分配公共资源，为公民负责任地提供各项服务，保证基本公共服务的均等化，借此满足网络政治参与者的基本诉求。

---

① 张雷、刘力锐：《网民的力量：网络社会政治动员论析》，沈阳：东北大学出版社，2012年版，第227页。

为了改善现实中国家与社会关系，应打造透明政府，增强政府回应能力。网络政治参与中之所以批评之声不绝于耳，除了政府中的个体或群体未能真正意义上担当其责任之外，没有对网络参政做出恰当而又积极的回应是一个非常重要的原因。尽管从全国范围来看，重塑政府、实现政府的现代转型已成为我国政府改革的基本趋势，但是，某些地方政府部门由于受到传统行政管理观念的影响，固守封闭化的管理模式和神秘化的管理方式，将政府管理视为政府自身的事务，阻断政府与公民之间的联系。在此情形下，即便政府能够忠实地履行其行政职能，但由于缺乏公开透明，仍然会受到网民的诟病。在网络高度发展的时代，随着政治参与意识的提高，网民难以满意政府管理的封闭化状态；随着政治参与能力的提高，网民也难以为空洞的动员和刻意的营造所左右。因而，增强政府的回应性，应是当前我国政府的必然选择。

在网络政治参与中，增强政府的回应性首先也是最为重要的是，政府必须能够做到政务的公开与透明。政府在“网络圆形监狱”中，要做“透明的行动者”。政府的一言一行都被“出场”或者“隐身”的网民盯紧，任何掩盖企图都注定要失败。真正的政务公开是指依照法律或道德，政府将与行政权力相关的各项事务向全部或部分特定的对象群体实行公开。凡涉及人民群众切身利益的政务活动，都要做到公开透明，使群众了解政府的决策意图和运作机制。政府的公开与透明将有助于提高网络政治参与的技能，使社会公民能根据这些信息采取明智的行动，从而能以合作的方式解决社会问题。同时，政府的公开与透明将有助于政府自身的建设，可以规范政府的行政行为，遏制政府的行政腐败，强化政府的行政责任，从而实现政府的善治。①

政府的回应性还体现在民意汲取及以人为本的政府理念。利益表达的主要渠道是民意，没有民意的表达就无法知道社会各方面的利益诉求，没有民意的集中，就无法指导社会各方利益趋势和指向，因此民意的表达和集中在民主政治中处于基础性的地位，担负着根本性的政治功能。同时，民意的汲取也意味着以人为本的政府理念。在政党政治领域，以人为本的

---

① 胡宗仁：“网络参与下的政府行为选择”，《中国行政管理》，2010年第1期，第69页。

价值理念意味着：人是政治的目的，政治以尊重人、服务人、体恤人和发展人为己任，人民主权是政治的公理，政治应当尊重民意、实现民利、保障民权。① 所以说，中国共产党执政理念应从以经济建设为中心到以人为本的飞跃。应加快政府职能转变，建立服务型政府。只有让老百姓真正感受到政府是站在老百姓立场上为老百姓谋利益的服务者，使政府和公民形成共利益、同呼吸的关系，才有可能达至国家与社会的和谐关系。

政府的回应能力还体现在对网络监督的主动接纳。政府应该转变思想观念，主动接纳网络监督，掌握网络监督特点，积极引导网络监督。网络监督作为舆论监督的重要补充力量，是一柄双刃剑，利弊共生，关键在于如何引导。中央和地方政府、人大、政协应尽早联合设立或分别设立专门的网站，实现和网民的互动，以广泛地了解民情、听取民意。特别是关于民生问题的重大决策，应在网上多听取百姓的呼声，多听听别人的分析，这对做出正确决策有很大好处，要比召开少数人参加的听证会更公正。政府应该对官员进行培训，教会他们如何正确对待网络意见，如何及时发现和疏导民怨。当然，网络监督不能流于形式或徒有虚名。要在对互联网进行监控和管理的同时，采取各种有效措施畅通网络政治参与的渠道，才能使社会主义政治文明在互联网时代不断地创新发展。

其次，要实现国家与社会关系的均衡治理，还应从网络管制走向网络治理。传统的政府治理模式是“单中心”模式，其最大的特征是强调政府的单一治理主体及其治理功能，社会组织和社会公众不被鼓励参与到社会的治理活动中去，政府也不为参与社会治理的社会公众提供一定的制度通道。要改善国家和社会的关系，就必须改革传统“单中心”的政府治理模式，建构政府治理的“善治模式”。国家作为唯一合法主体对网络舆情进行严格控制的模式已经远远不能适应互联网发展的需要。“善治”表示国家与社会或者说政府与公民之间的良好合作，它可以为公民和社会组织参与社会治理提供一定的制度“渠道”，为公民和社会组织提供与政府对话的“渠道”。② 在网络治理机制中，由于政府、企业、社会组织和志愿部门

---

① 上官酒瑞：《变革社会中的政治信任》，上海：学林出版社，2013 年版，第 149 页。

② 卢保娣：“亨廷顿的政治秩序论及其对中国社会稳定的启示”，《云南行政学院学报》，2012 年第 4 期，第 18 页。

等主体构成了一个相互依存的网络，因此治理应该是一个上下互动的过程，其主要是通过合作、协商等方式来实现治理目标。

政府在互联网的治理体系中的作用除了可以制定相应的传播规则和基本的制度规范外，还可以针对不同的情况采取下述单一或组合方式：① 第一是参与式治理。只有充分参与才能吸纳民间智慧促进治理。当然，参与不能仅仅限于积极宣传国家的正面形象，还需要化解网络空间各类矛盾、争取网络舆论的支持，从而树立国家和政府的良好信誉和形象等。第二是疏导式治理。俗话说，“防民之口，甚于防川”，所以“堵不如疏”。在社会突发事件发生时，对信息的封锁和对网站的封杀要慎之又慎。在全球传播时代，封闭信息的代价是昂贵的，而且风险极大。增大透明度反而减轻社会的疑虑和担忧，提高政府的公信力。第三是激励式治理。这种模式实际上可以堪称政府对民间自发群体自我教育行为的一种呵护和培育方法。比如说政府可以通过适时推选“优秀网络公民”、“网络问政年度城市”等活动从侧面来关注“网络公民”和“网络新意见阶层”的成长和群体特征，以激励的方式来促进社会对网络空间的自我净化和管理。第四是低调无为式治理。互联网以其自创性功能和自律机制维持其运行和发展。这种功能和机制的存在与发展有它的合理性和合法性。因此，对互联网的监管要以对维护自律功能为前提，有时候宽容观望比仓促行动的效果要好。

再次，要实现国家与社会的关系均衡，还应以制度与技术代替强权，减少社会抗争。网络的规范可分为感性、知性和理性三个方面。② 所谓感性就是习惯规则，在网络技术尚不成熟时占主导地位；知性就是技术规范，当技术发展到一定程度，技术规范会逐渐取代习惯规则而成为主要的规范；理性就是法律规范。随着网络空间的发展，网络治理应该从感性逐步向理性发展，以技术和制度主导网络空间的规范，同时也减少社会抗争的发生。

政府可以加强网络相关立法，将网络治理纳入法治轨道。应尽快明确网络监督的合法性，将网络监督视为公民的基本权利加以认真保护；应科

---

① 蔡文之：《网络传播革命：权力与规制》，上海：上海人民出版社，2011 年版，第 252—254 页。

② 周庆山：《信息法教程》，北京：科学出版社，2002 年版，第 222 页。

学界定知情权与隐私权、社会监督与造谣诽谤、言论自由与人身攻击的界限，合理界定非法信息的范围，将其与正常的网络监督区分开来。我国可以借鉴发达国家推进网络政治参与的经验，一方面，在不限制公民自由，允许公民公开讨论政治话题的前提下，推进身份认证制度的实施；另一方面，设立网络警察，随时随地监督不法分子借助互联网发布虚假信息。在这一过程中，政府应注意到，网络治理规则的形成不能再以单纯的行政命令来调控，而应更积极地参与到规则产生和制定的过程中去，并且在这一过程中发挥主导性作用。

同时，政府应推进网络政治参与的制度化，并最终推动政治社会化进程。网络政治参与制度化是减少破坏性网络社会政治动员的重要策略。亨廷顿认为，政治发展就是政治组织与程序的制度化。制度化是组织和程序获得稳定和价值的过程，现代社会政治参与的主体不断扩大，政治参与能力不断提高，对政治体系和政治系统的压力不断增大。政治发展要求政治系统根据系统外环境的不断变化，提高其适应能力。政治发展的关键就是不断提高制度化水平，使之与不断发展的政治参与要求相适应，从而达到动态的持续的政治稳定。公民变身网民，通过发动网络社会政治动员来表达自己的政治意愿，在很大程度上由于现实社会缺少常态、畅通的民主参与渠道，因此扩大社会各阶层的制度化政治参与则是一种有效减少破坏性网络社会政治动员的途径。制度化政治参与是指公民在现有的政治体制和法律框架内所进行的合作式参与行为。制度化的政治参与活动，可以为不同利益阶层提供利益表达的场所和渠道，引导群众以理性、合法的形式表达利益需求；制度化的政治参与活动可以使政府正确及时地洞悉社会各利益群体及阶层的不同利益要求，提供更为公平的制度安排，协调缓和不同利益群体及阶层之间的矛盾，增加公众对政治体系的认同感；制度化的政治参与是一个参与者之间的互动过程，它可以增加不同社会阶层的接触、沟通和了解，促进其和谐共处。[①] 所以，我国应该不断建立健全公民政治参与的体制机制，规范网络政治参与的内容、途径等，为网络政治参与提

① 张雷、刘力锐：《网民的力量：网络社会政治动员论析》，沈阳：东北大学出版社，2012年版，第226页。

供制度性保障，逐渐扩大网络政治参与的规模，进而实现我国网络政治参与的有序发展，并最终推动政治社会化进程。

综上所述，网络环境下政治发展可以看作一个生态系统，不仅要考虑外因，也要考虑内因，既要综合考虑政治功能的平衡如必要的网络控制机制、协调机制和权力制衡机制，还要考虑政治文化的凝聚如意识形态安全机制、政治认同机制等。同时，只有国家与社会关系得到均衡发展，才是网络空间政治发展可持续的努力方向。

结 语 不稳定平衡中的网络时代政治发展新常态

在国家发展体系中，政治发展始终是核心内容。政治安全是政治发展的基础。只有政治是安全的，才能有效地维护经济、文化、社会等其他领域的安全。只有在安全基础上的发展才是真正的发展。而网络时代又赋予了政治发展以新的含义。早在1983年，美国未来学家阿尔温·托夫勒就在《预测和前提》一书中预言人类将进入信息政治时代，传播学者马歇尔·麦克卢汉在《人的延伸——媒介通论》中预言："随着信息运动的增加，政治变化的趋向是逐渐偏离选民代表政治，走向全民立即卷入中央决策行为的政治。"① 如今，随着网络的普及，可以说，人类已进入网络政治时代，网络政治空间开始生成，不仅出现了网络政治化现象甚至泛政治化倾向，而且政治发展也可以说全面网络化。

网络社会也意味着风险社会，网络社会在本质上说就是一个"风险社会"。② 1986年德国社会学家贝克就提出了"风险社会"理论。贝克认为"风险社会是一个潜在的变革性社会，在这个社会中，常规状态和紧急状态总会交织在一起"，③ 并将风险归结为现代性的膨胀及其副作用的结果。另一位代表人物卢曼则是从系统理论出发分析"风险"论题，从现代社会结构及其内在机制阐释"风险"的来龙去脉，认为现代社会功能分化导致

---

① 东鸟：《中国输不起的网络战争》，长沙：湖南人民出版社，2010年版，第106页。

② 张春华：《网络舆情 社会学的阐释》，北京：社会科学文献出版社，2012年版，第160页。

③ ［德］乌尔里希·贝克："风险社会的'世界主义时刻'"，《中国社会科学辑刊》（冬季卷），上海：复旦大学出版社，2010年3月。

的系统复杂性和可能性剧增而引起的。[①] 网络社会作为网络技术为基础架构的社会形态，其本身就成为诸多社会风险的来源，而技术风险又带来社会风险效应，网络社会的开放性和虚拟性特征，使得结构性风险不可避免。网络社会风险就是指网络社会存在或由于各种原因引发的对社会政治稳定和社会政治秩序构成的潜在的影响和威胁。

网络时代的政治发展呈现为常规状态和紧急状态总会交织在一起的风险“新常态”。这种“新常态”意味着网络政治发展风险的可能性持续存在，是一种潜在的“失序”状态。一旦这种潜在的风险成为现实，安全风险可能就转变成了社会危机，对社会政治稳定造成影响。从网络空间的技术特性来看，网络技术的不断发展和应用，增加了网络政治风险的复杂性，在某种程度上也增加了社会风险快速聚集的可能性。风险可能由于各种原因或因素引发，这些因素也可能是网络社会自身存在的，也可能存在于现实社会的生态、经济、政治、文化、伦理等各个领域或方面；还可能是由于自身的技术特性而产生的风险，也包括由于一些社会文化因素而产生的风险。

基于上述对风险“新常态”的认知，本书对网络时代的国家政治发展可能面临的各种风险因素进行了剖析。第一部分为互联网的政治影响力的途径、方式与形态，第二部分结合案例对互联网对国家政治发展影响进行了分析，第三部分则梳理了网络背景下的政治治理理论与实践。

第一部分又分为三章。第一章分析了网络时代政治安全的体系挑战。相比于工业化时代，网络环境下的政治安全发生了嬗变：其文化载体呈现了网络化趋势，即政治文化的网络化；其所对应的政治安全的国内国际向度呈现了转换趋势，即国内政治安全问题的国际化和国际政治安全问题的国内化；其主体和内容都呈现了社会化趋势，“政治社会化”成为网络时代的特征。与此同时，国家的政治属性在网络时代被自然消解，传统政治文化被网络解构，公民的国家意识和民族意识淡化，网络催生的国际社会行为主体的多元化则对国家主权的控制权威和治理权威形成了挑战，而现

---

① 张春华：《网络舆情 社会学的阐释》，北京：社会科学文献出版社，2012 年版，第 159 页。

实社会的各种国家权力也由于网络赋权发生了社会化趋势。此外，客观存在的不平衡的网络权力对网络低位势国家的政治文化安全形成了压力和威胁。

第二章为网络空间的政治功能实现方式与途径。网络空间政治功能的实现途径主要是通过网络的传播与组织两大功能，即对政治相关信息的交流传播与政治生活中的组织协调功能。借助各种平台，网络不仅是有效的政治传播工具，使政治过程和政治知识得以高效传播，同时也是进行集体活动的强有力的政治组织工具。网络的开放性促进了政治参与和政治动员的发展。网络政治参与与社会政治稳定有着密切的联系，既有积极的方面，也有消极的方面；既可能成为社会政治稳定和谐的维护力量，也可能成为社会不安定因素的放大器。同样，虽然网络政治动员可以促进社会再整合，但也是导致网络突发危机事件的风险因素。

第三章为网络空间政治功能的载体与形态。网络舆论是重要的网络空间政治功能的载体和形态之一。与传统媒体舆论相比，网络舆论参与主体多样复杂，内容数量庞大，传播速度快、影响范围广，已经成为超越媒体功能的一种新兴的政治力量。从积极意义上，网络舆论是民众参政议政、舆论监督的重要途径，推动了社会动员和社会监督能力，使得网络问政、网络曝光成为常态，由此推动了现实社会的进步。然而，从消极面上看，网络舆论通常表现出感性化、情绪化及简单化特征，具有明显的非理性色彩。网络民族主义、网络爱国主义、网络民粹主义都是网络空间政治功能的表现形态。网络民族主义的变形如极端民族主义、民族分离主义的危害性特别强，需要审慎对待。网络技术民主参与的物质技术手段，促进了网络民主的生长，但网络民主仍有诸多局限性，而且网络民主的滥用可能导致无序的非理性政治参与和“情绪性民主”，助长绝对自由主义、无政府主义、网络民粹主义等极端民主化倾向，从而不利于社会的和谐与稳定。

第二部分结合案例分析互联网对国家政治安全与发展的影响，也分为三章。第四章为网络时代的政治信任与政治制度安全。政治信任是公民对政府或政治系统运作产生出与其期待相一致的结果的信念或信心。作为一种新媒体，网络至少通过两类路径影响政治信任，即直接的认知效果途径和社会资本的中介效果途径。从政治信任的影响路径看，网络既可发挥正能量，也可释放负效应。但事实情况是，负效应可能多于正能量。政治信任是政治制度安全的重要保障，而在影响政治信任的诸多因素中，制度又是最关键的因素。我国处在社会转型进程中，伴随着社会结构的断裂与固化、公民权利意识增强、民间话语空间的活跃和群体性事件频发，公众政治信任持续下降已是明显事实。网络时代的转型社会面临着政治信任挑战和政治制度安全挑战，政治信任建设成为国家政治发展的重要内容。作为案例，本章分析了网络在中东北非变局中发挥的重要作用。

第五章为网络时代的政治认同与意识形态安全。政治认同是人们在社会政治生活中形成的一种对国家、政党、政治思想在感情和意识上的归属感。网络社会已逐渐成为相对独立的政治认同系统，在政治认同主体、政治认同环境等方面都表现出明显的变化。网络政治认同问题的发生是现实政治诉求与政治参与受到抑制条件下的一种替代途径。网络对政治认同具有良性与消极的双重效果，但是当下网络政治认同依然总体呈现出了一些负面特征。社会主义意识形态作为社会主义国家的上层建筑，直接体现了社会主义国家价值观、道德观和利益观，是国家利益的重要组成部分。网络时代既赋予了社会主义意识形态以发展契机，同时也在某种程度上消解了其主导地位。如何巩固社会主义意识形态的当代主导性成为一个重要挑战。作为案例，本章分析了美国在意识形态领域的网络政治化攻略。

第六章为网络时代的政治稳定与政治秩序安全。政治稳定是指一定社会的政治系统保持动态的有序性和连续性，是指某一政治体系拥有能够延续下去的实力和状态。政治稳定即是通过各种手段将社会冲突控制在一定的秩序范围之内。政治冲突不仅可能来源于政治系统与网络环境的信息能量交换，还可能来自于外部环境对政治系统的压力，比如现实社会矛盾以及网络恐怖主义。同时，互联网不稳定的政治心理和群体极化等现象将加速政治冲突的扩散，催化政治冲突的能量累积与爆发，从而威胁政治稳定。而社交媒体中的网络权威与政治权威的异质性、社交媒体时代的“重部落化”引发的社会整合危机、社交媒体时代的社会行动主义对政治冲突可能性的加大则对社交媒体时代的政治秩序安全形成了挑战。作为案例，本章分析了新媒体对伊朗总统选举中骚乱的助推、缅甸“藏红花革命”中社会抗争动力的提供以及在美国茶党、咖啡党等草根运动中草根的培育等作用。

第三部分也就是第七章为网络背景下的政治治理理论与实践，分四节。前三节从宏观角度分析网络时代政治治理的相关理论。首先是网络民意与政府回应。尽管网络民意的表面强度和真实强度可能导致政府对网络民意的消极认知并从而导致其消极应对，网络民意已经成为各国社会议程的重要推动者、设置者。网络民意这一政治力量借助网络的崛起，是政治生态中最重要的改变，政府对网络民意的恰当回应是网络时代政府自身建设的重要方面。其次是网络突发事件与政府网络危机管理。网络危机和网络群体性事件并非只是孤立的事件，而是互动的系统；也并非只是事件，更是一个过程，是一个从社会风险到公共危机逐步演化的动态过程。网络群体性事件是网络时代不可避免的现象，政府应该从多角度多层面进行网络危机公关与危机管理。再次是网络政治监督与网络舆情治理创新。网络监督作为客观存在的社会现象，在实际社会政治生活中起了巨大的推动作用。人们在越来越重视网络监督作用的同时，发现它也像其他监督渠道一样，存在着一些缺陷。我们必须把网络监督放在宏观的社会关系网络中进行考察，在网络监督过程中应处理好网络监督与网络谣言、网络暴力、媒体审判以及传统媒体监督的关系。为了促进政治发展，网络舆论的治理模式亟须不断加以创新，可以从主体、理念、机制、向度和手段上增强政府治理的适应性和有效性，提升网络舆情治理能力，实现对网络利益表达的有效治理和整合。第四节是网络环境下政治发展建设的思考。网络环境下政治发展建设首先要认清政府的地位和角色。政府在网络政治空间同时承担着多重角色，不仅是网络动员的重要发起者、网络互动的重要参与者、网络信息的重要提供者、网民意见的重要聆听者，还是网络舆论的重要引导者、网络危机处置的掌舵者、网络主体利益的协调者和网络空间活动的规范者。在政府角色的认知基础上，网络环境下政治发展建设应采取政治功能平衡与政治文化凝聚的双轨安全机制和国家与社会关系的均衡治理方略。

从上述分析我们可以看出，网络时代的政治安全已经呈现常规状态和紧急状态相交织的风险“新常态”。这种“新常态”的风险有如下几个特征：一是风险的不确定性。互联网技术带来的网络社会风险将处于不断的变化与更新的过程中，总是伴随着技术的发展而发展，例如社交媒体所带来的新的政治发展风险。二是风险的可延展性。风险一旦发生，就其波及范围来看，往往会跨越领域和技术的界限，甚至会跨越虚拟与现实的界限，从网络危机变为现实危机。从其内容上来看，也极有可能被放大而产生裂变效应，由一般性的问题演变为敏感、甚至高度政治化的问题，从而危及政治发展。三是风险的互构性。网络社会风险的产生与现实社会的人的实践是互构的。网络社会风险对人的社会心态、价值取向等可能造成极大的影响，而人们社会心态和价值取向的变化反过来又将可能是网络社会风险的来源。① 同时，各种风险之间又是相互影响的。政治信任和政治认同之间有联系，政治制度安全、意识形态安全和政治秩序安全也有相互构建的交叉点。

本书的目的就是对网络时代政治发展风险进行解剖，分析其中的系统因素和因果逻辑，以积极的认知态度和建构的认知视角应对这些风险，从而希望对治国理政有一定的借鉴意义。“风险”只有在系统中与其他因素相互作用后才会转化为现实的政治问题。风险是同政治、经济、文化、社会和自然等不同因素相联系的。尽管风险有其不确定性也有规律可循，完全可以洞察到它的发展方向和深层的内在原因，它的产生和发展都是由因果力在发生作用。风险不等于毁灭，但风险确实对网络时代的政治发展构成严重威胁。“风险”具有两面性，它的负面功能会导致社会失序、政治不稳定甚至分裂，而其正向功能则在于刺激警觉意识，提升国家治理能力。风险的两面性使网络时代的政治发展处于一种不稳定平衡的“新常态”，同时也使国家政治发展的风险管理成为“新常态”。

诚然，在不断发展变化的世界中，对于任何一个问题，无论是自然科学还是社会科学，都不可能穷尽答案。同样，本书对于网络时代的政治发展问题的探讨也只能算作某一时间节点某一视角的有限能力下的一个理性思考。如何构建网络环境下政治发展的生态系统并促进其良性循环还有待进一步的努力。

---

① 张春华：《网络舆情 社会学的阐释》，北京：社会科学文献出版社，2012 年版，第 162—163 页。

参考文献

（按作者姓名音序排列）

一、中文文献

（一）中文译著

1. ［丹］延森著，刘群译：《媒介融合：网络传播、大众传播和人际传播的三重维度》，上海：复旦大学出版社，2012 年版。

2. ［德］哈贝马斯著，曹卫东译：《公共领域的结构转型》，上海：学林出版社，1999 年版。

3. ［法］德勒兹、加塔利著，姜宇辉译：《资本主义与精神分裂（卷 2）：千高原》，上海：上海书店出版社，2010 年版。

4. ［法］多米尼克・吴尔敦著，刘昶、盖莲香译：《拯救传播》，北京：中国传媒大学出版社，2012 年版。

5. ［法］古斯塔夫・勒庞著，戴光年译：《乌合之众——大众心理研究》，北京：新世界出版社，2011 年版。

6. ［法］卢梭著，何兆武译：《社会契约论》，北京：红旗出版社，1997 年版。

7. ［加］洛根著，何道完译：《理解新媒介：延伸麦克卢汉》，上海：复旦大学出版社，2012 年版。

8. ［加］马歇尔・麦克卢汉著，何道宽译：《人的延伸：媒介通论》，成都：四川人民出版社，1992 年版。

9. ［美］阿尔文・托夫勒著，辽宁社会科学院新技术革命课题组编：

《托夫勒著作选》，沈阳：辽宁科学技术出版社，1984 年版。

10. ［美］塞缪尔·亨廷顿著，周琪等译：《文明的冲突与世界秩序的重建》，北京：新华出版社，1998 年版。

11. ［美］S. M. 李普塞特著，张绍宗译：《政治人》，上海：上海人民出版社，1998 年版。

12. ［美］埃瑟·戴森著，胡泳等译：《2.0 版数字化时代的生活设计》，海口：海南出版社，1998 年版。

13. ［美］安德鲁·查德威克著，任孟山译：《互联网政治学：国家、公民与新传播技术》，北京：华夏出版社，2010 年版。

14. ［美］安东尼·奥罗姆著，张华青等译：《政治社会学》，上海：上海人民出版社，2003 年版。

15. ［美］本尼迪克特·安德森著，吴叡人译：《想象的共同体：民族主义的起源与散布》，上海：上海人民出版社，2003 年版。

16. ［美］比尔·盖茨著，辜正坤译：《未来之路》，北京：北京大学出版社，1996 年版。

17. ［美］格林斯坦· 波尔斯比著，竺乾威等译：《政治学手册精选（下）》，北京：商务印书馆，1996 年版。

18. ［美］凯斯·桑斯坦著，黄维明译：《网络共和国——网络社会中的民主问题》，上海：上海人民出版社，2003 年版。

19. ［美］克莱·舍基著，胡泳、沈满琳译：《未来是湿的》，北京：中国人民大学出版社，2009 年版。

20. ［美］莱斯特·瑟罗著，周晓忠译：《资本主义的未来》，北京：中国社会科学出版社，1998 年版。

21. ［美］莱文森著，何道宽译：《新新媒介》，上海：复旦大学出版社，2011 年版。

22. ［美］利比基著，薄建禄译：《兰德报告：美国如何打赢网络战争》，北京：东方出版社，2013 年版。

23. ［美］罗伯特·达尔著，王沪宁译，《现代政治分析》，上海：上海译文出版社，1987 年版。

24. ［美］罗伯特·基欧汉、约瑟夫·奈著，门洪华译：《权力与相互依赖》（第3版），北京：北京大学出版社，2002年版。

25. ［美］罗森堡姆著：《政治文化》，台北：桂冠图书有限公司，1984年版。

26. ［美］玛格丽特·凯特、凯瑟琳·辛金克著，韩召颖、孙英丽译：《超越国界的活动家——国际政治中的倡议网络》，北京：北京大学出版社，2005年版。

27. ［美］迈克尔·罗斯金等著，林震等译：《政治科学》，北京：华夏出版社，2001年版。

28. ［美］曼纽尔·卡斯特著，黄铸九、黄丽玲等译：《认同的力量》，北京：社会科学文献出版社，2003年版。

29. ［美］莫顿·卡普兰著，薄智跃译：《国际政治的系统和过程》，北京：中国人民公安大学出版社，1989年版。

30. ［美］尼葛洛庞帝著，胡泳、范海燕译：《数字化生存》，海口：海南出版社，1996年版。

31. ［美］乔·萨托利著，冯克利、阎克文译：《民主新论》，北京：东方出版社，1997年。

32. ［美］塞缪尔·亨廷顿著，罗荣渠译：《现代化：理论与历史的经验再探讨》，上海：上海译文出版社，1993年版。

33. ［美］塞缪尔·亨廷顿著，王冠华等译：《变化社会中的政治秩序》，上海：生活·读书·新知三联出版社，1989年版。

34. ［美］西·马丁·李普塞特著，张昭宗译：《政治人：政治的社会基础》，上海：上海人民出版社，1997年版。

35. ［美］约翰·奈斯比特著，梅艳译：《大趋势》，北京：中国社会科学出版社，1984年版。

36. ［美］詹金斯著，杜永明译：《融合文化：新媒体和旧媒体的冲突地带》，北京：商务印书馆，2012年版。

37. ［美］周永明著，尹松波、石琳译：《中国网络政治的历史考察：电报与清末时政》，北京：商务印书馆，2013年版。

38. ［英］巴瑞·布赞著，朱宁译：《新安全论》，杭州：浙江人民出版社，2003年版。

39. ［英］苏珊·斯特兰奇著，肖宏宇等译：《权力流散：世界经济中的国家与非国家权威》，北京：北京大学出版社，2005 年版。

40. ［英］苏珊·斯特兰奇著，杨宇光等译：《国家与市场》，上海：上海人民出版社，2006 年版。

41. ［英］亚当·库珀、杰西卡·库珀主编，翁绍军等译：《社会科学百科全书》，上海：上海译文出版社，1989 年版。

42. ［英］约翰·汤普森著，高铦等译：《意识形态与现代文化》，上海：译林出版社，2005 年版。

（二）中文著作

1. 蔡翠红：《美国国家信息安全战略》，上海：学林出版社，2009 年版。

2. 蔡翠红：《信息网络与国际政治》，上海：学林出版社，2003 年版。

3. 蔡文之：《网络传播革命：权力与规制》，上海：上海人民出版社，2011 年版。

4. 曹劲松：《政府网络传播》，南京：江苏人民出版社，2010 年版。

5. 程玉红：《网络时代的政治参与和政党变革研究》，北京：知识产权出版社，2013 年版。

6. 崔保国：《信息社会的理论与模式》，北京：高等教育出版社，1999 年版。

7. 党生翠：《网络舆论蝴蝶效应研究——从“微内容”到舆论风暴》，北京：中国人民大学出版社，2013 年版。

8. 邓伟志：《变革社会中的政治稳定》，上海：上海人民出版社，1997 年版。

9. 东鸟：《2020，世界网络大战》，长沙：湖南人民出版社，2012 年版。

10. 东鸟：《中国输不起的网络战争》，长沙：湖南人民出版社，2010 年版。

11. 杜骏飞等：《政府网络危机》，北京：中国发展出版社，2011 年版。

12. 宫承波、范松楠、黄晓云、王晶晶：《重大社会安全事件的网络传播》，北京：中国广播电视出版社，2012 年版。

13. 郭明飞：《网络发展与我国意识形态安全》，北京：中国社会科学出版社，2009 年版。

14. 何显明：《群体性事件的发生机理及其应急处置——基于典型案例的分析研究》，上海：学林出版社，2010 年版。

15. 侯岩：《网络传播心理新论（基于文化心理研究的取向）》，郑州：河南人民出版社，2012 年版。

16. 胡春阳：《手机传播与人机互动》，上海：上海三联书店，2012 年版。

17. 胡泳：《网络政治：当代中国社会与传媒的行动选择》，北京：国家行政学院出版社，2014 年版。

18. 李彪：《舆情 山雨欲来 网络热点事件传播的空间结构和时间结构》，北京：人民日报出版社，2011 年版。

19. 李河：《得乐园失乐园》，北京：中国人民大学出版社，1997 年版。

20. 李伦：《网络传播伦理》，长沙：湖南师大出版社，2007 年版。

21. 李永强：《我们的防火墙：网络时代的表达与监督》，桂林：广西师范大学出版社，2009 年版。

22. 梁莹：《基层政治信任与社区自治组织的成长》，北京：中国社会科学出版社，2010 年版。

23. 刘建军：《当代中国政治思潮》，上海：复旦大学出版社，2010 年版。

24. 刘建明：《基础舆论学》，北京：中国人民大学出版社，1988 年版。

25. 刘上洋主编：《100 例经典系列：中外应对网络舆情 100 例》，南昌：百花洲文艺出版社，2012 年版。

26. 刘毅：《网络舆情研究概论》，天津：天津人民出版社，2007 年版。

27. 刘英杰：《作为意识形态的科学技术》，北京：商务印书馆，2011

年版。

28. 刘跃进：《国家安全学》，北京：中国政法大学出版社，2004年版。

29. 陆忠伟主编：《非传统安全论》，北京：时事出版社，2003年版。

30. 倪健民主编：《国家安全：中国的安全空间与21世纪的国略选择》，北京：中国国际广播出版社，1997年版。

31. 全球治理委员会：《我们的全球伙伴关系》，天津：天津大学出版社，1995年版。

32. 申凡等：《网络传播心理学》，北京：清华大学出版社，2013年版。

33. 沈逸：《美国国家网络安全战略》，北京：时事出版社，2013年版。

34. 时和兴：《关系、限度、制度：政治发展过程中的国家与社会》，北京：北京大学出版社，1996年。

35. 孙关宏：《政治学概论》，上海：复旦大学出版社，2003年版。

36. 孙兰英：《全球化网络化语境下政治文化嬗变》，北京：中国社会科学出版社，2010版。

37. 唐文彰、姜红明：《当代中国国家安全问题》，北京：中国社会科学出版社，2010年版。

38. 陶晓波：《网络负面口碑的传播与应对》，北京：知识产权出版社，2011年版。

39. 汪波：《中国网络监督与政府治理创新（1994—2012）——“四维制衡”视角透析》，北京：北京师范大学出版社，2013年版。

40. 王邦佐等主编：《新政治学概要》，上海：复旦大学出版社，2006年版。

41. 王彬彬：《网络时代的政府革新》，北京：国家行政学院出版社，2013年版。

42. 王国华、曾润喜、方付建编著：《解码网络舆情》，武汉：华中科技大学出版社，2011年版。

43. 王金水：《网络政治参与与政治稳定机制研究》，北京：中国社会科学出版社，2013 年出版。

44. 王君玲：《网络社会的民间表达——样态、思潮及动因》，广东：暨南大学出版社，2013 年版。

45. 魏永征：《新闻传播法教程》，北京：中国人民大学出版社，2002 年。

46. 俞可平：《治理与善治》，北京：社会科学文献出版社，2000 年版。

47. 俞吾金：《意识形态论》，上海：上海人民出版社，1993 年版。

48. 张春华：《网络舆情 社会学的阐释》，北京：社会科学文献出版社，2012 年版。

49. 张锦华：《公共领域、多文化主义与传播研究》，台北：台湾正中书局，1997 年版。

50. 张昆：《大众媒体的政治社会化功能》，武汉：武汉大学出版社，2003 年版。

51. 张雷、刘力锐：《网民的力量：网络社会政治动员论析》，沈阳：东北大学出版社，2012 年版。

52. 张燕：《风险社会与网络传播——技术 利益 伦理》，北京：社会科学文献出版社，2014 年版。

53. 赵瑞琦：《网络爱国主义：源流、利弊与策论》，北京：中国传媒大学出版社，2012 年版。

54. 郑永年：《技术赋权：中国的互联网、国家与社会》，北京：东方出版社，2014 年版。

55. 郑永廷等：《社会主义意识形态发展研究》，北京：人民出版社，2002 年版。

56. 中共中央宣传部舆情信息局编著：《舆情信息工作概论》，北京：学习出版社，2006 年版。

57. 周庆山：《信息法教程》，北京：科学出版社，2002 年版。

58. 朱海松：《网络的破碎化传播——传播的不确定性与复杂适应性》，北京：中国市场出版社，2010 年版。

59. 朱海松：《微博的碎片化传播——网络传播的蝴蝶效应与路径依

赖》，广州：广东经济出版社有限公司，2013 年版。

60. 朱丽峰：《网络民意与政府回应问题研究》，北京：中国社会科学出版社，2013 年版。

（三）中文文章

1. ［美］耶夫根尼·莫洛佐夫："重新审视互联网"，《国外社会科学文摘》，2010 年 11 月号。

2. 蔡翠红、李皓："试论美国信息自由的法律基础及其限度——以维基揭秘事件为例"，《国际问题研究》，2011 年第 1 期。

3. 蔡翠红、李皓："网络政治沟通：两面性与效果之辩"，《当代世界与社会主义》，2011 年第 6 期。

4. 蔡翠红："云时代数据主权概念及其运用前景"，《现代国际关系》，2013 年第 12 期。

5. 蔡翠红："国际关系中的大数据变革及其挑战"，《世界经济与政治》，2014 年第 5 期。

6. 蔡翠红："国际关系中的网络政治及其治理困境"，《世界经济与政治》，2011 年第 5 期。

7. 蔡翠红："国家—市场—社会互动中的网络空间全球治理"，《世界经济与政治》，2013 年第 9 期。

8. 蔡翠红："论中美网络空间的战略互信"，《美国问题研究》，2013 年第 1 期。

9. 蔡翠红："美国网络空间先发制人战略的构建及其影响"，《国际问题研究》，2014 年第 1 期。

10. 蔡翠红："网络空间的中美关系：竞争、冲突与合作"，《美国研究》，2012 年第 3 期，

11. 蔡翠红："网络空间治理的大国责任刍议"，《当代世界与社会主义》，2015 年第 1 期。

12. 蔡向阳："党的建设信息化的创新与发展"，《信息化建设》，2009 年第 12 期。

13. 曹沛霖："社会转型中的政治信任与政治不信任——政治学分析视

角”，《中国浦东干部学院学报》，2009 年 7 月，第 3 卷第 4 期。

14. 陈阳波：“谁是‘网络风暴’幕后推手”，《人民论坛》，2010 年 5 月上。

15. 陈尧：“社会转型期政治信任结构的变化”，《中国浦东干部学院学报》，2009 年 7 月，第 3 卷第 4 期。

16. 陈宇：“论突发性公共事件中网络舆情的有效监管”，《福州党校学报》，2010 年第 1 期。

17. 程群：“美国网络安全战略分析”，《太平洋学报》，第 18 卷第 7 期，2010 年 7 月。

18. 董才生、闻风兰：“网络化时代的社会信任发展趋势”，《天津社会科学》，2013 年第 5 期。

19. 董德、侯惠勤：“‘9 · 11’以来美国对华意识形态输出战略浅论”，《南京社会科学》，2012 年第 10 期。

20. 范正伟：“警惕面对群众诉求的‘制度休眠’”，《人民日报》，2011 年 1 月 27 日。

21. 方付建：“中东政局动荡中的网络因素”，《学习月刊》，2011 年第 11 期上半月（总第 493 期）。

22. 方旭光：“政治认同的基础理论研究”，复旦大学博士学位论文，2006 年 4 月。

23. 高新民：“网络民主与中国式民主政治”，《人民论坛》，2010 年 4 月中，总第 287 期。

24. 耿静：“政府信任的差序化：基层治理中的‘塔西佗陷阱’及其矫治”，《理论导刊》，2013 年 12 月。

25. 郭小安：“网络政治参与和政治稳定”，《理论探索》，2008 年第 3 版。

26. 郭子贤：“社会危机事件中的媒体管理——从北非中东动乱说起”，《文史博览（理论）》，2011 年 7 月。

27. 郝继明：“网络政治参与的动力、阻力分析”，《天津行政学院学报》，2010 年第 1 期。

28. 胡荣、胡康、温莹莹：“社会资本、政府绩效与城市居民对政府的信任”，《社会学研究》，2011 年第 1 期。

29. 胡锐军：“论政治秩序的维护——以政治冲突、政治整合为中心之分析”，《昆明理工大学学报（社会科学版）》，2004 年第 2 期。

30. 胡同新：“网络政治参与的民主价值透视”，《求实》，2005 年第 9 期。

31. 胡宗仁：“网络参与下的政府行为选择”，《中国行政管理》，2010 年第 1 期。

32. 黄建华：“当代意识形态研究：一个文献综述”，《政治学研究》，2003 年第 3 期。

33. 惠志斌：“我国国家网络空间安全战略的理论构建与实现路径”，《中国软科学》，2012 年第 5 期。

34. 惠志斌：“中国互联网的法治之路”，《社会观察》，2013 年第 2 期。

35. 姜海南：“论全球化背景下的国家政治安全与中国政治安全维护”，暨南大学博士论文，2007 年 12 月。

36. 姜岭君：“对完善网络舆论监督的理性探讨”，《青年记者》，2008 年版第 23 期。

37. 姜胜洪：“网络舆情的内涵及主要特点”，《媒体与传播》，2010 年第 3 期

38. 孔德永：“对转型时期我国公民政治认同重构模式的思考”，《当代世界与社会主义》，2006 年第 6 期。

39. 赖钰麟：“网络民族主义运动与中国的公民外交——以 2005 年‘反日入常签’为例”，《国际政治研究》，2011 年第 3 期。

40. 雷振文：“政治秩序的构成要素分析”，《重庆社会科学》，2006 年第 12 期。

41. 李斌：“论网络政治社会化的机理和特点”，《天津行政学院学报》，2008 年第 4 期。

42. 李斌：“论网络政治文化的内涵、特征及功能”，《淮阴师范学院学报（哲学学社会科学版）》，2006 年第 2 期。

43. 李斌：“网络政治的政治学分析”，《社会主义研究》，2003 年第 3

期（总第 149 期）。

44. 李浩、陈立虎：“论政治认同的资源整合”，《宁夏党校学报》，2008 年第 3 期。

45. 李凌凌：“微博时代：舆情挑战与政府应对”，《中州学刊》，2012 年第 5 期。

46. 李明明：“论欧洲一体化进程中的象征政治”，《国际论坛》，2009 年第 4 期。

47. 李岩、曾维伦：“网络社区对传播社会主义核心价值体系的影响及对策”，《重庆理工大学学报（社会科学版）》，2012 年第 26 期第 2 期。

48. 李增瑞、魏国荣：“突发事件网络报道中的微信力量”，《军事记者》，2013 年第 12 期。

49. 梁艳菊、宋晓梅：“论政治安全与政治稳定、政治发展的关系”，《内蒙古社会科学（汉文版）》，2001 年第 6 期。

50. 廖坚：“茶党运动兴起及其对美国政治的影响”，《国际资料信息》，2011 年第 2 期。

51. 林喜庆、陆俊：“论网络对国家政治安全的威胁和对策”，《重庆邮电学院学报（社会科学版）》，2006 年第 4 期。

52. 刘冬梅：“网络文化背景下大学生政治认同危机探”，《南方论刊》，2010 年第 3 期。

53. 刘建军：“论社会转型期政治信任的法治基础”，《文史哲》，2010 年第 4 期（总第 319 期）。

54. 刘力锐：“我国网络民意的成长、政治意蕴及政府回应”，《广东行政学院学报》，2009 年第 5 期。

55. 刘普：“政治安全：网络时代的挑战与对策”，中国社会科学院研究生院博士论文，2012 年 4 月。

56. 刘伟、晏俊杰：“社会转型时期影响政治稳定的政治心理问题探析”，《武汉理工大学学报（社会科学版）》，第 26 卷第 6 期，2013 年 12 月。

57. 刘文：“网络化对社会主义国家政治安全的挑战及对策”，《社会主义研究》，2004 年第 2 期。

58. 刘文汇："论国家安全观的衍变"，《求是》，2002 年第 3 期。

59. 刘旭涛："'网络民主'不应成为民主政治主渠道"，《人民论坛》，2010 年 4 月中，总第 287 期。

60. 刘音、吴玲："网络时代我国意识形态安全建设面临的挑战与对策"，《中共银川市委党校学报》，2010 年 2 月。

61. 刘永涛："茶党运动与重铸美国极端保守主义"，《教学与研究》，2013 年第 9 期。

62. 刘召成："网络舆论监督的异化与人格权保护"，《信息网络安全》，2008 年第 7 期。

63. 卢保娣："亨廷顿的政治秩序论及其对中国社会稳定的启示"，《云南行政学院学报》，2012 年第 4 期。

64. 卢新德："论美国信息安全战略的扩张性"，《当代亚太》，2005 年第 7 期。

65. 吕坤良："网络言论传播引论"，中国社会科学院博士学位论文，2002 年。

66. 麻雪兰："社会转型期中国政治信任问题的分析与解读"，华东理工大学硕士学位论文，2010 年 12 月。

67. 马慧茹："试析网络民意的表面强度与真实强度"，《山东视听（山东省广播电视学校学报）》，2005 年第 8 期。

68. 马维野："国家安全 · 国家利益 · 新国家安全观"，《当代世界与社会主义》，2001 年第 6 期。

69. 马振超："国家安全观念的内涵分析"，《公安大学学报》，2000 年第 6 期。

70. 毛寿龙、蓝茜："网络民意在民主政治中该扮演何种角色"，《人民论坛》，2010 年 4 月中，总第 287 期。

71. 倪明胜："政治博客的现状、作用、困境及走向"，《济南日报》，2009 年 5 月 13 日，第 10 版。

72. 聂立清："社会信息化与我国主流意识形态认同的构建"，《领导科学》，2010 年 8 月中。

73. 欧阳斌："互联网冲击中国社会形态"，《凤凰周刊》，2004 年 5 月

25 日。

74. 彭可：“网络环境下的公民政治认同研究”，上海交通大学硕士学位论文，2013 年 1 月。

75. 彭心安：“阶层分化与各层政治信任差异分析”，《厦门特区党校学报》，2010 年第 5 期。

76. 彭知辉：“群体性事件与网络舆情”，《上海公安高等专科学校学报》，2008 年第 2 期。

77. 任孟山、朱振明：“试论伊朗‘Twitter 革命’中社会媒体的政治传播功能”，《传播学研究》，2009 年第 9 期。

78. 任孟山：“全球化背景下的信息传播与国家主权”，《中国传媒报告》，2007 年第 6 卷第 3 期。

79. 桑雷：“转型期中国共产党重塑执政合法性的思考”，《湖北行政学院学报》，2012 年第 1 期。

80. 上官酒瑞、程竹汝：“政治信任的结构序列及其现实启示”，《江苏社会科学》，2011 年第 5 期。

81. 沈逸、刘建军：“网络政治：特性、挑战及其限度”，《国际观察》，2012 年第 2 期。

82. 沈逸：“不确定的双刃剑：新媒体与埃及变局”，《联合早报》，2011 年 2 月 8 日。

83. 石学峰：“挑战与回应：转型期中国共产党执政合法性建设”，《党建研究》，2009 年第 5 期。

84. 宋正伟、陈少华：“网络媒介的公共领域——由哈贝马斯的‘公共领域’谈起”，《南京邮电大学学报（社会科学版）》，2007 年第 3 期。

85. 孙光宁：“从微博问政到微博议政：网络民主的扩展与延伸”，《中州学刊》，2013 年第 3 期。

86. 孙莹：“网络政治参与背景下的中国公民政治认同研究”，吉林大学硕士学位论文，2012 年 4 月。

87. 唐亚林：“网络政治空间与公民政治参与”，《文汇报》，2009 年 3 月 17 日，理论版。

88. 唐勇、常喆、王鸿刚：“推动‘颜色革命’，索罗斯基金会向全球渗透”，《环球时报》，2005 年 4 月 18 日。

89. 陶文昭：“互联网上的民粹主义思潮”，《探索与争鸣》，2009 年第 5 期。

90. 陶蕴芳：“网络社会中群体政治认同机制的发生与引导”，《中州学刊》，2012 年第 1 期。

91. 田荣：“试论网络舆情对国家政治安全的影响及对策”，复旦大学硕士论文，2012 年 5 月。

92. 童星、张海波：“群体性突发事件及其治理：社会风险与公共危机综合分析框架下的再考量”，《学术界》，2008 年第 2 期。

93. 汪晓风：“社交媒体在美国外交中的战略定位与政策运用”，《美国问题研究》，2012 年第 2 期。

94. 王芳：“断裂与整合：网络社会青年政治社会化范式的嬗变及其应对”，《华东理工大学学报（社会科学版）》，2008 年第 3 期。

95. 王菡：“基于互联网的‘抗争’与中国社会转型——以‘网络维权’为例”，复旦大学硕士学位论文，2010 年 6 月。

96. 王金良：“全球治理：结构与过程”，《太平洋学报》，第 19 卷第 4 期，2011 年 4 月。

97. 王军：“网络民族主义、市民社会与中国外交”，《世界经济与政治》，2010 年第 10 期。

98. 王扩建：“网络群体性事件：一种新型危机形态的考量”，《天津行政学院学报》，2010 年第 2 期。

99. 王欧：“理想的政治秩序如何可能？——对秩序的时间逻辑与价值取向的政治哲学分析”，吉林大学博士学位论文，2005 年 6 月。

100. 王树亮：“中国网络政治文化建设研究”，兰州大学博士论文，2013 年 4 月。

101. 王志超：“网络空间中公民政治认同研究”，哈尔滨工业大学硕士学位论文，2013 年 6 月。

102. 卫金桂、王绍兰：“微博时代中国互联网新态势初探”，《赤峰学院学报（自然科学版）》，第 28 卷第 11 期（下），2012 年 11 月。

103. 魏超：“新媒体的‘双刃剑’性质——论网络社交媒体对中东变

局的影响”，《新闻界》，2011 年第 5 期。

104. 魏伊含：“浅析网络政治中的网络监督”，《青年科学》，2010 年第 2 期。

105. 温宪：“茶党加速美国政坛裂变”，《人民日报》，2013 年 10 月 29 日，第 21 版。

106. 吴天昊：“由网络谈民主”，《学习时报》，2004 年 4 月 26 日。

107. 吴心伯：“中国外交不要落入美国式陷阱”，《环球时报》，2014 年 12 月 9 日。

108. 谢金林：“网络空间政府舆论危机及其治理原则”，《社会科学》，2008 年第 11 期。

109. 邢贲思：“意识形态论”，《中国社会科学》，1992 年第 1 期。

110. 徐祖迎：“网络监督中应处理好的四对关系”，《中州学刊》，2011 年第 4 期。

111. 许耀桐：“面向 21 世纪的中国政治学：对政治现代化的关注”，《政治学研究》，2008 年第 4 期。

112. 许正中：“‘大数据’时代下的战略突围构想——重新审视中国经济社会独特性”，《学术前沿》，2012 年 11 月（上）。

113. 闫慧青：“网络化政治参与：价值、困境与出路”，《晋中学院学报》，2010 年第 5 期。

114. 杨国斌：“悲情与戏谑：网络事件中的情感动员”，《传播与社会学刊》，总第 9 期。

115. 杨江华：“中国意识形态转型的社会学分析”，《中州学刊》，2010 年第 5 期（总第 179 期）。

116. 杨文华：“意识形态领导权面临的网络挑战”，《理论导刊》，2011 年第 3 期。

117. 杨永慧、熊代春：“我国网络监督参与民主政治建设的困境和出路”，《领导科学》，2009 年 9 月中。

118. 尹淑艳：“后冷战时代的中国政治安全”，中共中央党校博士论文，2004 年 5 月。

119. 应吉庆：“从伊朗大选看网络博弈”，《新闻爱好者》，2010 年

(1）下半月。

120. 余保刚：“网络论坛环境下的社会主义主流意识形态认同研究”，《长白学刊》，2010 年第 3 期。

121. 余丽：“美国互联网战略及其对中国政治文化安全的影响”，《国际论坛》，2012 年第 2 期。

122. 俞慈珍：“浅谈互联网环境下的主流意识形态教育”，《企业导报》，2012 年第 1 期。

123. 俞可平：“现代化进程中的民粹主义”，《战略与管理》，1997 年，第 1 期。

124. 俞吾金：“意识形态：哲学之谜的解答”，《求是学刊》，1993 年，第 1 期。

125. 虞崇胜、舒刚：“社会转型期网络舆情治理创新——基于政治安全的视角”，《行政论坛》，2012 年第 5 期。

126. 曾向红、杨恕：“中东变局的发展过程、动力与机制研究——以埃及变局为中心”，《世界经济与政治》，2013 年第 1 期。

127. 张桂霞：“网络舆论主体的群体极化倾向分析”，《青岛科技大学学报（社会科学版)》，2005 年第 12 期。

128. 张合营：“妥善应对微博时代意识形态领域的挑战”，《中州学刊》，2013 年第 2 期。

129. 张建中：“抗争的动力：新媒体与缅甸的民主化”，《东南亚研究》，2012 年第 3 期。

130. 张明新、刘伟：“互联网的政治性使用与我国公众的政治信任——一项经验性研究”，《公共管理学报》，第 11 卷第 1 期，2014 年 1 月。

131. 张维平：“英国媒体在突发公共事件中的有效传播”，《中国广播电视学刊》，2006 年第 2 期。

132. 张晓丽：“论网络环境下社会主义意识形态建设的基本原则”，《中共云南省党委党校学报》，2011 年 9 月，第 12 卷第 5 期。

133. 赵可金：“‘新草根运动’撕裂美国政治版图”，《世界知识》，2010 年第 8 期。

134. 赵民、张军锋：“社会运动中的Twitter现象——兼论Twitter的性质与发展方向”，《新闻大学》，2009年第4期。

135. 赵强：“中国国家舆论安全研究”，《政治学研究》，2009年第2期。

136. 周葆华、陆晔：“从媒介使用到媒介参与：中国公众媒介素养的基本现状”，《新闻大学》，2008年第4期。

137. 周葆华：“网络承载不了中国的主流民意”，《环球时报》，2010年9月8日。

138. 邹衍：“关于信息网络化对国际政治影响问题的研究综述”，《新华文摘》，2001年10月。

二、英文文献

（一）英文著作

1. Arnold Wolfers, *Discord and Collaboration: Essays on International Politics*, Baltimore: John Hopkins University Press, 1962.

2. Bert Klandermans, Hanspeter Kriesi and Sydeny Tarrow, eds., *From Structure to Action: Comparing Social Movement Research Across Cultures*, Greenwich, Conn.: JAI Press, 1988.

3. Charles Elder and Roger Cobb, *The Political Uses of Symbols*, New York: Longman, 1983.

4. Edward Alsworth Ross, *Foundations of Sociology*, Germany: Nabu Press, 2011.

5. Elizabeth Hanson, *Information Revolution and World Politics*, Lanham, MD: Rowman & Littlefield, 2008.

6. Hedley Bull, *The Anarchical Society: A Study of Order in World Politics*, New York: Columbia University Press, 1997.

7. James N. Rosenau and J. P. Singh, eds., *Information Technologies and Global Politics: The Changing Scope of Power and Governance*, Albany: State

University of New York Press, 2002.

8. Joseph S. Nye Jr. , *The Future of Power*, New York: Public Affairs, 2011.

9. Joshua Meyrowitz, *No Sense of Place*, New York: Oxford University Press, 1985.

10. Kevin A. Hill and John E. Hughes, *Cyberpolitics: Citizen Activism in the Age of Internet*, Oxford: Rowman & Littlefield, 1998.

11. Martha McCaughey and Michael D. Ayers, eds. , *Cyberactivism: Online Activism in Theory and Practice*, New York: Routledge, 2003.

12. Matthew K. Gold, eds. , *Debates in the Digital Humanities*, Minneapolis: The University of Minnesota Press, 2011.

13. Michael D. Ayers, Martha Mccaughey, eds. , *Cyberactivism: Online Activism in Theory and Practice*, New York: Routledge, 2003.

14. Michel Foucault, *Discipline and Punish: The Birth of the Prison*, London: Penguin, 1994.

15. Mike Featherstone, Scott Lash & Roland Robertson, eds. , *Global Modernities*, London: Sage, 1995.

16. Peter J. Katzenstein, *The Culture of National Security: Norms and Identity in the World Politics*, New York: Columbia University Press, 1996.

17. Philip Spencer and Howard Wollman, *Nationalism: A Critical Introduction*, London: Sage, 2002.

18. Prabhakaran Paleri, *National Security: Imperatives And Challenges*, New Delhi: Tata McGraw-Hill, 2008.

19. Richard Clarke and Robert Knake, *Cyber War: The Next Threat To National Security And What To Do About It*, New York: HarperCollins Publishers, 2010.

20. Richard Davis, *The Web of Politics: The Internet's Impact on the American Political System*, New York, London: Oxford University Press.

21. Samuel P. Huntington, *Who Are We? The Challenges to America's National Identity*, New York: Simon & Schuster, 2004.

22. Susan Strange, *The Retreat of the State: The Diffusion of Power in the*

World Economy, New York: Cambridge University Press, 1996.

23. Walter Lippmann, *Public Opinion*, New York: Simon & Schuster, 1997.

24. Xu Wu, *Chinese Cyber Nationalism: Evolution, Characteristics, and Implications*, Lanham, Maryland : Lexington Books, 2007.

(二) 英文文章 (含网络文章)

1. "The Future US Role in Internet Governance: 7 Points in Response to the U. S. Commerce Dept. 's 'Statement of Principles'," Concept Paper by the Internet Governance Project, July 28, 2005, http://www.internetgovernance.org.

2. Robert Patnam, "Bowling Alone: "America's Declining Social Capitap," *Journal of Democracy*, issue 6, 1995.

3. Chris Smith, "The Global Online Freedom Act", Available at http://www.gpo.gov/fdsys/pkg/bills-112hr-3605ih/pdf/bills-112hr3605ih.pdf.

4. Clarke E. Cochran, "Authority and Commmunity: The Contributions of Carl Friedrich, Yves R. Simon, and Michael Polanyi," *The American Political Science Review*, Vol. 71, No. 2, June, 1977.

5. Claude Elwood Shannon, "A Mathematical Theory of Communication," *The Bell System Technical Journal*, Vol. 27, October 1948.

6. Clifton Martin and Laura Jagla, "Integrating Diplomacy and Social Media", http://www.academia.edu/8861746/Integrating_ Diplomacy_ and _ Social_ Media.

7. Condoleezza Rice, "Transformational Diplomacy," Speech at Georgetown University, January 18, 2006. http://2001-2009.state.gov/secretary/rm/2006/59306.htm.

8. Damon Poeter, "Google's Brin Bashes Hollywood, China, Facebook as Enemies of Internet Freedom," April 15, 2012, http://www.pcmag.com/article2/0, 2817, 2403063, 00.asp.

9. Danah Boyd and Kate Crawford, "Critical Questions for Big Data," *In-*

formation, *Communication & Society*, Vol. 15, No. 5, 2012.

10. David A. Snow et al., "Frame Alignment Processes, Micromobilization, and Movement Participation," *American Sociological Review*, No. 51, 1986.

11. Dirk Helbing, "Google as God? Opportunities and Risks of the Information Age," http://arxiv.org/ftp/arxiv/papers/1304/1304.3271.pdf.

12. Dorothy E. Denning, "Activism, Hacktivism, and Cyberterrorism: The Internet as a Tool for Influencing Foreign Policy," paper Sponsored by the Nautilus Institute, Information Technology and American Foreign Policy Decisionmaking Workshop, available at http://www.nautilus.org/info-policy/workshop/papers/denning.html.

13. E. L. Quarantelli, "The Future Is Not the Past Repeated: Projecting Disasters in the 21st Century From Current Trends," *Journal of Contingencies and Crisis Management*, Vol. 4, 1996.

14. Elizabeth Montalbano, "Cyber Command Pursues 'Defensible' IT Architecture," March 21, 2011. http://www.informationweek.com/news/government/security/229400008? cid = RSSfeed_ IWK_ Government.

15. Ellen Nakashima, "Pentagon to boost cybersecurity force," *The Washington Post*, January 27, 2013.

16. Eric Schmidt and Jared Cohen, "The Digital Disruption", *Foreign Affairs*, Nov/Dec 2010.

17. Glenn Greenwald and Ewen MacAskill, "Obama orders US to draw up overseas target list for cyber-attacks," *The Guardian*, June 7, 2013.

18. Guobin Yang, "Online Activism," *Journal of Democracy*, Vol. 20, No. 3, 2009.

19. Harold Brown, "Thinking About National Security: Defense and Foreign Policy in a Dangerous World," quoted in Cynthia Ann Watson, ed., *U. S. National Security: A Reference Handbook* (*Contemporary World Issues*), 2008.

20. Hillary Rodham Clinton, "Internet Rights and Wrongs: Choices & Challenges in a Networked World," U. S. Secretary of State Remarks at George

Washington University, February 15, 2011, http: //www. state. gov/secretary/rm/2011/02/156619. htm.

21. Jason Healey, "China Is a Cyber Victim Too," *Foreign Policy*, April 16, 2013.

22. John Gantz and David Reinsel, "The Digital Universe in 2020: Big Data, Bigger Digital Shadows, and Biggest Growth in Far East," *IDC iView*, Vol. 3, No. 1414, December 2012. http: //idcdocserv. com/1414.

23. Eli Lake, "Israeli Secret Iran Attack Plan: Electronic Warfare," *The Daily Beast*, November 16, 2011, http: //www. thedailybeast. com/articles/2011/11/16/israel-s-secret-iran-attack-plan-electronic-warfare. html.

24. Larry Wortzel and Randy Forbes, "Bolster U. S. Cyber Defenses: Make Comprehensive Push Against Global Threats," *Defense News Website*, May. 31, 2010, http: //www. defensenews. com/article/20100531/deffeat05/5310303/bolster-u-s-cyber-defenses.

25. Mark Landler and Brian Stelter, "Washington Taps into a Potent New Force in Diplomacy," *New York Times*, June 17, 2009, p. A12.

26. Michael Gurstein, "Open Data: Empowering the Empowered or Effective Data Use for Everyone?" *First Monday*, Vol. 16, No. 2, February 7, 2011.

27. Arthur H. Miller, "Political Issues and Trust in Government 1964 - 1970," *American Political Science Review*, Vol. 68, No. 3, 1974.

28. Misha Glenny, "The Cyber Arms Race Has Begun," *The Nation*, October 31, 2011.

29. Peter G. West, "The Data Divide: A Society Divided by Open Data," http: //www. peter-west. co. uk/media/pdf/original/irp_ poster. pdf.

30. Primavera De Filippi and Smari McCarthy, "Cloud Computing: Centralization and Data Sovereignty," *European Journal of Law and Technology*, Vol. 3, No. 2, 2012.

31. Pui Ha Chow, "Internet Activism, Trans-National Public Sphere, and State Activation Apparatus: A Case of Anti-Japanese Protest," paper presented

to the annual meeting of the International Communication Association, TBA, San Francisco, California, May 23, 2007, http: / / www. allacademic. com / meta / p170051_ index. html, 2010 - 11 - 29.

32. R. Ladenson, "In Defense of a Hobbesian Conception of the State," *Philosophy and Public Affairs*, No. 9, 1980.

33. Robert O. Keohane and Joseph S. Nye Jr. , "Power and Interdependence in the Information Age," *Foreign Affairs*, Vol. 77, No. 5, 1998.

34. Séverine Arsène, "The Impact of China on Global Internet Governance in an Era of Privatized Control," author manuscript published in Chinese Internet Research Conference, Los Angeles, United States, 2012.

35. Shahdv, Holbertlr, Nojink, "Expanding the 'Virtuous Circle' of Social Capital: Civic Engagement, Contentment, and Interpersonal Trust," The Annual Conference of Association for Education in Journalism and Mass Communication, New Orleans, LA, 1999.

36. Silviu Brucan, "The Systemic Power," *Journal of Peace Research*, Vol. 12, No. 1, 1975.

37. Stanley Hoffman, "International Systems and International Law," in Richard A. Falk and Saul H. Mendlovitz, eds. , *The Strategy of World Order* (*Vol. II*): *International Law*, New York: World Law Fund, 1996.

38. Stephane Grumbach, "The Stakes of Big Data in the IT Industry: China as the Next Global Challenger?" The 18th International Euro-Asia Research Conference, Venezia, January 31-February 1, 2013.

39. Stephen Earl Bennett, Staci L. Rhine, Richard S. Flickinger, etc, "'Video Malaise' Revisited - Public Trust in the Media and Government," *The International Journal of Press/Politics*, Vol. 4, No. 4, 1999.

40. Tiziana Terranova, "The Degree Zero of Politics: Virtual Social Movements and Virtual Cultures," 2002. Available at http: //www. noemalab. org/sections/ideas/ideas_ articles/pdf/terranova_ degree_ zero. pdf.

41. Zizi Papacharissi and Maria de Fatima Oliveira, "Affective News and Networked Publics: The Rhythms of News Storytelling on Egypt," *Journal of*

Communication, Vol. 62, No. 2, 2012.

(三) 英文政策报告

1. *Department of Defense Cyber Strategy*, April 2015, http://www.defense.gov/home/features/2015/0415_cyber-strategy/Final_2015_DoD_CYBER_STRATEGY_for_web.pdf.

2. *Department of Defense Strategy for Operating in Cyberspace*, July 2011, http://www.defense.gov/news/d20110714cyber.pdf.

3. Department of Defense, *Quadrennial Defense Review Report*, February 2010, www.defense.gov/QDR/images/QDR_as_of_12Feb10_1000.pdf.

4. Department of Defense, *Quadrennial Defense Review Report*, March 2014. http://www.defense.gov/home/features/2014/0314_sdr/qdr.aspx.

5. *Mandiant Intelligence Center Report APT1: Exposing One of China's Cyber Espionage Units*, Released on February 19, 2013, http://intelreport.mandiant.com/.

6. Northrop Grumman Corp, *Occupying the Information High Ground: Chinese Capabilities for Computer Network Operations and Cyber Espionage*, http://www.uscc.gov/Press_Releases/uscc-report-%E2%80%9Coccupying-information-high-ground-chinese-capabilities-computer-network.

7. Office of the Secretary Of Defense, *Annual Report to Congress: Military and Security Developments Involving the People's Republic of China* 2013, released on May 6, 2013. http://www.defense.gov/pubs/2013_China_Report_FINAL.pdf.

8. The White House, *National Security Strategy of the United States* 2010, May 27, 2010, http://www.whitehouse.gov/sites/default/files/rss_viewer/national_security_strategy.pdf.

9. The White House, *U. S. Cyberspace Policy Review: Assuring Trusted and Resilient Information and Communications Infrastructure*, May 29, 2009, http://www.whitehouse.gov/assets/documents/Cyberspace_Policy_Review_final.pdf.

10. The White House, *U. S. International Strategy for Cyberspace: Prosperity, Security, and Openness in a Networked World*, http: //www. whitehouse. gov/ sites/default/files/rss_ viewer/international_ strategy_ for_ cyberspace. pdf.

11. U. S. Government Accountability Office, *U. S. Public Diplomacy: Strategic Planning Efforts Have Improved, but Agencies Face Significant Implementation Challenges*, April 26, 2007, http: //www. gao. gov/new. items/d07795t. pdf.

12. *Verizon's* 2013 *Data Breach Investigations Report*, released on April 23, 2013, http: //www. verizonenterprise. com/DBIR/2013/.

后　记

本书缘起于我承担的上海市哲学社会科学规划课题“互联网与政治文化安全研究”。原计划提交十万字的研究报告，后来在思考过程中觉得应趁此机会拓展梳理一下自己的思路，总结一下自己在这一方向的阅读和思考心得，于己，是一种很好的学习，于人，或许还能有所帮助，遂成此书。诚然，写书必定是痛苦的过程，从选题确定、资料收集、大纲斟酌到文字输入和书稿修改，无一不需要巨大的毅力支撑；但是，写书无疑也是成长的过程，尤其是当书稿初步完成之时，有种阵痛之后的解放和脱茧而出的喜悦，这种升华的喜悦恐怕也是人生不可多得的体验。

相继前一本书，又是六年过去了。六年虽然不算长，但是却代表了我人生中重要的阶段之一。几乎是弹指一挥间，就从而立跨入了不惑。细细推敲，陡然发现古人“不惑”二字总结得如此精妙。“不惑”之一，已经安心于如今的生活和工作，不再为纷繁的选择所困扰和迷惑，也不再有畏惧退缩的幼稚，而是在自己选择的道路上坚定走下去。有如从读博士期间选择了网络政治和国际关系的研究方向，期间有过彷徨，有过犹豫，如今，已经不再顾左右，十五六年已足以让自己沉淀。“不惑”之二，对人生有了更加理性的认识，意识到了健康的可持续的发展才是学术和人生的最佳状态，意识到了精力和能力的有限性，不再欣赏熬夜拼命的激情，对人对事尽力，问心无愧足矣。这也是本书在历时数年之后才得以成形之原因。“不惑”之三，更加珍惜眼前人和身边缘，不愿再为身外之物而纠结，不欲再为过去的遗憾而悔痛，明白了舍予而舒的道理，用一颗感恩之心看世界风景，正如本书也承载了太多的感恩一样。

感恩身处复旦大学美国研究中心这一学术环境。一路走来，这一环境不仅提供了我从繁琐家务中调换频道为研究思考的办公条件，而且也提供了我学习成长的精神氛围和许多访问研究的机会。一进中心大门，花园中谢希德校长的微笑和那在上海滩难得一见的海枣的傲美每每在心中激起一股对前人勇气的钦佩、对大自然的赞美和对生活给予的感恩之情。在这里，我感受了中心数任领导的关怀。倪世雄教授是我本世纪之初加盟中心时的主任，更是我的学术和精神导师，他年过七旬仍孜孜不倦的学术追求、他慈父般的长者风范和亲和力一直是我心中默默的标杆。沈丁立教授则为我在复旦大学外事处工作期间进入国际关系领域学习签下了重要的同意书，我有幸曾在两个单位都受其领导，也深深感受了他犀利学术言辞背后的对同事和下属的热情关心。吴心伯教授讲求原则的领导风格中融入了对年轻人的充分信任和周到关心，他对中心《美国问题研究》刊物编辑部和一些行政工作的调整使我这两年能够集中精力于此书并得以完成，他在学术方面的敏锐和严谨一直是我学习的榜样。

感恩所有同事在日常工作中的点点滴滴。汪晓风老师经常被拉来讨论文章和书稿的观点，也经常被要求协助一些技术性问题，他从来不推辞。涂怡超老师经常陪伴在一天工作之余的运动和散心中，我们相互鼓励、相互支持。徐以骅教授总不忘在电梯口走道内相遇时给予鼓励。陈丽萍老师不仅为我们的后勤办公做了重要保障，也是我的同龄朋友。还有多年共事的各位老师都在日常工作中让我感受到了和谐集体的温馨，如朱明权教授、刘永涛教授、潘锐教授、石源华教授、胡令远教授、赵华胜教授、杜幼康教授、信强教授、宋国友教授、张家栋教授、潘亚玲副教授、乔长森老师、程晓萍老师、王小华老师以及其他不一一点名的同事。

感恩工作之外的朋友圈带来的温馨和关怀。有朋友时常组织妈妈们聚会散心并交流育儿经；有朋友经常给孩子们带来各种物质的和精神的关爱，共同见证孩子们的成长；有朋友凭智慧善良和相似价值观成了知音甚至结义姐妹；也有朋友在多年的交流和互动中成了忘年之交；还有朋友融数十年如一日的友谊于默默祝福中，虽各自忙碌，然而一旦需要绝对会两肋插刀……。鉴于尊重隐私的原因，在此不一一列名致谢，而是感怀心中。同时，也要感谢一位特殊的朋友，即时事出版社的苏绣芳老师，她对此书的热情接纳、适时鼓励和交稿期限的宽容都是此书在诸多琐事牵绊下得以顺利出版的重要条件。

感恩来自家庭的最温暖最坚实的支撑。正如前几日与先生一同欣赏的《速度与激情》影片中所展示的，无论外面的世界多么精彩，无论科技的力量如何发展，无论各位主角飙车的本领如何强大，家庭才是最终最核心的力量来源和安心之所。先生一如既往的爱护、信任与毫无保留的支持；孩子们的自立、懂事和令人欣喜的每一步成长每每让我觉得这才是人生的落脚点。来自大家庭的温暖更加增添了一份安全感，父母一代的无私奉献、兄弟姐妹的相互支持使人生意义进一步延伸。

感恩之余，也要为此书的不足加以说明。政治学本身并不是我的专业，而本书中大部分内容其实属于政治学范畴，这也就使本书很多方面可能存在研究不到位甚至不恰当的地方。同时，由于总体面相对宽泛，本书的诸多议题也不够深入。此外，由于网络技术的日新月异，有些最新案例并未能及时呈现。然而，想到这同时是我的阶段性学习心得这一点，心中也即释然，并希冀读者能够包容其中的不足。

蔡翠红

2015 年 4 月底于复旦园